广视角·全方位·多品种

权威·前沿·原创

皮书系列为

“十二五”国家重点图书出版规划项目

创意城市蓝皮书

BLUE BOOK OF CREATIVE CITIES

创意书系

·中国创意产业研究中心·

总　编/张京成

北京文化创意产业发展报告（2013）

BEIJING REPORT ON CULTURAL AND CREATIVE INDUSTRIES (2013)

主　编/张京成　王国华

副主编/沈晓平　李岱松　郭万超

社会科学文献出版社

SOCIAL SCIENCES ACADEMIC PRESS (CHINA)

图书在版编目(CIP)数据

北京文化创意产业发展报告. 2013/张京成，王国华主编.
—北京：社会科学文献出版社，2013.10
（创意城市蓝皮书）
ISBN 978-7-5097-5184-8

Ⅰ.①北… Ⅱ.①张… ②王… Ⅲ.①文化产业-产业发展-研究报告-北京市-2013 Ⅳ.①G127.1

中国版本图书馆 CIP 数据核字（2013）第 246007 号

创意城市蓝皮书
北京文化创意产业发展报告（2013）

主　　编 / 张京成　王国华
副 主 编 / 沈晓平　李岱松　郭万超

出 版 人 / 谢寿光
出 版 者 / 社会科学文献出版社
地　　址 / 北京市西城区北三环中路甲 29 号院 3 号楼华龙大厦
邮政编码 / 100029

责任部门 / 经济与管理出版中心（010）59367226　　责任编辑 / 张　扬
电子信箱 / caijingbu@ssap.cn　　责任校对 / 刘玉清
项目统筹 / 恽　薇　高　雁　　责任印制 / 岳　阳
经　　销 / 社会科学文献出版社市场营销中心（010）59367081　59367089
读者服务 / 读者服务中心（010）59367028

印　　装 / 北京季蜂印刷有限公司
开　　本 / 787mm×1092mm　1/16　　印　　张 / 18.75
版　　次 / 2013 年 10 月第 1 版　　字　　数 / 301 千字
印　　次 / 2013 年 10 月第 1 次印刷
书　　号 / ISBN 978-7-5097-5184-8
定　　价 / 65.00 元

《创意城市蓝皮书》总序

张京成

城市是生产力发展到一定阶段的产物，并随着生产力的发展而不断升级。时至今日，伴着工业文明的推进和文化提升，以及服务业的大力发展，经济增长方式的转变和产业结构的调整正在推动一部分城市向着一个前所未有的高度迈进，这就是创意城市。

创意城市已经为众多有识之士所关注、认同、思考。在全球性竞争日趋激烈、资源环境束缚日渐紧迫的形势下，城市对可持续发展的追求，必然要大力发展附加值高、渗透性强、成效显著的创意经济。创意经济实质上就是要发展文化创意产业，而城市是创意产业发展的根据地和目的地，创意产业也正是从城市发端、在城市中集聚发展的。创意产业的发展又激发了城市活力，集聚了创意人才，提升了城市的文化品位和整体形象。

纵观伦敦、纽约、东京、巴黎、米兰等众所周知的创意城市，其共同特征大都离不开创意经济：首先，这些城市都在历史上积累了一定的经济、文化和科技基础，足以支持创意经济的兴起和长久发展；其次，这些城市都已形成了发达的创意产业，而且能以创意产业支持和推进更为广泛的经济领域创新；最后，这些城市都具备了和谐包容的创意生态，既能涵养相当数量和水平的创意产业消费者，又能集聚和培养众多不同背景和个性的创意产业生产者，使创意经济行为得以顺利开展。

对照上述特征不难发现，我国的一些城市已经或者正在迈向创意城市，从北京、上海等一线城市，到青岛、西安等二线城市，再到义乌、丽江等中小城市，我们自2006年起编撰出版的《中国创意产业发展报告》一直忠实记录着它们的创意轨迹。今天，随着创意产业的蔚然成风，其中的部分城市已经积累了相当丰富的实践经验以及大量可供研究的数据与文字资料，对其进行专门研究的时机已经成熟。

因此，我们决定在《中国创意产业发展报告》的基础上，逐步对中国各主要创意城市的发展状况展开更加深化、细化和个性化的研究与发布，由此即产生了《创意城市蓝皮书》，这也是中国创意产业研究中心“创意书系”的重要组成部分。希望这部蓝皮书能够成为中国每一座创意城市的忠实记录者、宣传推介者和研究探索者。

是为序。

Preface to the *Blue Book of Creative Cities*

Zhang Jingcheng

City came into being while social productivity has developed into a certain stage and upgrades with the progress of the productivity. Along with the marching of industrial civilization, cultural development, the growth of the service industry, the transformation of economic growth and the adjustment of industrial structure, cities worldwide have by now entered an unprecedented stage as of the era of creative cities.

Creative cities have caught the attention from various fields these years. While the global competition for limited resources gets heated, sustainable development has become the only solution for cities, which brings creative economy of high added value and high efficiency into this historic stage. Creative industries is the parallel phrase to creative economy, which regards cities as the bases and the core of the development, and cities is also the place where creative industries started and clustered. On the other hand, creative industries helped to keep the city vigorous, attract more talents and strengthen the public image of the city.

From the experiences of world cities such as London, New York, Tokyo, Paris, and Milan, creative economy has been their common characteristic. First, histories of these cities have provided them with certain amount of economic, cultural and technological resources, which is the engine to start and maintain creative economy; second, all these cities have had sound creative industries which can function as a driving force for the innovation and economic growth of the city; finally, these cities have fostered harmonious and tolerant creative ecology through time, which conserves consumers of creative industries, while attracting more creative industries practitioners.

It can be seen that some Chinese cities have been showing their tendency on the way to become creative cities, such as large cities of Beijing and Shanghai, medium - size cities of Qingdao, Xi'an and even small cities of Yiwu and Lijiang, whose development paths have been closely followed up in our Chinese Creative Industries Report started in 2006. By now, some cities have had rich experiences, comprehensive data and materials worthy to be studied, thus the time to carry out a special research has arrived.

Therefore, based on Chinese Creative Industries Report, we decided to conduct a deeper, more detailed and more characteristic research on some active creative cities of China, leading to the birth of Blue Book of Creative Cities, which is also an important part of Creative Series published by China Creative Industries Research Center. We hope this blue book can function as a faithful recorder, promoter and explorer for every creative city of China.

《北京文化创意产业发展报告（2013）》
编 委 会

主编简介

张京成 中国创意产业研究中心主任，文化创意产业标准化研究北京市重点实验室主任，北京市科学技术情报研究所研究员，中关村创意经济研究院首席专家，北京大学中国城市管理研究中心特约研究员，2008 年在澳大利亚 Queensland University of Technology 创意产业学院作高级访问学者。主要研究领域为文化创意产业、科技政策及产业规划，是国内最早研究创意产业的学者之一，2005 年组建北京市科学技术研究院中国创意产业研究中心，出版了我国第一部创意产业蓝皮书，现已连续 8 年主持编写《中国创意产业发展报告》。先后主持完成国家软科学研究计划、北京市社科基金项目、北京市自然科学基金项目、北京市科技计划等国家和省部级科研任务，以及科技部、中国科协、北京市科委等地方政府部门委托课题近 60 项，其中有 3 项获得北京市科技进步奖。在国内外重要学术期刊发表学术论文 40 余篇，主编中国创意产业研究中心“创意书系”（包括研究系列、案例系列、翻译系列和专题系列），出版研究成果20 余本，并在《人民日报》、《科技日报》、《北京日报》等多次发表学术观点。

摘 要

本报告以北京 2012 年文化创意产业的总体运行和发展为基本内容，分析了北京文化创意产业的整体发展态势，梳理了各个区县的发展现状与产业特点，对文化创意产业的部分行业进行了深入研究，并从文化与科技融合、文化产业政策对城市发展影响等方面深入探讨北京文化创意产业的发展规律。全书共分为四大部分：第一部分为综合分析篇，第二部分为区域促进篇，第三部分为行业发展篇，第四部分为专题研究篇。

“综合分析篇”即第一章总报告，从宏观经济环境对北京文化创意产业影响入手，阐述文化创意产业在北京宏观经济中的地位变化；并对 2012 年北京文化创意产业整体运行情况进行系统分析；最后，探讨了 2013 年北京文化创意产业面临的主要挑战与机遇，并对产业发展趋势予以展望。

“区域促进篇”首先从整体上分析北京市 16 区县 2012 年文化创意产业的表现，总结不同功能区的发展特点与发展规律；选取东城区、西城区、朝阳区、丰台区、石景山区、门头沟区、房山区、顺义区、昌平区、大兴区、怀柔区、密云县、延庆县等 13 个区县予以详细介绍，了解资源条件，掌握产业基础，发现存在问题，明确发展思路。本部分包括第二章至第十五章。

“行业发展篇”以北京市传媒业、艺术市场、工艺美术、演出市场等为重点研究对象，在分析行业现状、发展特点的基础上深入剖析行业发展存在的问题，对行业未来发展提出具体对策建议；演出市场则以翔实的数据资料展现北京文化创意产业的发展成绩。本部分包括第十六章至第十九章。

“专题研究篇”主要研究分析北京科技支撑文化创意产业的问题和文化产业政策对北京城市发展的影响。梳理了科技文化融合的基本现状和不足，探究了科技支撑文化创意产业存在的重点问题，并提出相应对策建议；分析北京文化产业政策的转变及其对城市发展的主要影响，并展望北京未来文化创意产业政策趋势。本部分包括第二十章和第二十一章。

Abstract

Based on Beijing's cultural and creative industries' overall operation, districts and counties development, industrical development, industrical convergence, industrical policies and so on in 2012, this Report analyzed Beijing cultural and creative industries' overall growth trends, presented every districts and counties current situation and industries characters, made deep research on some industries and discussed Beijing cultural & creative industries' law of development in the convergence of culture and science & technology and the influence of cultural industries policy to the development of the city. This Report consists of 4 parts: Part I is Comprehensive Analysis, Part II is Regional Promotion, Part III is Industry Development, Part IV is Special Subject Studies.

Comprehensive Analysis is Chapter I as the general report, which explained cultural & creative industries' position change in Beijing macro economy by reference to the macroeconomic environment's influence to Beijing cultural & creative industries'; made a systematic analysis to cultural & creative industries' overall operation and then summed up the overall development characters of the industry in 2012; finally, it discussed Beijing cultural & creative industries' main challenges and opportunities in 2013 and made prospect in the development trends.

Regional Development analyzed 16 districts and counties cultural & creative industries by the first and summed up the development characters and laws of different functional zones; it analyzed 13 districts and countries in detail by learning about their sources, industry bases and found out problems and development ideas. Those districts and counties include Dongcheng district, Xicheng district, Chaoyang district, Fengtai district, Shijingshan district, Mentougou district, Fangshan district, Shunyi district, Changping district, Daxing district, Miyun county and Yanqing county. This part is composed of Chapter II to Chapter XV.

Industries Development mainly studied Beijing's media industry, art market, arts and crafts, performing arts market and so on and proposed some specific suggestions to the future based on the analysis of current situation and characters of cultural and creative industries; the performing arts market shows Beijing cultural & creative industries achievements with full and accurate data and materials. This part is composed of Chapter XVI to Chapter XIX.

Special Subject Study mainly analyzed the support of science and technology for cultural and creative industries and cultural industries policies influence to the city of Beijing. It analyzed the current situation and weakness of the convergence of culture and science & technology, studied the main problems of the support of science and technology for cultural and creative industries and proposed relevant suggestions; it also analyzed the transformation and influences to the city of Beijing cultural & creative industries policies and made a prospect to the trends. This part is composed of Chapter XX and Chapter XXI.

目 录

𝔹 I 综合分析篇

𝔹.1 总报告：2012 年北京文化创意产业整体运行分析 …………………… 001

𝔹 II 区域促进篇

𝔹.2 区县文化创意产业发展概况 ………………………………………………………… 028
𝔹.3 东城区：加快文化资源整合利用，努力建设首都文化中心区 ……… 065
𝔹.4 西城区：创新文创产业推进模式，提升地区整体发展水平 ………… 073
𝔹.5 朝阳区：以传媒产业为龙头领跑全市文化创意产业 ………………… 083
𝔹.6 丰台区：抢抓机遇，高端定位，全力推进文化创意产业蓬勃发展 ………………………………………………………………………………… 097
𝔹.7 石景山区：科技与文化融合，创新与创意驱动区域全面转型 ……… 112
𝔹.8 门头沟区：文化引领，创新举措，全面促进文创产业快速发展 ………………………………………………………………………………… 124
𝔹.9 房山区：加快文化创意产业发展，全力打造文化强区 ……………… 134
𝔹.10 顺义区：加快文化强区建设，促进文化创意产业发展 …………… 142
𝔹.11 昌平区：全力打造特色文化创意产业品牌 ………………………… 152
𝔹.12 大兴区：优化发展环境，推进区域文化创意产业跨越式发展 …… 160
𝔹.13 怀柔区：文化创意引领怀柔新区转型升级 ………………………… 170

B.14 密云县：大力发展文创产业，助推绿色国际休闲之都建设 …… 179
B.15 延庆县：推动文化和旅游融合发展，加快建设美丽延庆 …… 187

BⅢ 行业发展篇

B.16 北京市传媒业发展报告 …… 194
B.17 北京市艺术市场发展报告 …… 205
B.18 北京市工艺美术行业发展报告 …… 219
B.19 2012 年北京市演出市场统计与分析 …… 228

BⅣ 专题研究篇

B.20 北京科技支撑文化创意产业的问题与对策研究 …… 236
B.21 文化产业政策对北京城市发展的影响分析 …… 249

BⅤ 附　录

B.22 2012 年北京文化创意产业国际性节庆展会 …… 262

B.23 参考文献 …… 279

皮书数据库阅读使用指南

CONTENTS

B I Comprehensive Analysis

B.1 General Report: Analysis on Beijing Cultural and Creative Industries Overall Operation in 2012 / 001

B II Region's Promotion

B.2 Districts and Counties Cultural and Creative Industries Development / 028

B.3 Dongcheng District: Accelerating Cultural Resources Integration and Using and Building a Capital's Cultural Central District / 065

B.4 Xicheng District: Innovating the Propeling Mode of Cultural and Creative Industries and Promoting the General Level of Development of the Region / 073

B.5 Chaoyang District: Leading Cultural and Creative Industries with Media Industry / 083

B.6 Fengtai District: Propelling Cultural and Creative Industries with all Strength by Grasping Opportunities and Highly Positioning / 097

B.7 Shijingshan District: Convergence of Science and Technology and Culture, Driving the Region's Transformation by Innovation and Creativeness / 112

B.8 Mentougou District: Promoting Cultural and Creative Industries Fast Development Led by Culture and through Creative Methods / 124

B.9 Fangshan District: Accelerating Cultural and Creative Industries Development and Building a Culturally Strong District with Full Force / 134

B.10 Shunyi District: Accelerating the Building of a Culturally Strong District and Promoting the Development of Cultural and Creative Industries / 142

B.11 Changping District: Forging a Characteristic Cultural and Creative Industries Brand with Full Force / 152

B.12 Daxing District: Improving Environment and Promoting the Leapfrog Development of Regional Cultural and Creative Industries / 160

B.13 Huairou District: Cultural and Creative Industries Leading Huairou New Area Transformation and Upgrade / 170

B.14 Miyun District: Developing Cultural and Creative Industries with Full Force to Promote the Building of the World Capital of Green Leisure / 179

B.15 Yanqing County: Promoting the Integration of Culture and Tourism to Build a Beautiful Yanqing / 187

BⅢ Industries Development

B.16 Beijing Media Industry Development Report / 194

B.17 Beijing Art Market Development Report / 205

B.18 Beijing Arts and Crafts Industry Development Report / 219

B.19 Beijing Performing arts Market Statistics and Analysis / 228

BⅣ Special Subject Studies

B.20 Study on Problems and Counter-measures of the Support of Science and Technology to Culture of Beijing in 2012 / 236

B.21 Analysis on Cultural Industries Policies Influence to the City's Development of Beijing / 249

BⅤ Appendix

B.22 Beijing's Cultural and Creative Industries International Festivals, Conventions and Exhibitions / 262

B.23 References / 279

综合分析篇

Comprehensive Analysis

B.1 总报告：2012年北京文化创意产业整体运行分析

2012年6月召开的中共北京市委第十一次代表大会的报告提出，今后五年，要“加大首都文化改革发展力度，加快建设具有世界影响力的文化中心城市和中国特色社会主义先进文化之都”。并进一步提出，要“加快发展文化创意产业。进一步提升文化创意产业在首都经济中的支柱地位。推动文化与科技、金融、旅游、教育、体育等融合发展，培育提升文化消费业态”。建设具有世界影响力的文化中心城市和中国特色社会主义先进文化之都任重道远，文化创意产业是其关键支撑力。2012年，北京文化创意产业继续加速发展，是北京地区经济增长的重要驱动力，在推动北京地区转方式、调结构中发挥着重要作用。

一 2012年宏观经济环境与北京文化创意产业的发展

（一）2012年宏观经济形势

2012年，全国和北京市经济总量在波动中增长，经济结构继续调整，资源要素继续向第三产业转移，文化创意产业的经济环境和资源环境进一步向好。

1. 全国经济先抑后扬，调结构、转方式初步见效

2012 年前三季度，中国宏观经济延续了 2011 年逐季回落的趋势，并且在全球经济超预期恶化导致出口陷入持续低迷状态、需求下滑等多重因素的持续作用下，呈现出持续探底的态势。但在消费持续逆势上扬、基础建设投资大幅增长、货币政策和财政政策的持续放松以及全球市场情绪稳定带来的外需稳定等因素的作用下，中国宏观经济开始在 2012 年 9 月出现“触底反弹”，并在党的十八大政治换届效应、存货周期逆转、消费持续增长、外需小幅回升、投资持续加码等因素的作用下重返复苏的轨道。

初步核算，2012 年全年中国国内生产总值为 519322 亿元，比上年增长 7.8%，增速比上年回落 1.5 个百分点，增速放缓。三次产业结构为 10.1∶45.3∶44.6，第二产业比重略有下降，第三产业比重略有上升。

2012 年，中国经济的结构和传递机制发生了一些变化。这些结构变化不同于以往政府主导下的结构调整，它不仅内生于世界经济结构的大调整，同时也内生于中国资源禀赋的拐点性变化，建立在市场内生调整的基础之上。因此，2012 年经济的复苏可能意味着中国经济开始踏上一条内生的、稳定的，以市场导向性为基础的“新结构转换期”。①

2. 北京地区经济增速放缓，要素资源继续向第三产业转移

根据北京市统计局初步核算，北京市 2012 年实现地区生产总值 17801 亿元，比上年增长 7.7%，略低于全国水平（7.8%），增速有所放缓。三次产业结构由上年的 0.8∶23.1∶76.1 变化为 0.8∶22.8∶76.4，第二产业比重进一步降低，第三产业比重继续提升，表明资本、人才等资源要素继续向第三产业转移。按常住人口计算，全市人均地区生产总值达到 87091 元（按年平均汇率折合 13797 美元）。高技术产业实现增加值 1139.2 亿元，增长 9.2%，占地区生产总值的比重为 6.4%；生产性服务业实现增加值 8994 亿元，增长 10.7%，占地区生产总值的比重为 50.5%②，文化创意产业的经济环境进一步改善。

---

① 中国人民大学：《2012～2013 年中国宏观经济报告》。

② 北京市统计局：国家统计局北京调查总队：《北京市 2012 年国民经济和社会发展统计公报》，北京市统计信息网，2013 年 2 月 7 日，http://www.bjstats.gov.cn/xwgb/tjgb/ndgb/201302/t20130207_243837.htm。

（二）文化创意产业在北京宏观经济中的地位变化

随着经济形势的变化，转变经济发展方式、调整经济结构已经成为当前及今后一段时期的重要任务。当前，我国发展方式粗放的特征比较明显，发展效率总体不高，发展代价过高、过大，发展的不平衡、不协调、不可持续矛盾十分突出。尤其是国际金融危机发生以来，国际环境发生了深刻复杂变化，要在更趋复杂的国际环境中趋利避害，在更加激烈的国际竞争中把握主动权，必须加快构建更具活力、更富有竞争力的发展方式。从国内看，经济发展内生条件发生新的变化，生产要素供给条件发生重大变化，劳动力低成本时代已成为过去，能源资源约束更趋强化，潜在增长水平趋于下降，这要求我们必须加快转变经济发展方式。加快实施创新驱动发展战略和推进经济结构战略性调整，客观上要求文化创意产业在其中发挥促创新、调结构的作用。

文化政策顺应宏观经济形势，将文化创意产业升至支柱产业予以扶持。自2011 年中国共产党第十七届六中全会第一次正式提出“建设社会主义文化强国”的奋斗目标后，2012 年，文化部发布《“十二五”时期文化产业倍增计划》，提出了“十二五”时期文化部门管理的文化产业增加值至少翻一番的目标，努力推动文化产业成为国民经济支柱产业。

对北京而言，文化创意产业是转变经济发展方式、促进第三产业转型升级的突破口。北京文化创意产业高速发展至今，对国民经济各产业正在进行深度的渗透、融合和优化，农业、制造业、旅游业、建筑业、地产业等诸多传统行业经过文化创意的渗透融合后，产生了大量新的产业形态，成为新的经济增长点，带动北京地区经济的持续稳定增长。文化创意产业在创造新技术、新产品和新市场的同时，创造出了更大的社会财富，使产业结构日益优化。2011 年中共北京市委十届十次会议提出“2020 年把首都建设成为在国内发挥示范带动作用，在国际上具有重大影响力的著名文化中心城市”。未来首都建设中，文化创意产业将是一支关键力量。

二　文化创意产业整体运行概况

（一）产业发展规模及结构

1. 2012 年产业规模继续增长，吸纳就业稳步提升

总体来看，2012 年，北京文化创意产业在外部宏观经济形势下行的压力下，依旧保持高于 GDP 的增长速度，但增速相比此前五年回落明显。

2012 年，北京文化创意产业实现增加值 2205.2 亿元，比 2011 年增长 10.8%，增速明显下降，比上年回落了 6.4 个百分点，但依然高于 GDP 增速。文化创意产业增加值占地区生产总值的比重为 12.3%，比上年提高 0.1 个百分点（见图 1－1），仍稳居第二支柱产业地位。全年文化创意产业资产总计达到 15575.2 亿元，比 2011 年增长 20.3%；实现收入合计 10313.6 亿元，比 2011 年同期增长 14.4%。2012 年文化创意产业吸纳就业平均数达到 152.9 万人，比 2011 年高出 12 万人，就业形势持续向好。

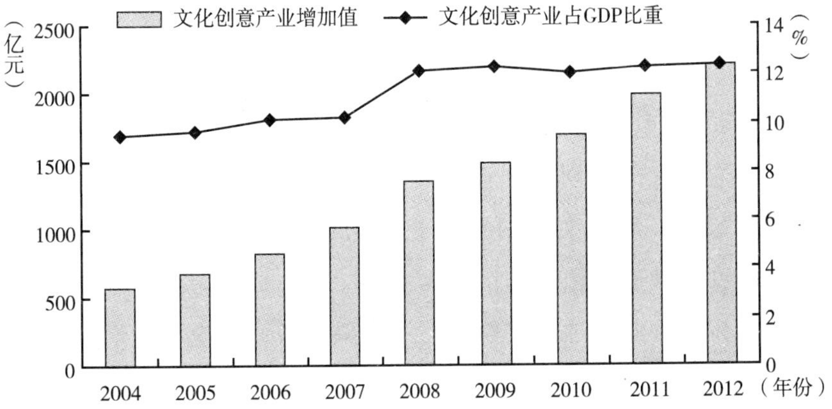

图 1－1　2004～2012 年北京文化创意产业产值及占 GDP 比重情况

数据来源：根据北京市统计信息网《北京市 2012 年国民经济和社会发展统计公报》《北京统计年鉴 2013》测算。

2. 产业内优势领域继续发力

从产业内部结构看，软件、网络及计算机服务业的增加值、就业、资产、收入都以绝对优势继续保持龙头地位（见图 1－2）。其增加值比重占文化创意产业比重达到 54%，比 2011 年提高 1.6 个百分点。其他 8 个行业产值比重均在 10% 以下，排名第二的新闻出版业产值比重降到了 9.4%（见表 1－1），与软件、网络及计算机服务业形成较大差距。

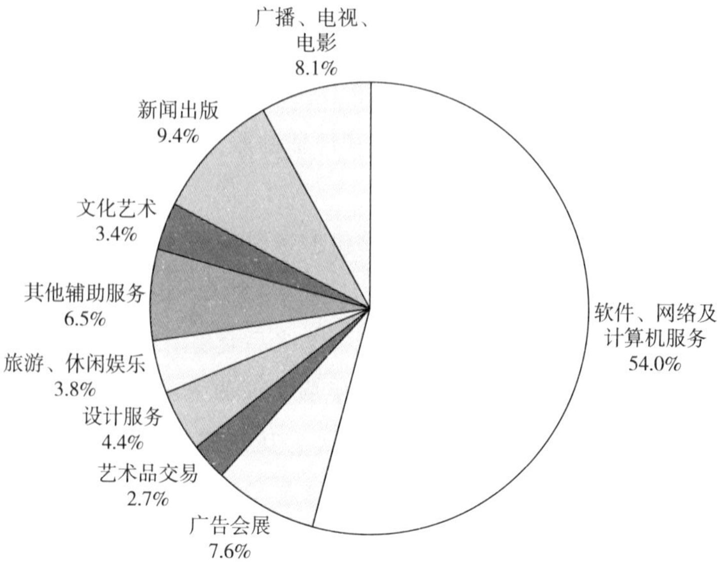

图 1－2　2012 年北京市文化创意产业各行业产值比例

数据来源：《北京统计年鉴 2013》。

表 1－1　2004～2012 年九大行业产值比重变化情况

单位：%

行业	2004 年	2005 年	2006 年	2007 年	2008 年	2009 年	2010 年	2011 年	2012 年
文化艺术	3.9	4.8	4.3	3.8	3.2	3.3	3.2	3.4	3.4
新闻出版	18.9	15.8	16.4	14.1	11.4	10.7	10.1	9.6	9.4
广播、电视、电影	9.6	11.6	8.9	10.2	8.9	8.4	8.2	7.7	8.1
软件、网络及计算机服务	40.0	39.5	45.6	47.9	52.2	47.7	49.9	52.4	54.0
广告会展	8.3	7.6	6.3	6.4	8.3	6.6	7.5	8.0	7.6
艺术品交易	2.0	1.1	1.2	1.4	1.5	2.1	2.5	2.8	2.7
设计服务	5.2	4.7	4.9	4.9	3.9	5.1	5.0	4.6	4.4
旅游、休闲娱乐	4.7	5.6	5.9	5.0	4.3	4.1	4.1	3.9	3.8
其他辅助服务	7.3	9.4	6.4	6.3	6.2	12.1	9.6	7.5	6.5

数据来源：根据《北京统计年鉴 2013》相关数据测算。

从增加值增速情况看，软件、网络及计算机服务领域增速达到 14.2%，仅次于广播、电视、电影领域增速（15.3%）；文化艺术领域增速也达到 11.8%，均高于文化创意产业整体增速（10.8%）。其他辅助服务领域实现负增长（-3.2%），说明其对文化创意产业增加值的重要性降低。

从就业情况看，软件、网络及计算机服务领域是吸纳就业的最大行业，平均就业人数为 69.8 万，占文化创意产业平均就业人数的 45.7%，远高于其他领域。其次为其他辅助服务和新闻出版，平均就业人数为 16 万和 15.6 万，占比分别为 10.5% 和 10.2%，但其他辅助服务业就业相比 2011 年为负增长（-5.4%）。

从资产情况看，软件、网络及计算机服务领域资产总计达到 6529 亿元，占文化创意产业资产总计的 41.9%；其次为广播、电视、电影，资产总计 1570.7 亿元，占 10.1%。从资产增速看，艺术品交易增速最快，达到 76%。

从收入情况看，软件、网络和计算机服务业收入最高，为 3888.1 亿元，占文化创意产业收入合计的 37.7%；其次为其他辅助服务，收入 1370.8 亿元，占 13.3%；排名第三的是广告会展，收入 1256.8 亿元，占 12.2%；其他依次为新闻出版（8.6%），旅游、休闲娱乐（8.2%），艺术品交易（6.8%），广播、电视、电影（6.6%），设计服务（4.3%），文化艺术（2.3%）。

从收入增速看，2012 年，艺术品交易领域的收入增速最快，达到 43.4%；其次为广播、电视、电影，增速为 22.9%；旅游、休闲娱乐增速也达到 20.2%；设计服务（19.8%），新闻出版（16.9%），软件、网络及计算机服务（16.3%）这三个领域的收入增速也都高于文化创意产业整体增速（14.4%）。而其他辅助服务领域为负增长（-3.5%），说明其对文化创意产业收入增长的重要性降低。

（二）各主要行业均实现不同程度增长

1. 软件、网络及计算机服务业继续引领全市文化创意产业

2012 年，北京软件、网络及计算机服务业增加值达到 1190.3 亿元，占文化创意产业增加值的 54%。软件、网络及计算机服务业不仅创造了最高的产值比重，而且是创造就业的重点行业，2012 年，吸纳就业人数 69.8 万，比

2011 年增长 13.9%，占文化创意产业就业人数的 45.7%。其资产总计和收入合计分别达到 6529 亿元和 3888.1 亿元，分别占文化创意产业相应合计的 41.9% 和 37.7%，比 2011 年增长 20.1% 和 16.3%。

软件业是北京文化创意产业的一个重要领域，预计 2012 年北京软件行业实现营业收入 4150 亿元，从业人员达 55 万人。企业景气指数和企业家信心指数继续居北京国民经济各行业之首。北京软件产业规模超过印度软件名城班加罗尔、欧洲软件之都爱尔兰的都柏林，从业人员总数超过美国的硅谷地区，已经成为全球有影响力的、重要的软件城市。

以云计算、北斗导航、移动互联网为代表的战略性新兴产业领域，成为软件行业面向新技术潮流转型的发动机。“祥云工程”品牌成为中国云计算产业发展的代表，参与的中外企业达到 100 多家，初步形成完整的产业链。以亦庄云产业园、中关村云基地为核心，以“基金 + 基地”模式，形成了南部云后台、北部云服务的云计算产业格局。百度公司开放云存储、云计算、大数据智能三大核心云能力，打造为开发者服务的云平台，已经覆盖了 7.5 万名开发者。推出个人云存储、LBS 云等七种工具和服务，个人云服务用户数已突破 2500 万人，存储文件数量超过 10 亿个。①

2. 文化艺术发展迅速

2012 年，北京文化艺术业的增加值、资产总计和收入合计均有大幅度增长。增加值达到 76 亿元，比 2011 年增长 11.8%，高于文化创意产业增加值整体增速（10.8%）1 个百分点，增速仅次于广播、电视、电影业和软件、网络及计算机服务业，占文化创意产业产值的 3.4%。就业人数比 2011 年有所降低，2012 年从业人员平均人数为 7.2 万，比 2011 年降低 2.7%，主要因为 2011 年文化艺术业就业人数增幅高、基数较大。资产总计达到 551.2 亿元，比 2011 年增长 17.1%；收入合计为 237 亿元，比 2011 年增长 9.2%。②

2012 年，北京全市各类演出剧场数量已达 81 家，艺术表演团体达 530 家，演出经纪机构数约占全国演出经纪机构总数的一半，达 1363 家。文艺舞

---

① 北京软件行业协会：《北京软件与服务》2013 年第 1 期。

② 北京市统计局：《北京统计年鉴 2013》。

台空前活跃，文艺演出市场继续呈现增长态势。文化与科技、旅游、商务、金融、体育等相关行业的融合发展速度加快，创新培育消费业态的趋势已经显现。全市通过文化与产业的融合创造新的消费业态，通过文化与科技的融合实现新的消费模式，通过内容对渠道的整合形成新的消费产品，通过文化对空间的整合形成新的消费承载，全面提升首都文化消费的发展规模、发展质量和发展水平，从而实现首都文化消费的国际参与、业态集聚和创新引领。①

2012 年，全市 113 家营业性演出场所共演出 21716 场，比 2011 年同期（21075 场）增长 3.1%；演出收入共计 15.27 亿元，比 2011 年同期（14.05 亿元）增长 8.68%；观众共计 1100 万人次，比 2011 年同期（1026 万人次）增长 7.2%。②

3. 新闻出版业稳中有增

2012 年，新闻出版业的增加值、从业人员、资产总计和收入合计均实现稳定增长。新闻出版业增加值达到 208.3 亿元，比 2011 年增长 8.5%，占文化创意产业产值的 9.4%，仅次于软件、网络及计算机服务业，在文化创意产业九大领域中排名第二；从业人员平均人数 15.6 万，比 2011 年增长 3.1%，在软件、网络及计算机服务业和其他辅助服务业之后排名第三；资产总计达到 1514.6 亿元，比 2011 年增长 20.2%，在九大领域中排名第三；收入合计为 883 亿元，比 2011 年增长 16.9%。③

2012 年，北京市新闻出版业各项指标较 2011 年稳中有升，共计出版图书 10756 种、报纸 14 亿多份、期刊 0.35 亿册，网络出版、手机报刊、电子书等新兴出版业态快速发展。截至 2012 年 11 月底，北京地区新闻出版业年度收入达到 619.3 亿元，同比增长 12.3%，资产总额达到 1196.5 亿元，同比增长 13.1%。④

4. 国内旅游稳定增长，入境游走低

2012 年，旅游、休闲娱乐业的增加值、从业人员、资产总计和收入合计

① 《北京市文化局 2012 年工作总结》，北京文化热线网站，http://www.bjwh.gov.cn/34/2013_2_4/3_34_77823_0_0_1359962056078.html。

② 《2012 年北京市演出市场统计与分析》。

③ 北京市统计局：《北京统计年鉴 2013》。

④ 《北京新闻出版业年度收入同比增长 12.3%》，《中国新闻出版报》2013 年 2 月 19 日。

均实现稳定增长。旅游、休闲娱乐业增加值达到 83.4 亿元，比 2011 年增长 6.1%，占文化创意产业产值的 3.8%；从业人员平均人数 11.1 万，比 2011 年增长 5.1%；资产总计达到 934.5 亿元，比 2011 年增长 30.9%；收入合计为 849 亿元，比 2011 年增长 20.2%。①

2012 年，北京入境游市场受到国际金融危机持续、世界经济增速减缓、人民币不断升值等因素影响，呈现走低状态，但国内旅游仍然保持较快发展。2012 年全年接待入境旅游者 500.9 万人次，比上年下降 3.8%。其中，外国人 434.4 万人次，下降 2.9%；港、澳、台同胞 66.5 万人次，下降 8.9%。旅游外汇收入 51.5 亿美元，下降 4.9%。全年接待国内旅游者 2.3 亿人次，增长 8.4%。国内旅游收入 3301.3 亿元，增长 15.3%。旅游收入总计达到 3626.6 亿元，增长 12.8%。全年出境游人数 272.5 万人次，增长 47.9%（见图 1－3）。

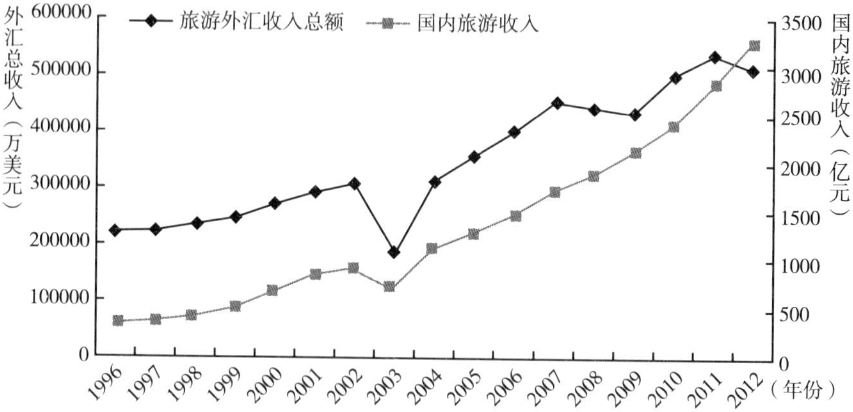

图 1－3　1996～2012 年北京旅游外汇收入和国内旅游收入变化趋势

数据来源：根据北京市统计信息网《北京市 2012 年国民经济和社会发展统计公报》《北京统计年鉴 2013》测算。

2012 年，北京的旅游、休闲娱乐业的主要企业继续稳步发展。例如，中青旅公司以旅行社业务为主体，以景区、酒店业务为两翼，整合旅游价值链，利用品牌优势和规模扩张策略，开拓了一条标准化、专业化、品牌化、网络

① 北京市统计局：《北京统计年鉴 2013》。

化、规模化的发展之路。中青旅公司2012财年的营业收入与利润水平再次创出历史新高，全年实现主营业务收入102.8亿元，同比增长22.07%；净利润2.95亿元，同比增长10.47%。京西风光旅游公司通过经营旅游项目投资及管理、旅游开发服务、生产销售旅游产品、酒店客房等内容，逐步完善产业链，2012财年实现销售收入1.66亿元，比上年同期增长7.80%；实现利润总额3497万元，同比增长206.99%；实现净利润2704万元，同比增长209.82%。

5. 广播、电视、电影业形成以企业为主体的创新格局

2012年，广播、电视、电影业的增加值、从业人员、资产总计和收入合计均实现稳定增长。广播、电视、电影业增加值达到177.6亿元，比2011年增长15.3%，占文化创意产业产值的8.1%，在文化创意产业九大领域中排名第三；从业人员平均人数6万，比2011年增长8.3%，占文化创意产业总就业人数的3.9%；资产总计达到1570.7亿元，比2011年增长18.5%，占文化创意产业资产总计的10.1%，仅次于软件、网络及计算机服务业；收入合计为680.3亿元，比2011年增长22.9%，占文化创意产业收入合计的6.6%。①

2012年，北京广播、电视、电影业的主要企业通过创新经营模式，收入和利润均明显增长，是推动产业稳步增长的主体。例如，华谊兄弟通过开拓品牌及知识产权授权等新的经营模式提高其盈利能力，2012财年的营业总收入达到13.86亿元，比上年同期增长55.36%；利润总额为3.21亿元，比上年同期增长17.44%；净利润为2.41亿元，比上年同期增长17.18%。② 光线传媒在加强电视、电影等优势内容的同时，通过外部股权收购等方式拓展互联网新媒体渠道，进一步完善产业链条布局，2012财年实现营业收入10.34亿元，比上年同期增长48.13%；实现营业利润3.71亿元，比上年同期增长76.04%；实现利润总额3.92亿元，比上年同期增长82.61%。③

6. 广告会展业有力带动了相关产业发展

2012年，广告会展的增加值、从业人员、资产总计和收入合计均实现增长。广告会展业增加值达到168.6亿元，比2011年增长6%，占文化创

① 北京市统计局：《北京统计年鉴2013》。

② 《华谊兄弟传媒股份有限公司2012年度报告》。

③ 《北京光线传媒股份有限公司2012年度报告》。

意产业产值的 7.6%；从业人员平均人数 12.5 万，比 2011 年增长 8.6%，占文化创意产业总就业人数的 8.2%；资产总计达到 1050 亿元，比 2011 年增长 4.8%，占文化创意产业资产总计的 6.7%；收入合计为 1256.8 亿元，比 2011 年增长 8.8%，占文化创意产业收入合计的 12.2%，仅次于软件、网络及计算机服务业和其他辅助服务业，在文化创意产业九大领域中排名第三。①

伴随着总体规模的不断扩大，会展业在带动相关产业发展、促进首都经济发展方式转变方面发挥着越来越积极的促进作用。各类专业展会已成为参展商和参会者拓展国际市场、提升产业整体水平的重要途径。北京国际文化创意产业博览会、国际科技产业博览会、旅游博览会、图书博览会等一系列展会的成功举办，有力带动了相关产业的发展，为首都发展搭建了良好的中介服务平台，有力地增强了首都经济的对外辐射能力。

7. 艺术品交易业资产和收入实现大幅度增长

2012 年，艺术品交易业的增加值、从业人员、资产总计和收入合计均实现增长，其中资产总计增速最快，比上年增长 76%，达到 817.5 亿元，增速远高于其他八个领域，占文化创意产业资产总计的 5.2%。收入合计增速也远高于其他八个领域，比 2011 年增长 43.4%，达到 705.6 亿元，占文化创意产业收入合计的 6.8%。艺术品交易业的增加值达到 59.2 亿元，比 2011 年增长 5%，占文化创意产业产值的 2.7%；从业人员平均人数 2.8 万，比 2011 年增长 12.7%，占文化创意产业总就业人数的 1.8%。②

随着北京拍卖市场近十年的快速崛起，北京已经发展成为全国首屈一指的艺术品交易中心，并即将成为具有国际影响力的艺术品“交易之都”。从近年来交易产品的类别看，北京艺术品交易中，书画特别是古代书画占相当大的比重，这主要源自国人对传统文化的追捧。

8. 设计服务业继续稳步增长

2012 年，设计服务业的增加值、从业人员、资产总计和收入合计均实现

① 北京市统计局：《北京统计年鉴 2013》。

② 同上。

明显增长。增加值达到97.4亿元，比2011年增长7.5%，占文化创意产业产值的4.4%；从业人员平均人数11.9万，比2011年增长18%，占文化创意产业总就业人数的7.8%；资产总计达到1163.7亿元，比2011年增长26.5%，占文化创意产业资产总计的7.5%；收入合计为443亿元，比2011年增长19.8%，占文化创意产业收入合计的4.3%。①

2012年，北京进一步加快建设设计服务业公共服务平台，建设中国设计交易市场，保障设计服务业的发展。2012年12月，由北京市科学技术委员会与西城区人民政府合作共建的中国设计交易市场正式落成，标志着北京设计之都建设再上台阶。中国设计交易市场是北京建设世界设计之都的重要基地和窗口，也是全国首家设计交易市场。韩国设计振兴院、中芬Living Lab智慧设计联合实验室等8家设计机构成为首批入驻该市场的企业。目前已建立交易数据库和中国设计交易网站，共收录设计公司院所、个人原创公司等1000余家。中国设计交易网站提供合同登记注册、产品展示、需求发布、招标拍卖、投融资等服务，预计未来5年，注册会员将达4万家。中国设计交易市场将通过聚集高端人才、优秀设计企业、金融机构、信息服务等各类设计要素，为相关行业提供设计对接、设计业务交易、展览展示、投融资等多项服务。中国设计交易市场的建成将加快设计要素、资源流转的速度，解决困扰中国设计产业发展的资源分散、设计交易对接渠道不畅、产业创意氛围不浓等瓶颈问题。②

北京还以“北京国际设计周”为平台，加强国内外合作，拓展设计服务业发展空间。北京国际设计周创立于2009年，2009年和2011年成功举办了两届。2012年9月28日至10月6日举办了第三届北京国际设计周，主题为“设计提升城市品质”，由开幕式暨颁奖典礼、年度设计奖、主宾城市、北京国际设计品交易会、国际信息设计展、北京设计论坛和设计之旅7个主体活动构成，旨在展示设计对促进城市可持续发展，带动社会经济文化进步，推动设计产业发展，促进设计交易与设计消费，提升公众生活幸福指数的重要性。众

① 北京市统计局：《北京统计年鉴2013》。

② 《中国设计交易市场落户北京》，新华网北京频道，2012年12月29日。

多名家参与了展会，并与全球设计大师分享最先进的城市设计理念，助力“设计之都”——北京的深度发展。

（三）产业对外贸易稳步发展

2012 年，北京文化产品进出口一增一降，进口仍排名全国首位。北京地区文化产品进出口 6 亿美元，同比增长 6.3%。其中，出口 1.6 亿美元，同比下降 9.5%；进口 4.4 亿美元，同比增长 13.1%，增速较整体进口增速高出 7.8 个百分点。从全国范围上看，北京地区文化产品进出口规模在全国各省（市）当中排名第 12 位，占同期全国文化产品进出口规模的 2.6%。其中进口排名第 1 位，占同期全国文化产品进口规模的 30.7%；出口排名第 19 位，占同期全国文化产品出口规模的 0.7%。①

在文化创意出口市场，企业是北京文化贸易和“文化走出去”的主力军。北京四达时代通讯网络技术有限公司，从 2007 年进入卢旺达至今，已经在非洲 16 个国家拥有 260 万名数字电视用户，旗下有 30 套不同节目，成为泛非洲地区最具潜力的数字电视运营商，每年营业收入超过 5000 万美元。在“文化走出去”战略中，跻身“全国文化企业 30 强”的网游企业——完美世界（北京）网络技术有限公司的网游出口已经覆盖全球 100 多个国家和地区，2012 年其游戏出口额超过 1 亿美元。北京华韵尚德国际文化传播有限公司精心打造的《中国时间——来看吧》独立电视专栏成功落地德国，成为全球第一档由中国人自主运作、用德语在境外主流媒体专门介绍中国的电视专栏节目，已逐渐成为中德两国文化交流与文化贸易的重要媒介和桥梁。天创国际演艺制作交流有限公司创立的“一个剧目、一个剧团、一个经营公司”的产业化模式，率先在国内实现百老汇经营方式和太阳马戏团品牌剧目演出效应，其国际化的运营模式，使其成为中国较早融入国际主流文化市场且较具品牌影响力的文化企业，率先搭建“基地、平台、渠道”良性互动的经营管理新模式。②

① 北京海关：《2012 年北京地区进出口稳中有升　年度外贸规模突破 4000 亿美元》，2013 年 1 月 24 日，http://beijing.customs.gov.cn/publish/portal159/tab42934/info415130.htm。

② 《金融创新助力文化贸易发展——第九届深圳文博会北京文创产业展成果回顾》，北京市国有文化资产监督管理办公室网站，2013 年 5 月 20 日。

三　2012年北京文化创意产业发展特点

（一）功能集聚成为文化创意产业集聚的新形式

2006年起，北京陆续认定了30个市级文化创意产业集聚区，经过多年发展，市级和各区县的集聚区已经成为北京文化创意产业的一个重要载体。在发展过程中，集聚区之间出现了同质化竞争、创意淡化等问题，集聚效应和网络联系不明显。为避免集聚区间的同质恶性竞争，解决集聚区间发展不平衡问题，推动文化创意产业向功能集聚型转变，在北京市国有文化资产监督管理办公室的推动下，未来3年，北京将按照土地集约、产业集聚、功能集中的原则，以文化产业集聚区为重要载体，以重点企业和重大项目为引领，以政策体系和服务平台为保障，整合打造20个文化产业功能区。

这20个功能区分别是：天坛－天桥核心演绎功能区、雍和园－德胜园文化科技融合功能区、文化金融融合功能区、北京老字号品牌文化推广功能区、CBD－定福庄国际传媒产业走廊功能区、奥林匹克公园文化体育融合功能区、潘家园古玩艺术品交易功能区、大山子时尚创意产业功能区、中关村文化科技融合示范功能区、中国戏曲文化艺术功能区、动漫网游功能区、房山历史文化旅游功能区、国家创意设计与艺术品交易功能区、天竺文化报税功能区、会展服务功能区、国家新媒体产业功能区、中国（怀柔）影视产业功能区、昌平未来文化城功能区、平谷音乐产业功能区、文化和生态旅游休闲功能区。

未来，北京市将结合区县功能定位、发展基础和资源禀赋，进一步完善功能区规划布局，完善产业链、供应链、服务链；抓紧研究确立功能区规划建设管理体制和工作机制，建立健全功能区统计和评价指标体系。同时，以公共服务平台和公共技术实验室建设为抓手，以资金支持、政策配套为保障，科学合理地安排功能区规划建设时序，努力推动一批大企业、大项目在功能区加快落地，推动文化创意产业功能区建设发展。

（二）文化与科技融合速度加快

2012 年 12 月，北京市政府召开专题会议，研究《关于实施“双轮驱动”战略加快推进文化科技融合发展的意见》和《北京市推进文化和科技融合发展三年行动计划（2013～2015）》，指出推动文化科技融合发展，实现科技创新、文化创新“双轮驱动”是由首都功能定位决定的重大战略，是加快转变经济发展方式的关键抓手。2012 年，北京中关村国家级文化和科技融合示范基地被认定为首批国家级文化科技融合示范基地。下一步，中关村文化科技融合示范功能区将组织实施文化科技产业引领工程、文化产业提升工程、文化技术攻关工程、示范园区建设工程、企业集群培育工程、跨界英才集聚工程以及文化金融创新工程等，做大做强中关村软件园、清华科技园、东升科技园等，加快建设 768 创意产业园、中关村数字设计中心，积极培育优秀文化创意企业，力争到 2015 年将海淀区建成同步全球、领航全国的文化和科技融合示范文创功能区。

科技与文化融合发展，为文化创意产业发展注入了新活力，催生了一批新兴文化创意企业，有力带动了文化创意产业的发展。以软件业为例，新兴软件公司代表趣游科技集团有限公司于 2010 年成立，仅用 3 年时间实现年收入 6.2 亿元，2012 年 1～11 月收入达 10 亿元，趣游 3D 网页游戏已登陆中国港澳台、日韩、新马、北美、欧洲、南美等六大海外地区，建立了国内首个基于 Open stack 全球化云计算服务平台——趣云平台，利用云技术实现网页游戏的研发和运营，并为中小型开发团队提供免费的服务器资源，带动一批中小企业走向国际市场，走出一条独具特色的科技与文化融合发展之路。

（三）文化金融对接全面推进，资金支持力度进一步加大

近年来，北京市积极推动文化与金融对接，有力地促进了文化创意产业发展。首先，制定政策加大金融扶持力度。2012 年 8 月，出台了《关于金融促进首都文化创意产业发展的意见》，在全国率先建设文创信贷、股权投资、企业上市、保险保障等九大文化金融服务体系。北京市政府还联合国家发展改革委员会等九部委出台《关于中关村国家自主创新示范区建设国家科技金融创

新中心的意见》，确立了建立国家科技金融创新中心的目标、任务和体制机制安排。随后，全国中小企业股份转让系统有限责任公司（“新三板”）在北京设立，为非上市文化企业股权转让和融资搭建了平台。

其次，进一步加大财政资金支持力度。2012 年 9 月，北京市财政局发布《北京市文化创新发展专项资金管理办法》，设立文化创新发展专项资金，从 2012 ~ 2015 年，每年安排 100 亿元用于支持首都文化、文物、体育、旅游、广播影视、新闻出版、社科理论、精神文明建设和互联网管理等领域事业、产业发展。2012 年当年利用 9 亿元资金，面向社会公开征集并支持优秀企业项目 338 个，直接带动社会资本投入 200 亿元，杠杆撬动率达到 1∶22。

最后，成立首都文化投融资平台，建立针对中小文化创意企业融资的统贷平台。2012 年 6 月，北京市国有文化资产监督管理办公室（简称“北京市文资办”）正式成立，作为出资人，成立了注册资本金 50 亿元的北京市文化资产投资发展集团，作为首都文化投融资平台及重大文化项目的实施运作主体。该集团投资 34 亿元，相继成立了 1 家基金管理公司、1 家融资担保公司和 2 家小额贷款公司，并安排 5000 万元资金设立了文化融资担保基金，投入 8 亿元发起设立了北京文化创意产业投资基金，将募集规模扩大至 100 亿元。此外，该集团还与国家开发银行、中国建设银行合作，建立了针对中小文化企业融资的统贷平台。①

（四）文化创意产业平台搭建渐趋完善

公共服务平台是文化创意产业发展的支撑力量，由于北京文化创意产业现状是小企业偏多、大企业偏少，构建公共服务平台能够整合各种资源，给文化创意企业提供其自身无法实现的功能，大大降低其创新创业成本和风险，提升企业的可持续发展能力。

自 2006 年以来，为引导和推动文化创意产业发展，北京市已经搭建了几个重要平台，这些公用服务平台为推动北京文化创意产业的发展发挥了重要的作用。北京市针对文化创意产业已建立的平台包括知识产权平台、金融服务平

① 杨浩鹏：《京交会展示北京文化金融发展成果》，《中国文化报》2013 年 5 月 31 日第 5 版。

台、展示交易平台等。

1. 金融服务平台

为解决文化创意产业融资难问题，推动文化与金融融合发展，北京市已经建立文化创意产业投融资服务平台和文化创意产业统贷平台。

北京市文化创意产业投融资服务平台于 2007 年 11 月在北京产权交易所启动，由北京产权交易所承建，针对文化创意产业的特点和需求，有效汇聚包括文化创意企业、各类投资人和相关中介服务机构在内的各方资源，建立起包括信息披露、投融资促进、登记托管、资金结算在内的文化创意企业投融资服务平台工作机制和运作平台；充分利用现代电子技术和网络资源，建设基于互联网的文化创意企业数据库、投资人数据库和文化创意企业投融资电子服务网络，进而搭建起为北京市乃至兄弟省市文化创意企业投融资提供低成本、高效率、专业化服务的公共服务平台，形成文化创意企业多层次投融资服务体系，有效解决文化创意企业发展过程中面临的并购重组与融资瓶颈问题，促进文化创意产业的持续、稳定和健康发展。

北京市文化创意产业统贷平台成立于 2012 年 12 月，是北京市以文化金融融合发展为突破口，促进文化与金融资本对接，健全文化创意产业投融资服务体系的重要环节。统贷平台是针对中小文化企业，尤其是处于发展期的文化企业融资难问题而设立的资金支持的工具平台。北京市文资办与国家开发银行北京市分行、中国建设银行北京市分行签署了《文化创意产业统贷平台建设合作协议》，将共同运作统贷平台，北京市文资办设立专项资金，首期统筹 5000 万元，两家银行分别给予平台 20 亿元的授信额度，以“政府增信、组团担保、集合贷款”为特点，给予企业“优惠利率、绿色通道、集体打包”的金融支持。

2. 展示交易平台

北京已形成一系列重要的文化创意产业展示平台，为北京文化创意产业及其各行业的推广、交易提供了有利条件，是推动北京文化创意产业在国内外市场推广的重要载体。已形成成熟运作体系的包括：中国北京国际文化创意产业博览会、中国（北京）国际服务贸易交易会、中国国际网络文化博览会、中国（北京）国际科技产业博览会、中国国际设计艺术博览会、中国国际版权博览会、北京国际图书博览会、北京国际设计周、中国（北京）国际时装周、北京国际电视周、北京国际音乐节、北京国际文化旅游节等。

3. 知识产权平台

北京市拥有全国三大国际版权交易中心：位于朝阳区的国家版权交易中心，依托798、潘家园等文化基地，并与三家具有代表性的著作权集体管理组织——中国音像著作权集体管理协会、中国文字著作权协会、中国摄影著作权协会签订战略合作协议；位于海淀区的人大版权交易中心，则依托园内丰富的文化产业资源和中国人民大学的专家资源，成为国家版权贸易基地；位于东城区的东方永和国际版权交易中心，引进中国版权保护中心入住，开通全国唯一的国家级版权登记大厅，落成后相继出台相关交易制度文件，并开通大型贸易平台。

四　文化创意产业发展面临的挑战与机遇

2013年，北京文化创意产业机遇与挑战并存，宏观经济放缓、政策调节失灵等因素威胁着产业潜在产能，当前，北京市和全国消费扩张、国家大力发展文化产业战略，又为北京文化创意产业发展提供了难得的机遇。

（一）经济发展速度放缓，文化创意产业增速面临潜在威胁

中国经济经过30多年高速增长后，正在步入中速增长，目前正是增长转换期。2012年，中国经济整体发展速度放缓，2013年第一季度延续了这一态势。2013年第一季度国内生产总值118855亿元，按可比价格计算，同比增长7.7%，低于市场预期。企业层面，2013年3月，规模以上工业企业利润同比仅增长5.3%，较前两个月累计回落11.9个百分点；4月中国制造业采购经理指数（PMI）回落0.3个百分点至50.6%，除原材料库存持平，其余分指数均呈回落态势。加之金融危机以来中国经济结构发生内在变化，工业占比已达顶峰，以服务业主导的结构即将形成。2013年第一季度第三产业增加值同比增长8.3%，高于第二产业。从国际经验看，这会导致经济增速放缓。

文化创意产业固有的消费特性使其受宏观经济的影响较大，产业的发展程

度受到经济发展水平的制约。从根本上讲，文化创意产业市场主要依赖于居民的消费行为，而居民消费的特点、承受能力和变化趋势是不易把握的因素。今后国内经济缓慢减速几成定局，如果国内、国际经济景气度急速下滑，可能对产业发展造成不利影响。

2013 年，中国经济出现强势的反弹的可能性不大。第一，出口不会出现特别大的回升；第二，政府也不会像 2008 年和 2009 年那样大幅度地投资支持经济增长。因此，文化创意产业将会受到经济放缓、结构调整的影响。

（二）前期一系列政策一定程度上导致文化创意产业市场自我调节功能的失灵

当前，北京文化创意产业在现行财政补贴政策之下，市场自我调节机制失灵，公共资源浪费，真正优于创作的创意产品难以获得公平的市场环境，行业的真实需求和市场机制难以对接。

以动漫产业为例，近几年的北京动漫产业在政府的政策拉动下被强行拉高。目前，动漫产业扶持政策主要是 2009 年出台的《北京市关于支持影视动画产业发展的实施办法（试行）》，以播出补贴、原创生产补贴和评优为主要方式，对在各级电视台播出或获得国际奖项的动漫作品实施不同级别补贴。补贴政策导致的结果是，有的企业出于趋利本性，不去研究市场和产品，反而潜心研究政策，这种方向有悖于政策引导的目的，导致“骗补贴、做代工”现象。事实上，动漫作品如果已经在电视台特别是央视播出了，说明作品是比较成功的，完全可以通过市场化盈利，这样的作品已经不需要政策扶持。由此导致的结果是，补贴政策之下，北京动漫产业投融资渠道匮乏、高端人才紧缺、企业投机等问题依然存在。总之，资金扶持的监督监管成本高、难度大，因此，不能简单地以补贴来吸引企业。扶持政策应重新明确定位，真正把扶持计划实施到需要的企业。

（三）消费扩张遇机遇期，但具有一定的脆弱性和反复性

过去的十几年，中国经济增长的成绩显著，主要依赖于外需，外向型经济发展的贡献毋庸置疑。而目前国内经济面临世界市场需求下降的新问题，若想

再像以前那样保持20%以上的外贸增长率几乎不可能。既然外需增长已无望恢复至以往水平，那么增长中心转至内需将是今后相当长一段时间的重点。消费对增长的带动比较平稳、缓慢，长期看是基础作用。

《中共中央关于制定国民经济和社会发展第十二个五年规划的建议》中，将“坚持扩大内需战略，保持经济平稳较快发展”作为一个独立章节进行了具体论述，提出了加强和改善宏观调控、建立扩大消费需求的长效机制、调整优化投资结构三条详尽措施。中央多次强调，要“培育一批拉动力强的消费增长点”，旅游、演出、影视等文化创意产业都是重要的增长点。在消费形式上，将以网络消费为重点。此外，按照党的十八大提出的收入倍增计划，未来几年居民收入的名义增速应当在10%以上，收入分配改革将成为未来消费增长的坚实基础。

从投资、消费和净出口三大需求结构看，2012年，最终消费对经济增长的贡献率为51.8%，资本形成对经济增长的贡献率为50.4%，最终消费对经济增长的贡献率比资本形成高1.4个百分点，内需成为经济增长的主要动力。[①] 2013年，高端消费受到中央“八项规定”的影响，第一季度消费对经济增长的贡献率仍达到55.5%，比2012年全年高出3.7个百分点，并高出资本形成的30.3%的贡献率[②]，说明内需扩大已成为必然趋势，国内消费正在成为经济发展的主要动力。

内需的扩大为文化创意产业消费提供了难得的机遇。文化创意产业是消费型产业，收入的增加为北京文化创意产业发展提供了契机，文化创意产业将成为拉动内需的一个重要增长点。2012年北京人均GDP达到13797美元，依据世界银行划分各国贫富程度的标准已达到中上等国家水平，同时也到了文化消费的爆发期。但是，当前文化消费在北京市社会消费品零售总额中所占的比重与全国文化中心的地位并不相称，未来还有很大的增长空间。

（四）国家发展文化产业战略为产业发展创造机遇

北京文化创意产业面临国家“文化大发展大繁荣”的战略机遇和前所未

① 中国新闻网：《2012统计公报解读：经济结构调整取得积极进展》，2013年2月22日。

② 于海荣、王长勇、霍侃：《经济放缓考验政策容忍度》，《新世纪》2013年第17期。

有的政策机遇，从整体发展环境看，国家出台了《中共中央关于深化文化体制改革、推动社会主义文化大发展大繁荣若干重大问题的决定》《文化产业振兴规划》《关于金融支持文化产业振兴和发展繁荣的指导意见》《文化部“十二五”时期文化产业倍增计划》等一系列鼓励扶持文化创意产业发展的政策。

下一步，文化创意企业要紧紧抓住发展的大好时机，实现主营业务快速发展，同时立足于主营业务产业链的延伸和拓展，扩大经营范围，实现规模经济，完善产业链布局。

五　北京文化创意产业发展趋势展望

（一）重点行业加速创新发展

1. 电影业资源集中度将进一步提高，微电影将成为一支重要力量

随着我国文化体制改革的不断深入，电影市场的开放程度也不断提高。许多新竞争主体的进入，在一定程度上改变了电影市场的现有竞争格局，从而降低了电影行业的平均利润水平；同时，也为电影业实现快速发展提供了良好机遇，为国产电影营造了一个较为宽松和有利的发展环境。随着电影整体市场环境的不断改善和日趋成熟，市场资源向大型电影企业倾斜的趋势将更为明显，这使得具有资金、人才优势的大型电影企业，在竞争加剧的市场环境中仍能较长时间保持较高的盈利水平。而且，国内电影市场对高质量国产大片的需求仍将长期旺盛，国产大片将具备良好的票房前景，在市场上能够继续保持较高的利润水平。另外，电影行业仍将面临一系列阻碍行业发展的不利因素，如盗版冲击、国际市场竞争冲击、政策准入壁垒、专业人才和资本实力壁垒等因素，电影企业需要面对并解决这些问题，才能更快更好地发展。

微电影出现时间并不长，真正发展起来也就两三年，但是发展的势头很强劲，2011 年国内的微电影数量就达到了 2000 多部，2012 年更是微电影的“井喷”之年。2012 年 12 月 4 日，中国国际微电影节在北京闭幕，作为微电影界影响力最大的电影节，它已经成功举办了两届，见证了微电影的“井喷”式发展。生于恶搞、兴于广告的中国微电影，已经形成了一条粗具规模的产业链，包括培训、营收、制作、播出和衍生五个环节逐步发展完善，具有潜在商业价值。但是微电影的影响力还是很小，要开发传统的实体衍生品并不现实，在微电影领域，衍生更多的是指微电影节、微电影论坛、微电影评选等相关活动，广告赞助是这些衍生活动相对清晰的盈利模式。

2. 旅游业将继续保持高速发展，入境游仍受制于国际经济形势的深度影响

目前，我国已成为世界第三大入境旅游接待国和出境旅游消费国，并形成全球最大的国内旅游市场。未来，北京旅游业将延续近些年的扩张态势。《国务院关于加快发展旅游业的意见》将旅游业定位为战略性支柱产业后，多项政策相继出台，为旅游业的发展提供有力政策支持；《中国旅游业“十二五”发展规划纲要》明确提出“推动旅游业特色化发展和旅游产品多样化发展，全面推动生态旅游，深度开发文化旅游，大力发展红色旅游”的目标；《关于金融支持旅游业加快发展的若干意见》要求加强和改进旅游业金融服务，支持和促进旅游业加快发展；《国民旅游休闲纲要》进一步落实带薪休假制度，鼓励针对旅游休闲设施、特色旅游路线和优质旅游产品的开发。国民旅游休闲纲要的出台、带薪休假制度的逐步落实、居民闲暇时间的增加，将在经济水平提高、交通条件改善的条件下，直接推动居民旅游需求的释放，从而支持北京旅游行业的持续发展。《北京市旅行社入境旅游奖励资金管理办法》设立了旅行社入境外联人天奖、旅行社入境接待人天奖等多种形式的奖励办法，将对拉动入境游产生一定的积极作用。

世界经济不可能在短期内复苏，在欧美失业率居高不下的情况下，北京入境旅游市场必然受到牵连。未来，北京市需要分析入境游重点海外市场格局变化的规律，适当调整海外市场促销重点，制定北京入境游市场的中长期规划，有效引导国际游客。

3. 新媒体动画将成为北京动漫产业的重要领域

《“十二五”时期国家动漫产业发展规划》提出，“十二五”期间，着力打造5~10个知名国产动漫产品和骨干动漫企业，培育出一批具有较强市场意识、国内外知名的动漫艺术家和企业家，动漫产业的影响力、辐射力、带动力持续增强，动漫在社会生活各领域的普及应用更加广泛深入，成为文化产业发展的重要增长点。

我国动画产业经过前一阶段的高速发展，国产动画企业市场意识、品牌意识进一步提升，动画片创作水平、艺术质量不断提高，一些优秀国产动画片受到观众的热烈欢迎。目前，长三角地区、珠三角地区和环渤海地区已经形成了成熟的动画产业集群，中部地区、华北地区、东北地区动画产业迅速崛起。北京是环渤海地区动漫产业的领导者，与长三角地区的江苏、上海、浙江和珠三角地区的广东相比，其生产能力与首都区位优势尚不相称。

今后，随着计算机技术、互联网和移动终端技术的飞速发展，动画片的制作技术和传播渠道也发生了革命性改变。动画发行渠道也由传统的电影、电视、DVD 拓展到了互联网和移动媒体，动画产业链也得到了延伸，动画受众快速增长，这极大提高了动画产品的渗透度。新媒体动画是未来北京市动画产业发展的重要领域。因此，及时把握新媒体时代受众的心理需求，鼓励创新，加大新媒体动画产品的开发和推广是推动北京动画产业发展的长久之计。

4. 网络视频服务将步入成熟发展阶段

北京网络视频行业具有发展速度快、模式创新及融合频繁、用户需求多样化的特点，目前正处于从发展期向成熟期过渡阶段。在过渡阶段，北京网络视频行业呈现出如下发展特征和趋势：第一，大型媒体单位纷纷推出视频门户，行业吸引力和服务水平得到提升；第二，大型网络视频服务商整合进程加速，资本力量助推行业洗牌；第三，视频服务商版权意识提升，有利于行业规范健康发展；第四，传统免费服务商纷纷推出付费服务，付费点播模式获得广泛认可。

网络视频行业从发展期向成熟期的过渡阶段，各服务商都形成了相对成熟和稳定的商业模式及盈利模式，但是网络视频行业具有模式不断创新及相互融合频繁的特征，因此随着产业政策、行业技术、网络环境和用户需求的不断变化，商业模式及盈利模式的成熟度和稳定性会呈现波动。未来随着我国网络环境的逐渐完善、行业规范程度的不断提高、用户需求的不断提升，网络视频服务将步入成熟发展阶段，各项商业模式和盈利模式将更趋成熟。

5. 出版业面临转型升级压力

2012 年 2 月 27 日，新闻出版总署下发的《关于加快出版传媒集团改革发展的指导意见》明确提出，将助力出版传媒集团的兼并重组，并推进传统出版集团发展数字出版产业。6 月 28 日，新闻出版总署发布的《关于支持民间资本参与出版经营活动的实施细则》明确提出，支持民间资本进入出版业。上述政策的出台实施，将进一步促进我国出版发行业蓬勃发展。中国正处于传统出版与数字化出版相互结合、相互交叉和相互促进的转型期。未来，学习需求增加等客观因素，将为出版行业发展创造有利的外部环境；同时，信息产业与文化产业的有机融合，必将推动文化产业的进一步繁荣。未来，北京出版业将呈现以下特点：

首先，未来出版及其相关资源的集中度会越来越高，资金、版权、人才，尤其是国家政策等核心资源，会加快向强势企业、品牌企业聚集。这一方面有利于出版企业做大做强，推动综合性跨行业的出版传媒集团的产生；另一方面会对出版行业的市场竞争构成一定的威胁。

其次，传统出版将向新媒体出版数字印刷转型升级。近年来，数字媒体的迅速发展，特别是互联网、移动互联网、智能数字终端设备的发展，改变了人们对媒介的传统认识和消费理念，也对传统出版物的生产方式、运作流程和销售收入造成了一定的冲击。今后，北京出版业必须在数字出版和新媒体应用方面，跟上社会新媒体的逐渐普及和图书出版信息化技术的变革。

最后，在新兴媒体和业态的多方位冲击下，传统平面媒体的尴尬日益凸显，并已呈现明显的衰退趋势。电子阅读影响着人们的阅读习惯，传统出版面临转型压力和风险。由于近年来电子商务取得迅猛发展，图书等作为高标准化的文化产品，其传统经营模式受到了较大冲击。消费者对线下空间的需求定位，逐渐从目的性消费场所转变为体验式消费空间。同时，媒体数量持续扩张，新媒体形态层出不穷。网络化、智能化、移动化、数字化、人性化推动媒体创新，互联网和手机成为重要平台，网络视听产业迅速发展壮大，以网络和移动媒体为代表的新型媒体形态大有取代传统媒体的趋势。随着手机、电子阅读器、平板电脑等移动终端的技术升级革新，移动媒体迅猛发展，极大地改变了人们的阅读习惯，出版业的格局将发生深刻变化。

（二）产业跨领域融合推进，业态创新速度加快

文化创意产业是一个关联性相当强的产业，无论是传统制造业，还是高科技产业，从产品设计到包装设计、从市场营销到品牌宣传，都有文化创意的元素，因此，文化创意产业已经成为一个跨界产业。融合创新是文化创意产业发展的必然结果。

以互联网等现代信息科技为代表的文化创意产业，特别是移动支付、云计算、社交网络和搜索引擎等，越来越多地渗透到人类生活的方方面面，对经济体系原有产业形态的发展产生了重大影响，尤其是大大推动了金融业的创新发展，对人类金融模式产生了根本影响。

近年来，文化创意产业与金融业融合速度加快，尤其以互联网与金融业融合为首，互联网大大推进了金融创新的步伐。这其中，电子商务与金融业融合创新能力最强，为互联网企业带来新的盈利来源。以电子商务供应链金融服务为例，它是以有足够规模的商业企业的信用为基础保证，以应收账款做抵押，由银行向商业企业上游供应商提供的一种可持续的短期贷款业务。2012 年，京东商城从电商走到了金融服务，推出了供应链金融服务系统，希冀将巨大的现金流势转化为利润率更高的金融服务产品，并希望用 1～2 年打造一个包括支付公司、小贷公司、预付卡业务在内的金融服务平台。电子商务企业涉猎金融业，将成为未来互联网领域发展的一个重要方向。此外，随着越来越多的电子商务企业及其他互联网企业获得第三方支付牌照，互联网与金融业结合将更为紧密，将推动金融工具以更快的速度创新，同时将推动互联网业态的不断创新和边界的不断扩展。

（三）电子商务消费将在较大程度上分流传统消费份额

以网络零售为代表的电子商务产业，近年来已迅速发展成为推动中国经济发展的新生力量。2006 年中国电子商务交易总额仅有 15000 亿元，2012 年已超 80000 亿元，平均增速超过 30%。其中，网络零售总额在 2006 年仅有 256 亿元，2012 年已超 13000 亿元，最近几年的平均增长速度接近 100%。与此同时，2012 年北京市网络购物零售交易额达 596.8 亿元，比 2011 年增长近一

倍，大大高于全国网络购物零售额增加比率（66.2%）。①

越来越多的零售企业正在向电子商务领域发力，互联网手机模式的代表——小米手机已经开始将目光转向电商平台，未来将在小米手机及MIUI中内置小米商城，从小米手机及配件入手，探索移动电商模式，甚至小米品牌的遥控电动汽车都在考虑之中。电子商务消费将在较大程度上分流消费份额，是拉动内需的重要力量。

（四）产业整合速度加快，企业并购将成为企业发展的重要方式

根据德勤公司的研究报告《深度探析：聚焦大中华区文化和娱乐行业并购》，从文化产业并购交易量来看，自2005年初至2012年上半年底，中国文化娱乐行业的并购项目约为283宗，总额达150亿美元。虽然该行业的并购交易流只占整个大中华区并购活动的一小部分，但颇具意义，在2005～2011年，文化产业并购交易的年复合增长率为8.17%，相比而言，在这个时间段，中国并购交易数量的整体年均复合增长率仅为7.11%，文化娱乐行业的增长率超过了整体市场的增长率。北京文化创意企业在国内外市场创造了众多成功的并购案例，2012年，小马奔腾联手印度信实媒体公司并购美国电影特效公司“数字王国”（Digital Domain）70%的股份，并购涉及金额3020万美元；蓝色光标并购今久广告100%的股权，并购金额4.3亿元；空中网收购智能手机游戏引擎公司Noumena Innovations 100%的股权，并购金额2000万美元；优酷、土豆以换股方式合并，并购金额10.4亿美元；等等。

随着前期兴起的文化创意企业逐步走过发展期，具有一定实力的文化创意企业大多发展到了资源再整合的新阶段，如何优化资源配置、进一步开拓市场等问题已摆在这些企业面前。企业需要通过并购行为扩大生产经营规模、规避风险、降低成本费用、提高市场份额，以达到快速扩张的目的。未来，北京文化创意产业并购的主要领域将会集中在互联网、网游、数字内容与服务、影视传媒和动漫等。企业并购将会带来产业集中度的提高，产业整合速度将进一步加快。

---

① 《第二届京交会为电子商务搭建高端平台》，中国新闻网，2013年5月9日。

（五）对外贸易方式面临转型

未来，北京文化创意产业将在劳务和产品输出以及外包等方式的基础上，利用国际平台如国际书展、国际电影节、国际文化艺术节等来展示自己，实现海外销售和发行，转向更能提升产业影响力的版权输出模式。未来，将会有更多的文化创意企业通过直接投资、收购兼并等方式，在海外市场建立自己的据点。

在输出方式上，除直接引进与输出版权外，影视领域的合拍片将成为北京文化创意产业重要的国际合作模式。国际合拍片不仅能够兼顾两国观众的文化偏好、价值观，而且利用影片的跨国界发行，绕过引进国的配额限制，将是未来文化输出的一种重要形式。

（中国创意产业研究中心　张京成　沈晓平）

区域促进篇

Region's Promotion

B.2 区县文化创意产业发展概况

一 16区县文化创意产业总体实现稳步增长

（一）大部分区县产业规模实现稳步增长

2012年，北京全市16个区县中的大部分区县文化创意产业就业人数、收入合计、利润总额、应缴税金都实现稳定增长。

1. 12个区县实现就业人数的稳定增长

2012年，全市16个区县中，有12个区县实现就业人数的增长，分别是：东城区、西城区、朝阳区、石景山区、海淀区、顺义区、昌平区、大兴区、门头沟区、怀柔区、平谷区、延庆县（表2-1）。其中，海淀区就业人数最多，为48.8万人，比2011年增长12.1%，占全市总就业人数比重为46.7%。其次为朝阳区，就业人数22.1万人，比2011年增长13.3%，占全市总就业人数比重为21.2%。就业人数增幅排在前三位的平谷区、怀柔区和门头沟区，平谷区就业人数3463人，比2011年增长

39.7%，占全市总就业人数的0.3%；怀柔区就业人数5908人，比2011年增长35.6%，占全市总就业人数的0.6%；门头沟区就业人数1322人，比2011年增长18.4%，占全市总就业人数的0.1%。

表2－1　16区县及经济技术开发区文化创意产业从业人员平均人数增速及比重情况

区县及经济技术开发区	从业人员平均人数(人)		增速(%)	占全市就业人数的比重(%)
	2012年	2011年		
东城区	85049	80977	5.0	8.2
西城区	88447	87237	1.4	8.5
朝阳区	220693	194782	13.3	21.2
丰台区	32202	32327	－0.4	3.1
石景山区	26531	23051	15.1	2.5
海淀区	487593	435118	12.1	46.7
房山区	6059	8560	－29.2	0.6
通州区	16266	16974	－4.2	1.6
顺义区	12805	12114	5.7	1.2
昌平区	19768	19706	0.3	1.9
大兴区	11822	10971	7.8	1.1
门头沟区	1322	1117	18.4	0.1
怀柔区	5908	4358	35.6	0.6
平谷区	3463	2479	39.7	0.3
密云县	2982	3506	－14.9	0.3
延庆县	3331	3196	4.2	0.3
北京经济技术开发区	18931	18456	2.6	1.8
全市	1043172	954929	9.2	100

数据来源：《北京统计年鉴2013》。

房山区和密云县比上年出现较大降幅，就业平均人数分别为6059人和2982人，分别比上年下降29.2%和14.9%，分别占全市就业人数的0.6%和0.3%；通州区出现小幅下降，就业平均人数为16266人，比上年下降4.2%，占全市就业人数的1.6%；丰台区出现微幅下降，就业平均人数为32202人，比上年降低0.4%，占全市就业人数的3.1%。

2. 15个区县实现收入的稳定增长

2012年，全市16个区县中，除房山区外，均实现收入的稳定增长（见表

2-2）。其中，海淀区文化创意产业收入最高，为3914.4亿元，比2011年增长17.2%，占全市文化创意产业总收入的42.2%。其次为朝阳区，收入2119.0亿元，比2011年增长8.3%，占全市文化创意产业总收入的22.8%。怀柔区收入40.8亿元，增长幅度最大，高达207.8%，占全市比重为0.4%。东城区、顺义区、大兴区和平谷区收入增幅均超过20%。东城区收入达到1331.7亿元，比2011年增长27%，占全市的14.3%；顺义区收入93.9亿元，比2011年增长23.2%，占全市的1.0%；大兴区收入56.1亿元，比2011年增长26.2%，占全市的0.6%；平谷区收入12.1亿元，比2011年增长27.3%，占全市的0.1%。

表2-2　16区县及经济技术开发区文化创意产业收入合计增速及其占全市比重

区县及经济技术开发区	收入合计(万元)		增速(%)	占全市产业收入合计的比重(%)
	2012年	2011年		
东城区	13317155.2	10484459.5	27.0	14.3
西城区	7602623.8	6766703.9	12.4	8.2
朝阳区	21190395.3	19558588.4	8.3	22.8
丰台区	2863752.7	2612587.6	9.6	3.1
石景山区	2317398.7	2052185.4	12.9	2.5
海淀区	39144366.7	33388874.8	17.2	42.2
房山区	873280.4	1567636.7	-44.3	0.9
通州区	927424.6	926174.1	0.1	1.0
顺义区	939369.7	762269.6	23.2	1.0
昌平区	1028179.5	893385	15.1	1.1
大兴区	560859.1	444469.4	26.2	0.6
门头沟区	95136.5	79530	19.6	0.1
怀柔区	408018.7	132569.4	207.8	0.4
平谷区	120767.4	94863	27.3	0.1
密云县	147660.6	138540.7	6.6	0.2
延庆县	123472.8	117079.3	5.5	0.1
北京经济技术开发区	1198391.5	1065863.2	12.4	1.3
全市	92858253.2	81085780	14.5	100

数据来源：《北京统计年鉴2013》。

房山区产业收入合计跌幅较大，从2011年的156.8亿元降至2012年的87.3亿元，降幅达到44.3%。

3. 8个区县实现利润总额的稳定增长

2012年，全市16个区县中，有9个区县实现利润总额的增长，分别是：西城区、石景山区、海淀区、房山区、大兴区、门头沟区、怀柔区、平谷区、延庆县（见表2－3）。其中，海淀区实现利润总额最高，为420.4亿元，比2011年增长22.6%，占全市的58.2%。其次为西城区，利润总额73.4亿元，比2011年增长了7.2%，占全市文创产业利润总额的10.2%。房山区和门头沟区利润总额增长幅度非常大，分别为225.3%和123.7%，但占全市的比重依然很小，分别为0.4%和0.1%。

表2－3 16区县及经济技术开发区文化创意产业利润总额增速及其占全市比重

区县及经济技术开发区	利润总额（万元）		增速（%）	占全市利润总额的比重（%）
	2012年	2011年		
东城区	670138.6	707544.3	－5.3	9.3
西城区	734045.1	684928.3	7.2	10.2
朝阳区	723248.1	956189.9	－24.4	10.0
丰台区	230699.1	249068.6	－7.4	3.2
石景山区	345600.7	295101.1	17.1	4.8
海淀区	4203839.9	3428530.3	22.6	58.2
房山区	30954.8	9515.9	225.3	0.4
通州区	16906.7	24053.8	－29.7	0.2
顺义区	73269.0	78845.1	－7.1	1.0
昌平区	75962.8	102041.4	－25.6	1.1
大兴区	19668.3	17719.1	11.0	0.3
门头沟区	3757.9	1680.2	123.7	0.1
怀柔区	72626.3	－1290.3	—	1.0
平谷区	11290.3	10801.6	4.5	0.2
密云县	5831.6	11255.3	－48.2	0.1
延庆县	5973.6	4234.8	41.1	0.1
北京经济技术开发区	－5837.2	81343.5	－107.2	－0.1
全市	7217975.6	6661562.9	8.4	100

数据来源：《北京统计年鉴2013》。

其余7个区县东城区、朝阳区、丰台区、通州区、顺义区、昌平区、密云县，出现不同程度的跌幅。其中，密云县跌幅最大，利润总额由2011年的

1.1 亿元降至2012 年的0.6 亿元，下降48.2%，占全市利润总额的0.1%；其次为通州区，利润总额由2011 年的2.4 亿元降至2012 年的1.7 亿元，下降29.7%，占全市利润总额的0.2%。

4. 13 个区县实现应缴税金的稳步增长

2012 年，全市16 个区县中，除东城区、丰台区、房山区外，其他13 个区县均实现应缴税金的稳定增长（见表2－4）。其中，海淀区应缴税金总额最大，为241.9 亿元，比2011 年增长19.0%，占全市的53%。其次为朝阳区，应缴税金总额82.7 亿，比2011 年增长8.6%，占全市的18.1%。应缴税金总额增幅超过20%的有西城区、石景山区、门头沟区和怀柔区，应缴税金总额分别为34.4 亿元、13.1 亿元、0.32 亿元和2.7 亿元，增速分别达到29.1%、22.5%、32.2%和424.3%。

表2－4　16 区县及经济技术开发区文化创意产业应缴税金增速及其占全市比重

区县及经济技术开发区	应缴税金(万元)		增速(%)	占全市应缴税金的比重(%)
	2012 年	2011 年		
东城区	419792.3	486059.6	-13.6	9.2
西城区	344386.1	266768	29.1	7.5
朝阳区	826551.3	760760.2	8.6	18.1
丰台区	134320.4	147035.4	-8.6	2.9
石景山区	131645.4	107448.9	22.5	2.9
海淀区	2418800	2032176.3	19.0	53.0
房山区	17501.5	30066.4	-41.8	0.4
通州区	29993.3	29662.6	1.1	0.7
顺义区	49797.4	42951	15.9	1.1
昌平区	55153	54421.4	1.3	1.2
大兴区	21009	18675.2	12.5	0.5
门头沟区	3247	2455.2	32.2	0.1
怀柔区	26854.6	5122.2	424.3	0.6
平谷区	6522.9	6286.3	3.8	0.1
密云县	7618.6	7071.4	7.7	0.2
延庆县	4806.6	4382.4	9.7	0.1
北京经济技术开发区	68468.3	62163.9	10.1	1.5
全　市	4566467.7	4063506.4	12.4	100

数据来源：《北京统计年鉴2013》。

房山区应缴税金跌幅最大，从2011年的3.0亿元降至2012年的1.8亿元，降幅达到41.8%，占全市应缴税金的0.4%。其次为东城区，从2011年的48.6亿元降至2012年的42.0亿元，降幅达到13.6%，占全市应缴税金的9.2%。

（二）重点区县优势明显

1. 海淀区和朝阳区是引领全市文化创意产业发展的绝对主力

海淀区的就业平均人数、收入合计、利润总额、应缴税金四项指标均远远高于其他区县，其次为朝阳区。2012年，这两个区就业平均人数之和、收入合计之和、利润总额之和、应缴税金之和分别占全市的67.9%、65.0%、68.3%、71.1%。

其中，海淀区又以绝对优势遥遥领先，2012年，其文化创意产业从业人员和收入合计分别达到48.8万人和3914.4亿元，分别占到全市总量的46.7%和42.2%；利润总额和应缴税金更占到全市总量的一半以上，分别为420.4亿元和241.9亿元，占到全市总量的58.2%和53.0%。

朝阳区2012年文化创意产业从业人员和收入合计均占全市总量的20%以上，分别达到22.1万人和2119.0亿元，分别占到全市总量的21.2%和22.8%；利润总额和应缴税金则分别为72.3亿元和82.7亿元，占全市总量的10.0%和18.1%。

2. 东城区和西城区在北京文化创意产业发展中占有重要位置

东城区和西城区的文化创意产业规模仅次于海淀区和朝阳区，两区之间规模相差不大。2012年这两个区就业平均数之和、收入合计之和、利润总额之和、应缴税金之和分别占全市的16.6%、22.5%、19.5%、16.7%。

其中，东城区2012年文化创意产业从业人员平均数和收入合计均占全市总量的8.0%以上，分别达到8.5万人和1331.7亿元，占全市总量的8.2%和14.3%；利润总额和应缴税金则分别为67.0亿元和42.0亿元，占全市总量的9.3%和9.2%。

西城区2012年文化创意产业从业人员平均数和收入合计均占全市总量的8%以上，分别达到8.8万人和760.3亿元，占全市总量的8.5%和

8.2%；利润总额和应缴税金则分别为73.4亿元和34.4亿元，占全市总量的10.2%和7.5%。

二　功能核心区文化创意产业增长迅速

功能核心区包括东城区和西城区。2012年，首都功能核心区文化创意产业从业人员平均数达到17.35万，比上年同期增长3.1%，占全市产业就业人数总量的16.6%；收入合计达到2092.0亿元，比上年同期增长21.3%，占全市产业收入合计的22.5%；利润总额达到140.4亿元，比上年同期增长0.8%，占全市产业利润总额的19.5%；应缴税金达到76.4亿元，比上年同期增长1.5%，占全市产业应缴税金的16.7%。

（一）东城区文化创意产业发展迅速，增幅居北京各区县前列

近年来，东城区立足"首都文化中心区、世界城市窗口区"的整体定位和"国际化、现代化新东城"的发展战略，充分挖掘自身文化资源优势，提升区域文化软实力，创新文化创意产业发展模式，不断向古都风貌与现代化交相辉映的城区靠拢。

2012年，东城区文化创意产业的主导地位得到进一步增强，全区规模以上文化创意产业收入合计1331.7亿元，同比增长27%，增长幅度位居北京市各区县前列；实现利润总额67亿元，上缴税额42亿元；776家规模以上文化创意产业法人单位共吸纳从业人员8.5万人，人数同比增长5.0%。[①] 文化创意产业作为东城区六大重点产业之一，占全区GDP的比重逐年上升，产业整体运行平稳，发展前景广阔。

2012年，东城区的文化发展特色进一步凸显。历史文化保护取得重要成果，历史文化名城保护建设取得突破性进展；同时，文化与经济融合发展，区政府制定了《关于坚持"文化强区"战略、加快"首都文化中心区"建设的实施意见》，设立8亿元文化发展专项资金，用于扶持文化创意企业的创新和发展。

---

① 北京市统计局：《北京统计年鉴2013》。

在《2013年东城区人民政府工作报告》中，区政府提出要确保城市文化品位再上一个新台阶，进一步激发文化发展活力，实施文化强区战略，增强文化整体实力。重点发展文化演艺、艺术品交易、文化旅游等文化创意产业，实现增加值占GDP比重的12%。切实做好雍和园空间规模和布局调整工作，用好用足先行先试政策，积极推动市级移动互联网重点产业园区、北斗产业基地和北京文化创意大厦等重点工程建设，促进文化与科技深度融合。统筹天坛演艺区和龙潭湖国家级体育产业园规划建设，加快推进幸福大剧院等重点项目，促进演艺中心与国家体育产业基地融合发展。继续办好“戏剧东城”系列品牌活动。启动龙潭湖国际体育交流中心二期建设，稳步推进国家体育产业产权交易中心的筹备工作。发挥“文化航母”引领作用，引导社会资本投资文化创意产业。①

（二）西城区

2012年，西城区文化创意产业发展势头迅猛。西城区拥有丰富的历史文化和现代产业资源，依托良好的金融基础，构建文化金融服务、文化产权交易、文化产品电子商务、文化产品交易展示四大服务平台，力图打造面向全国的文化金融创新中心。

1. 总体状况：收入持续增长，发展状况良好

2012年，西城区文化创意产业延续了上一年度较快发展的态势，收入合计和利润总额两项指标保持了两位数的增长速度。西城区规模以上文化创意产业实现收入合计760.3亿元，实现利润总额73.4亿元。② 其中，收入排在前三位的分别是新闻出版业、艺术品交易业和软件、网络及计算机服务业，三大行业实现收入合计329.3亿元；利润排在前三位的仍然是这三大行业，艺术品交易业以14.6亿元成为利润最高的行业，软件、网络及计算机服务业次之，然后是新闻出版业，总共实现利润39.7亿元，成为带动全区文化创意产业快速增长的主要力量。③

① 《2013年东城区人民政府工作报告》。

② 北京市统计局：《北京统计年鉴2013》。

③ 《2012年四季度文化创意产业》，西城区统计信息网，http：//www.xc.bjstats.gov.cn/sjfb/jdsj/yj2012/whcycy21/30941.htm。

进入 2013 年以来，西城区文化创意产业继续保持增长，第一季度全区文化创意产业资产总计达到 1207.6 亿元，实现收入 119.2 亿元，比上年同期增长 35%，实现利润 5.7 亿元。[①]

2. 政策导向：文化与金融双轮驱动，开辟文化创意产业新天地

文化与金融双轮驱动，是西城区文化创意产业发展的优势和基础所在。西城区积极引导金融业与文化创意产业融合发展，加快建设国家文化金融创新中心。

为优化文化创意产业发展环境，西城区成立了文化创意产业领导小组和文化创意产业促进中心，形成高效的联动协调机制；制定了一系列切实可行的产业促进政策，如《西城区文化创意产业集聚区认定管理办法》，认定一批区级文化创意产业集聚区，加快文化创意产业聚集区建设。

为完善投融资服务体系，建立文化产业项目展示平台和金融产品发布平台，为文化创意企业提供面向金融机构、投资商的展示、交流机会，丰富文化创意企业直接融资渠道，引导金融机构适应文化创意产业特点。在第七届北京国际文化创意博览会上，北京银行为支持文化创意企业及文化创意集聚区建设，制定了特色金融组合产品——“创意贷”，专门为参展的文化创意企业提供资金筹集、资金托管等全程金融服务。产品涵盖了九大类文化创意行业以及文化创意集聚区 10 项子产品。除传统抵押担保方式外，北京银行创新推出版权质押、商标权、专利权等无形资产质押担保方式，对优质的文化创意企业给予信用贷款。

3. 发展制约因素：实现文化与金融完美结合障碍重重

产业升级是文化“联姻”金融的必然性。文化创意产业要进一步做大做强，离不开金融资本的支持；金融产业想适应当前消费需求的升级，拓展新的发展空间，就必须联合文化创意产业。文化与金融的融合发展成为互利的必然趋势，为此西城区出台了若干相关政策，为文化创意产业与金融产业的协作提供了强大的政策支撑。

---

① 《2013 年一季度文化创意产业》，西城区统计信息网，http://www.xc.bjstats.gov.cn/sjfb/jdsj/yj2013/whcycy211/33377.htm。

但是文化产业和金融产业的结合面临一定的瓶颈。首先，现有金融服务及产品无法有效对接中小文化企业，文化创意产业作为轻资产、无形化的行业，缺乏实体的抵押品，文化企业信用体系建设、知识产权评估等方面不符合金融机构提供金融支持的相关要求；其次，金融机构的重点关注对象是房地产等盈利能力比较强的行业，对文化创意产业的支持力度有限，缺乏针对文化企业的融资工具、产品创新、服务流程的创新再造；最后，两者之间缺乏有效沟通的渠道，中介机构不够成熟，原有为金融机构提供服务的中介机构不能主动适应市场。

三　功能拓展区文化创意产业逐步迈向高端化

功能拓展区包括朝阳区、海淀区、丰台区和石景山区。2012 年，功能拓展区文化创意产业从业人员平均数达到 76.7 万，比上年同期增长 11.9%，占全市文化创意产业就业人数总量的 73.5%；收入合计达到 6551.6 亿元，比上年同期增长 13.7%，占全市文化创意产业收入合计的 70.6%；利润总额达到 550.3 亿元，比上年同期增长 11.7%，占全市文化创意产业利润总额的 76.2%；应缴税金达到 351.1 亿元，比上年同期增长 15.2%，占全市文化创意产业应缴税金的 76.9%。

（一）朝阳区

文化创意产业是朝阳区的重要支柱产业和战略性新兴产业，是朝阳区重点发展的四大高端产业之一。2012 年，朝阳区文化创意产业的发展已从产业培育期过渡到了市场收益期，文化创意产业发展强区态势日益凸显，并坚持国际化、高端化、集群化、品牌化的产业发展原则，优化产业结构，逐步占据文化创意产业价值链的高端。

1. 总体状况：增长速度快，整体质量高

作为朝阳区的四大重点产业之一，文化创意产业的规模每年以 20% 以上的速度攀升。2012 年底，朝阳区共有文化创意注册企业 41574 家，全年净增注册企业 8112 家，其中注册资本金过亿元的企业有 27 家；规模以上文化创意企业收入超过了2100亿元，同比增长23.5%，实现增加值480亿元，占全区GDP的比重达14%。[①]

朝阳区文化创意产业还呈现出市场化程度高、结构多元化的特点。据统计，非公、港澳台及外资文化创意企业占该区文化创意企业总数的88%，实现各类经济指标分别占全区总量的85%以上。将文化创意产业九大行业按实现收入排序，朝阳区的广告会展、旅游休闲娱乐、艺术品交易和其他辅助服务业四个行业位居全市各区县之首，广播电视电影业、软件、网络及计算机服务业排名第二，其余三个行业排名第三。[②]

2. 产业结构：内部结构不断优化，产业布局逐渐高端

朝阳区政府于2011年发布了《朝阳区“十二五”时期文化创意产业发展规划》，提出要实施产业高端化和梯次发展战略，不断优化产业结构，占据价值高端。在文化创意产业价值链上，重点发展内容原创和投资交易环节；在文化创意产业门类上，重点发展创意水平高、科技含量高、附加值高的产业，逐步形成以文化传媒业为龙头，以高端会展、旅游休闲、设计创意、信息服务业为主导，以古玩及艺术品交易、文艺演出、时尚消费业为特色的产业结构，即“一个龙头、四个主导、三个特色”的产业结构。2012年，龙头和主导产业实现收入占全区文化创意产业的比重超过了80%。

文化传媒业持续升温。朝阳区坐拥北京市首个千亿级文化创意产业园区——CBD－定福庄国际传媒产业走廊，作为文化传媒业的聚集地，传媒走廊汇集了1.5万家文化创意企业，先后吸引了中央电视台、北京电视台、路透社、美联社、凤凰卫视等传媒机构入驻，形成强大的辐射效应，其产业链上下游企业迅速聚集，2012年产值达1400亿元。

高端会展业较为发达。朝阳区会展资源丰富，现有国家会议中心、全国农业展览馆、国贸中心等设施先进的大型会议中心和展馆共9家，总建筑面积150余万平方米；拥有希尔顿酒店、嘉里中心、柏悦酒店等三星级以上酒店百

---

① 北京市朝阳区文化创意产业收入今年将超2100亿元。中国网，http://news.china.com.cn/live/2012－12/18/content_17748122.htm.

② 北京市朝阳区文化创意产业收入今年将超2100亿元。中国网，http://news.china.com.cn/live/2012－12/18/content_17748122.htm.

余家。加上毗邻首都国际机场，朝阳区依托得天独厚的优势吸引了北京市70%以上的国际展览、54%的国际性会议在此举办，不断向国际高端会展中心的定位靠拢。

旅游休闲业蓬勃发展。朝阳区以鸟巢、水立方等奥运场馆为依托，以现代文化体育为主题，发展奥运主题旅游；借助CBD商务与会展活动，发展高端商务旅游；培育特色购物、文化休闲、体育健身等旅游品牌，建设以中华文化为主体的国际旅游休闲文化区，发展都市休闲旅游。旅游产业的综合贡献率不断增长，树立起中国商务旅游第一区、中国奥运旅游第一区、中国都市休闲旅游示范区的形象。

艺术品交易业快速增长。朝阳区大力扶持潘家园古玩艺术品交易产业园区、高碑店民俗文化园等集聚区的建设发展，加快建设北京艺术品交易中心，逐步形成全国品类最全、规模最大的艺术品核心区；引进国际著名拍卖集团，拍卖交易市场与国际交易形式接轨，促进了艺术品交易产业的业态升级。

3. 发展瓶颈：发展环境不完善，专业人才不足

中小企业融资难是朝阳区文化创意产业发展的瓶颈之一。一方面，文化企业和其他传统企业有着本质的不同，大都属于轻资产的中小型企业，拥有的主要是知识产权等无形资产。由于规模小、信用等级低以及缺少不动资产作为抵押担保，所以很难在资本市场筹集资金；另一方面，无形资产评估体系不健全、专业性的文化保险机构与融资担保机构缺乏、知识产权抵质押制度不完备，这些对文化金融业务的创新和发展，构成了诸多体制上的制约。

文化创意产业的规模在不断扩大，但是与此同时创意人才的总量、素质、梯度、结构却不能够适应产业快速发展的要求。一方面，许多新兴行业在文化创意产业领域内迅速崛起，如广告会展业、网络游戏业、内容版权业等，位于产业链高端的创意人才十分匮乏，致使整个产业在模仿中求生存，失去核心竞争力；另一方面，许多文化企业的经济效益与文化内涵之所以脱节，是因为缺乏复合型人才——既具备宽广的人文视野、又精通产业运营之道的高素质经营管理人对全局的掌控。复合型人才可以为企业进行战略定位、寻求合适的商业模式，制定品牌形象推广方案，引领着一个区域内文化创意产业的发展。

（二）海淀区

海淀区文化创意产业在过去一年中保持了稳定、可持续的发展态势，效益指标良好，充分体现出文化和科技融合的特征。依托科技优势，海淀区正在建设国家级文化和科技融合发展示范基地，积极利用高新技术改造提升传统文化产业，大力发展新兴文化创意产业，实现科技与文化双轮驱动。

1. 总体状况：增长幅度稳定，规模居北京市各区县之首

2012 年，海淀区规模以上文化创意产业单位数量稳定在 2800 家左右，占全市总量的 1/3，从业人数 48.8 万，占全市总量的近一半；资产总计 5474.7 亿元，同比增长 16.0%；实现收入合计 3914 亿元，同比增长 15.0%；实现利润总额 420.3 亿元，同比增长 22.6%；应缴税金 241.9 亿元。[①] 2013 年 1～5 月，规模以上文化创意产业实现收入合计 1347.5 亿元，比上年同期增长 8.0%。[②] 根据海淀区统计局进行的“2012 年文化生产力评价分析”，海淀区文化生产力和文化创意产业发展，在北京市 16 个区县中得分和综合排名均为第一，并且集中了一大批优秀的领军企业，具备发展文化创意产业的基础条件和比较优势。

2. 产业结构：IT 业占据主导，其他产业数字化趋势明显

2012 年，海淀区文化创意产业收入排名前五的分别是软件、网络及计算机服务业，广播、电视、电影业，广告会展业，新闻出版业和设计服务业，这五大产业贡献了 90% 以上的产值，均实现了两位数增长。

软件、网络及计算机服务业占全区文化创意产业总收入的 68%，保持主导产业的地位。2012 年海淀区文化创意产业单位十强中，除了中央电视台外，其余 9 家均是从事信息技术开发的企业，如神州数码、百度、华为、微软中国、甲骨文中国等。这些企业在互联网服务、视觉虚拟技术、移动多媒体等新兴业态方面具有领先优势，推动着北京市乃至中国数字化产业的发展，成为中国科技创新的主力军。

---

① 北京市统计局：《北京统计年鉴 2013》。

② 《文化创意产业季度数据》，海淀区统计信息网，http：//www.hdtjj.gov.cn/HDTJJWEB/S_ 52700.html。

广播、电视、电影业形成集聚带。北太平庄地区集聚了中国电影集团、北京电影制片厂、时代今典等一批数字影视制作、策划、发行单位，北京电影学院、北京师范大学等学术研究机构，还有世纪英雄影视投资集团、天地琢玉影视投资公司等一批影视专业投资机构和投融资中介服务机构，通过搭建产学研金相结合的环境，实现企业、高校、科研院所、金融机构之间优势互补，形成产业集聚的良好条件。

新闻出版业迈向数字化。通过广泛应用国际领先的文字识别技术、激光照排技术和网络出版系统，新闻出版业开启了行业升级换代的道路，并且形成了一批领先的企业。其中，方正阿帕比、万方数据、同方知网等企业，既掌握国内数字出版核心技术，又是国内领先的数字出版平台供应商；维旺明是国内较具影响力的移动手机阅读客户端企业；汉王、纽曼、爱国者是国内电子阅读器的主要提供商。

设计服务业极具创意。在数字设计、工业设计和建筑设计等领域，海淀区有众多国家级设计机构及依托高校成立的创意设计单位。中关村数字设计中心以数字设计为技术载体，形成由需求、设计、创新产品三个维度构成的三维矩阵式产业设计创新平台；甘家口地区工业与城市设计产业带聚集了中国城市规划设计院、中国建筑设计研究院等建筑设计机构和企业，拥有中国建筑业协会为代表的多家全国性协会，品牌效应初步显现，设计产业链逐步完善。

此外，海淀区深入挖掘文化资源，不断拓展智慧旅游业、艺术品交易业和文艺演出业等，扩大文化创意产业的规模。2012 年 10 月，海淀区“数字圆明园”项目 32 个景区完成数字复原，并发布了九州清晏、含经堂等 10 个最具代表性的数字圆明园产品，取得了广泛的影响力；海淀区演出场馆联盟于 2012 年 12 月成立，中国工艺艺术品交易所也于 2013 年 1 月完成工商和税务的迁入，中关村艺术城和中关村演艺大道的设想正在落实，在此基础上，2013 年海淀区艺术品交易行业和文艺演出行业可望有所提升。①

3. 园区发展状况：文化融合科技，科技再造文化

继科技、教育之后，文化正在成为推动海淀未来经济社会发展的又一核心

---

① 《海淀区文化创意产业运行平稳》，首都之窗，http：//www. beijing. gov. cn/zfzx/qxrd/hdq/t1224838. htm。

驱动力。海淀区拥有中关村软件园、清华科技园、中关村创意产业先导基地三家年产值百亿元以上的市级产业集聚区，并认定中央新影动漫产业城、中海动漫孵化器、768 创意产业园、东升科技园、五棵松文化休闲区等一批快速崛起的新兴园区为区级集聚区，大力推动西山文化创意大道、北太平庄影视产业带、甘家口建筑工业设计带等文化创意产业带的发展。此外，还拥有水晶石等一批科技实力与创新能力居领先地位的龙头企业。这些产业集聚区、产业园、产业带和龙头企业具有先进的创新研发平台，引领着文化科技融合的新浪潮，为海淀区发展文化创意产业提供了强大的科技支持。

为力争率先实现文化大发展大繁荣的局面，海淀区于 2012 年进一步明确了“三区、二道、一基地”的文化发展新格局。“三区”指全国文明城区、国家公共文化服务体系示范区、三山五园历史文化景区；“二道”指中关村演艺大道、西山文化创意大道；“一基地”指国家级文化和科技融合发展示范基地。[①] 以建设国家级文化和科技融合发展示范基地为抓手，继续促进文化和科技融合发展。

第一，推动文化科技产业引领工程和示范园区工程建设。依托软件、网络及计算机服务等领域的技术优势，重点发展网络文化、数字出版、数字影视、动漫游戏、创意设计和文化装备等具有全国领先优势的数字内容产业，建设“中国数字内容第一区”，系统提升中关村软件园、清华科技园和人大文化科技园等综合园区文化科技机构的服务功能，重点培植中关村数字电视产业园、中央新影纪录影视产业园、中关村国际数字设计中心、益园文化创意园，规划新建文化装备产业园等文化科技专业园区。

第二，提升地区资源整合利用水平，园区逐渐多元化、高端化。西山文化创意大道以高端文化功能区为定位，重点布局演艺、艺术品创作展示交易、酒店会展三大产业，设有艺术品区、演艺区及创意办公区，包括马奈草地、中间建筑和坦博艺术中心等文化创意机构；以高新科技闻名的中关村大街变身演艺大道，多家演出市场主体自发成立海淀区演出联盟，为市民提供高品位、低价位的文艺演出，使文艺演出团体与场馆实现对接，培育了大批观众群体；启动

① 《海淀区文化创意产业发展报告（2012）》。

了“三山五园”保护规划，围绕北京市西郊沿西山到万泉河一带的皇家园林，建设世界高端旅游目的地，深度挖掘和整合旅游资源，建设与皇家园林相匹配的旅游休闲环境和配套服务设施，开发展示“三山五园”历史风貌的数字体验中心，打造以皇家园林游、科教体验游、都市风情游、生态休闲游为重点的旅游产品体系。

4. 保障措施：积极制定政策，扶持高端文化创意产业发展

为着力打造国家文化和科技融合示范基地，提高文化创意产业的规模化、集约化和市场化水平，2012 年，海淀区先后出台了《关于率先形成文化大发展大繁荣新格局的实施意见》与《推动文化和科技融合发展行动计划（2013～2015 年)》，主要在文化技术、文化科技产业、文化事业、公共数字文化服务体系等方面做出具体的政策指引。①

创新工作体制机制。成立海淀区文化和科技融合发展专项工作组，决策部署重大规划和重点工程；改革创新区内联席会制度和市区两级联动机制。

完善扶持发展措施。制定文化科技园区与企业的认定标准，推动中关村国家自主创新示范区建设政策，加快海淀区在文化科技融合领域的核心区自主创新产业发展系列的政策实施，补充和细化扶持措施。

加强财政金融支持。加大海淀区专项资金对文化科技融合领域的投入力度，对于市、区共建的重大文化科技融合项目，区财政以适当投入额度给予配套支持；发挥政府投融资平台作用，撬动和引导社会资源参与文化和科技融合建设。

优化服务支撑环境。组织举办文化科技融合发展成果博览会、论坛、沙龙等展示交流活动，搭建文化和科技信息共享和交流合作平台；完善文化科技创新工作的动态监测、绩效评价与定期统计制度，构建客观体现文化科技产业发展状态的统计体系。

5. 发展瓶颈：文化内涵稍显单薄，集聚效应有待提升

尽管文化和科技双轮驱动使海淀区文化创意产业进入了发展的快车道，但

---

① 《海淀区：着力打造文化和科技融合基地》，中国文化传媒网，http：//www. ccdy. cn/wenhuabao/sban/201305/t20130516_ 644457_ 3. htm。

是综观产业业态与局势，阻碍其成为国家文化和科技融合示范基地的因素仍然存在。

（1）产业比较优势尚未充分发挥，科技和文化的结合有待加强

海淀区文化创意产业中，软件、网络及计算机服务业牢牢地占据主导地位，这类企业往往重视科技含量，文化内涵不甚突出，对文化资源深度的挖掘不够充分，结果导致创意水平相对较低，关键技术的开发有所欠缺，缺乏有效整合，企业文化科技创新活力不足；产业链的建构也存在薄弱环节，尤其是产业链上端的原创研发环节相对缺失，使得企业核心竞争力孱弱，产品无法引领时代的潮流，只能亦步亦趋地在模仿国外核心技术中求生存。因此，唯有进一步加强文化与科技相融合，把创新文化作为文化产业的立身之本，才能摆脱其逆势。

（2）集聚区集聚程度仍然不高

海淀区的禀赋催生众多的文化创意产业带，但是整体空间布局不够明确，部分产业带的功能比较模糊。一些园区并不以文化创意产业领域为主，其他产业门类的企业也纷纷入驻，发展文化创意产业集聚区的主题不甚明确，产业的规模效应和集聚效应得不到有效发挥。还有一些园区文化创意产业种类繁多，尚未形成产业特色和集聚区的核心竞争力；甚至部分集聚区还处于自发发展的状态，项目投入和引导力度不足，产业布局比较分散，基础设施和环境条件有待完善。

（三）丰台区

丰台区作为北京市城市功能拓展区，已成为承接城市核心功能区拓展、现代经济要素转移、新兴产业聚集的前沿。近年来，丰台区不断加大对文化创意产业支持力度，文化创意产业在区域经济结构中所占比重逐步增加，已经成为支撑丰台区转型发展的重要力量。

2012 年，丰台区规模以上文化创意产业企业规模进一步扩大，收入持续增长，企业利润小幅增长。规模以上文化创意产业法人单位共 393 家，占全市的 4.5%；吸纳从业人员 3.2 万，同比增长 4.3%；资产总计 391.6 亿元，比上年同期增长 15.3%；实现收入 286.4 亿元，同比增长 9.6%；实现利润总额

23 亿元，上缴税金 13.4 亿元。①

2013 年上半年，丰台区文化创意产业发展平稳，各项主要指标完成良好，产业整体运行呈现稳步上升态势。数据公布显示，丰台区文化创意产业规模以上单位有 325 家，从业人员共 3.1 万；资产总计 403.8 亿元，同比增长 16.1%；实现营业收入 94.8 亿元，同比增长 6.8%；上缴税金 3.9 亿元，同比增长 4.9%；营业利润 3.2 亿元，同比增长 1.9%；利润总额 3.8 亿元，和一季度相比已经转亏为盈。②

总体而言，丰台区文化创意产业实力较弱，产业链条不完善，规模效应和集聚效应不足。2012 年，丰台区规模以上文化创意产业法人单位数量占全市的 4.5%，而营业收入仅占 3%，收入超 10 亿元的企业仅 4 家，仅有 2 个市级文化创意产业集聚区。

品牌塑造不力，产业业态低端。具有丰台区鲜明特色的文化品牌仍在塑造过程中，对以往品牌的包装意识不强、产品附加值低、缺乏有效的延伸开发等制约因素，是亟待解决的问题。

部分产业发展动力不足。丰台区有深厚的文化底蕴和丰富的文化资源，地上文物遗存 400 余处，文化主题丰富多彩，文化单位比比皆是，但没有带来优良的产业效益。2012 年，丰台区文化艺术业实现收入 4.3 亿元，仅占全区文化创意产业收入的 1.8%，发展水平较低；在丰台区文化创意产业中处于支柱地位的软件、网络及计算机服务业，近两年来出现收入增长缓慢、企业效益不佳等状况。现在我国电信行业投资高峰已过，仅能在短期内维持低速增长，许多提供手机网络增值服务的企业未能及时把握产业动态，业务升级转型滞后，缺乏创新意识和核心技术，导致行业增幅收窄。

（四）石景山区

随着首钢迁出，石景山区的支柱产业逐渐由工业向文化创意产业转型。石景山区抓住了全球文化创意产业蓬勃发展的趋势，以信息网络为平台，数字技

---

① 北京市统计局：《北京统计年鉴 2013》。

② 《1～5 月丰台区文化创意产业经济运行情况》，丰台区统计信息网，http：//www.ft.bjstats.gov.cn/html/20130716/2831668E02.html。

术为工具，重点发展以数字娱乐为代表的文化创意产业，推动特色产业集群发展，打造“中国数字娱乐第一区”。

1. 总体状况：收入增速逐渐放缓，盈利能力稍显不足

2012 年，石景山区规模以上文化创意产业共有 135 家单位，实现收入 231.7 亿元，利润总额 34.6 亿元，各项应缴税金 13.2 亿元，从业人员平均人数为 2.7 万。①

2013 年 1～5 月，石景山区文化创意产业增速开始放缓。规模以上文化创意产业单位实现收入 85.6 亿元，同比下降 0.9%；各项应缴税金 4.4 亿元，同比增长 2.5%；实现利润总额 10.1 亿元，同比下降 14%。②

2. 优势产业：数字娱乐业占据主导，拉动周边产业快速发展

软件、网络及计算机服务业所占的比重逐年增长，是石景山区文化创意产业的主要增长点。以网络游戏、影视动漫、数字媒体为特色的数字娱乐产业发展成为特色品牌，依托北京数字娱乐产业示范基地和中国动漫游戏城两大市级文化创意产业集聚区，不断吸引相关公司入驻，如中国动漫集团、盛大无线、千橡网景、巨人征途等龙头企业先后将总部或分部设在该区域。2012 年，软件、网络及计算机服务业实现收入 108.3 亿元，同比增幅为 10.4%，在全区文化创意产业中所占比重达到 53.9%；各项应缴税金为 8.7 亿元，同比增长 21.1%，所占比重高达 84.5%；从业人员平均人数为 1.5 万，同比增长 21.2%，约占全区总量的 75%；全区网络游戏产值为 85.5 亿元，占北京市总产值的一半以上，约占全国的 1/7。③

数字娱乐产业的辐射带动作用明显。数字娱乐产业在高速发展过程中，其相关行业如广播、电视、电影业等也得到了有效促进，使文化创意产业的结构进一步完善。2012 年，广播、电视、电影业实现收入 14.6 亿元，同比增幅达

---

① 北京市统计局：《北京统计年鉴 2013》。

② 《1～5 月石景山区文化创意产业进入下行通道，呈现三特点》，石景山区统计信息网，http://www.sjs.bjstats.gov.cn/nicms/nicms/sjstjj/tjfx/ztfx/modules/news/news_0284.html? uri=/sjstjj/tjfx/ztfx/index.html。

③ 《石景山区文化创意产业稳中进取　成效显著》，石景山区统计信息网，http://www.sjs.bjstats.gov.cn/nicms/nicms/sjstjj/tjfx/ztfx/modules/news/news_0257.html? uri=/sjstjj/tjfx/ztfx/index.html。

到25.9%，是文化创意产业中增幅最高的领域；各项应缴税金为0.3亿元，实现利润总额为0.7亿元，从业人员平均人数为0.2万，同比增幅分别为27.2%、75.1%和1.4%。[1]

3. 发展瓶颈：产业结构单一，创新能力不强

经过多年的发展，石景山区不断巩固文化创意产业的支柱地位，推动产业集聚发展，但是自2012年起，文化创意产业的利润增幅不断缩水，使得发展速度有所放缓。从产业全面转型的目标和要求来看，文化创意产业的发展仍然任重道远。

产业结构过于单一。以动漫游戏研发和运营为主的软件、网络及计算机服务业，为石景山区文化创意产业提供了80%以上的税额和90%以上的利润，导致文化创意产业极易受到该行业发展态势的冲击。石景山区的文化资源较为丰富，但是很多宝贵的文化资源都缺乏与其价值相匹配的影响力，现有的旅游休闲产业链条还没有被充分地挖掘。因此，如何深入挖掘区内优势资源、不断培育新兴产业和新业态、促进各产业协同发展，是石景山区亟待解决的问题。

产业创新能力有待加强。石景山区文化创意产业创新能力偏弱，主要体现在原创研发能力不足、产业集群不强、资源整合力度不够等方面，这些问题制约了文化创意产业的发展。企业的市场应变能力较差，具有自主知识产权的产品和技术有限，政府缺少鼓励企业创新的机制；产业集群发展尚待提升，企业入驻更多是因为有优惠政策，集聚区的内生动力不足，对石景山区的依赖性不强，集群效益还不是很明显；创新资源整合力薄弱，多数企业还是孤身作战，采取单打独斗的方式在市场中发展，产学研金合作、企业之间的合作等相对缺乏。

四　城市发展新区发掘潜力稳扎稳打

城市发展新区包括通州区、顺义区、大兴区、房山区和昌平区。2012年，

---

① 《1～11月石景山区文化创意产业收入首次突破200亿元》，石景山区统计信息网，http://www.sjs.bjstats.gov.cn/nicms/nicms/sjstjj/tjfx/ztfx/modules/news/news_0243.html?uri=/sjstjj/tjfx/ztfx/index.html。

城市发展新区文化创意产业从业人员平均人数达到8.6万，比上年同期减少1.3%，占全市文化创意产业就业人数总量的8.2%；收入合计达到552.8亿元，比上年同期减少2.3%，占全市文化创意产业收入合计的6.0%；利润总额达到21.1亿元，比上年同期减少32.7%，占全市文化创意产业利润总额的2.9%；应缴税金达到24.2亿元，比上年同期增长1.7%，占全市文化创意产业应缴税金的5.3%。

（一）通州区

近年来，通州区不断引导文化创意产业快速发展，突出“首都新区、历史名镇、北方水城”的特色，建设具有地域特色的文化创意产业体系与集聚区，打造与首都城市副中心功能相适应的文化航母——“通州号”。

1. 总体状况：发展潜力可观，战略地位上升

文化创意产业已成为带动通州区经济发展的新引擎。2012年，通州区规模以上文化创意产业法人单位共有112家，从业人员1.6万，为通州区良好的就业环境作出了贡献；实现收入92.7亿元，实现利润1.7亿元，上缴税金3亿元。① 文化创意产业规模不断壮大，战略地位逐步攀升，具有较大的发展潜力和前景。

2. 产业布局：一核二区、一线两园

通州区文化创意产业初步形成了以艺术品创作交易、出版发行、动漫网游、原创音乐、影视节目制作为主导的发展格局，并力争到“十二五”期末，形成“一核二区、一线两园”的文化创意产业空间布局。

“一核”即新城核心区。把文化总部、文化机构、文化企业的入驻作为招商的重点目标之一，把新城核心区打造成世界知名文化街区，使其成为提升通州城市文化品位和城市形象的重要标志。“二区”包括宋庄文化创意产业集聚区和通州文化旅游区。其中，宋庄文化创意产业集聚区将打造涵盖艺术品创作、展示、交易等全产业链的文化创意产业示范区。文化旅游区将创造北方独具魅力的滨水开放空间体系，加快建设环球文化乐园、万达文化旅游城等一批

① 北京市统计局：《北京统计年鉴2013》。

文化旅游重点项目。“一线”即运河沿线养生文化体验带。以运河为纽带，发展运河文化体验产业；以万亩森林公园和国际医疗康体城为载体，发展康体养生相关产业。“两园”包括台湖国际图书产业园和九棵树数字音乐产业园。台湖国际图书产业园主要发展图书物流、博览及相关文化产业。九棵树数字音乐产业园以北京现代音乐学院为核心，以发展数字音乐产业为主导，通过生产、销售数字音乐产品，举办节庆活动，着力打造数字音乐产业的新硅谷。

3. 园区发展：园区品牌体系建设稳步推进

通州区重点打造“中国·宋庄”等一批具有国际影响力的文化创意产业品牌，着力推进一批国家级重大文化创意产业项目落地建设，将通州打造成为北京发展高端文化创意产业的主要承载地和集散地。

宋庄文化创意产业集聚区作为国内最大的文化创意产业园区，已成为通州区和北京市一张闪亮的城市名片。宋庄坚持艺术生态和产业生态并重发展，深化原创艺术资源开发利用，形成以艺术品展示交易为核心，以创意设计、影视传媒为主导的产业结构，通过研发设计、交易和品牌运作等高端环节，拉长文化创意产业链条。2012 年 9 月，首届中国艺术品产业博览会在宋庄隆重举行；2013 年 1 月，国内首个艺术科技产业联盟落户宋庄……一大批国家级文化创意产业项目相继落户宋庄。仅在 2012 年第一季度，宋庄镇完成税收 3.1 亿元，同比增长 20.5%，文化创意产业呈现出良好的发展态势，“宋庄”品牌效应凸显。

4. 保障措施：加大扶持力度，全方位促进文化创意产业发展

2013 年 4 月，通州区召开了“提升文化软实力、加快首都城市副中心文化大发展大繁荣工作部署会”，为将通州区建设成为文化创意产业示范区，会议下发了“1 + X”专项文件。

第一，完善产业体系。建设以企业为主体、市场为导向、产学研金相结合的文化创意产业创新体系，创建“国家级文化和科技融合示范基地”。

第二，加强金融支撑。将设立“通州区文化创意产业发展专项资金”，每年投入不少于 3000 万元，解决文化创意企业特别是中小企业融资难问题，并进一步完善贷款贴息、担保、引导基金、投融资服务平台等在内的文化创意产业投融资服务体系。

第三，扶持重大项目。建立“通州区文化创意产业项目库”，对入库项目进行跟踪服务，打造一批全国知名、具有国际影响力的文化创意产业品牌，推进一批国家级重大文化创意产业项目的落地建设。

第四，优化发展环境。加快文化创意园区基础设施建设，同时加强软环境建设，搭建有利于中小文化创意企业孵化发展的创新平台；实施文化人才培养战略，完善人才保障与激励机制，吸引文化创意人才汇集通州。

5. 制约问题：产业起步晚，发展掣肘多

通州区文化创意产业处于起步阶段，虽然呈现出良好的发展态势，但从整体规模、内部结构和经营方式上看，还存在一些问题，文化创意产业发展潜力与挑战并存。

（1）总体规模较小，产业结构不合理

文化创意产业在单位数量、经济效益等方面，与全市相比差距较为明显，占全市的比重都不足2%，要成为支柱产业还需要一个质的飞跃；从构成文化创意产业的九大领域看，其他辅助服务“一枝独大”，规模远远超过其他领域。该领域处于文化创意产业的下游，产品科技含量较低，文化创意内涵低。新闻出版、广播影视、艺术品交易等位于价值链上游的产业的发展，还有待于进一步提升。

（2）集聚区聚而不集，尚未形成完整产业链

宋庄文化创意产业集聚区还处在一级开发和招商阶段，虽然吸引了许多文化名人和艺术家，为通州区文化创意产业的发展创造了良好的氛围和空间，但是这些原创艺术家创建的个人工作室和艺术馆基本上以个体形态存在，缺少完整、高效的产业链做依托，对拉动地方经济贡献的力量较小。

（3）高端创新型人才匮乏

在文化生产力的构成要素中，人才是最活跃的要素，也是加快生产力发展的根本要素。高端创新人才短缺，导致原创产品很少，企业核心竞争力不足。人才培养机制的缺失，使人才结构性短缺的问题难以在短期内得到解决。

（二）顺义区

顺义区以建设文化强区为目标，将文化创意产业作为提升区域竞争力和文

化软实力的重要依托，如今文化创意产业呈现出多点支撑、特色鲜明的良好发展趋势。

1. 总体状况：发展态势基本平稳，收入增幅收窄

2012 年顺义区文化创意产业发展状况良好。全区规模以上文化创意产业法人单位共 133 家，实现收入 94 亿元，同比增长 23.2%；上缴税金 5 亿元，同比增长 15.9%；实现利润总额 7.3 亿元，同比降低 7.1%；吸纳从业人员 12805 人。[①] 从文化创意产业九大行业看，广告会展、旅游休闲娱乐、其他辅助服务、文化艺术有较大增幅，分别实现税收 1.9 亿元、4553.2 万元、9408.9 万元、26.5 万元，同比分别增长 18.2%、17.1%、9.2%、8.2%。[②]

2013 年上半年，文化创意产业开局呈现稳中趋缓的态势。1～5 月，规模以上法人单位 124 家，资产总计 129.2 亿元，同比增长 1.4%；实现营业收入 33.1 亿元，同比增长 0.5%；实现税金总额 1.5 亿元，同比降低 16%；实现利润总额 2.2 亿元，同比增长 28.1%。[③]

2. 产业结构：广告会展占据主导，其他优势产业并驾齐驱

顺义区基本形成了以广告会展、休闲娱乐、新闻出版、设计服务等产业为核心的具有区域特色的文化创意产业发展格局。这四大优势产业中，规模以上的企业有 78 家，占全区的 60% 以上，实现收入所占比重高达 84%。

广告会展业成为产业新亮点。以顺义国展产业园为依托，以建设国际会展产业示范基地为发展定位，广告会展业在顺义区有着优越的发展环境，并已逐步成为文化创意产业的支柱行业。截止到 2012 年 8 月，29 家规模以上广告会展企业的资产达到 50.6 亿元，占文化创意产业总资产的 39.8%，实现营业收入和上缴税金分别占总额的一半以上，成为拉动顺义区文化创意产业利润增长的主力军。

重点培育其他三大优势产业。依托工业基础优势，积极培育和引进各类研发设计企业，加快建设创意工业设计集聚区，打造北京创意工业设计服务中

---

① 北京市统计局：《北京统计年鉴 2013》。

② 《顺义区文化创意产业工作简报》2013 年第 2 期。

③ 《我区文化创意产业总体发展平稳》，顺义区文化创意网，http://www.shyci.bjshy.gov.cn/nr.aspx? id=538。

心；建设全国高端出版印刷产业基地，完善投融资平台建设，促进中国出版印刷集团创意产业园、北方印刷基地等集聚区发展；充分利用区域内文化资源，发展以奥林匹克水上公园、乔波滑雪馆、北京国际鲜花港等为代表的文化体育休闲娱乐业，打造北京时尚文体休闲中心。

3. 存在问题：产业发展不均衡，创新能力低

（1）部分行业规模小，盈利水平还偏低

顺义区文化创意产业仍处于起步阶段，从九大领域的单位数量分布看，文化艺术，艺术品交易，广播、电视、电影和软件、网络及计算机服务领域，单位个数少、行业规模小，导致融资能力有限，很大程度上制约企业做大做强；而设计服务、旅游休闲娱乐、其他辅助服务和广告会展等聚集企业较多的产业，内部小微型企业居多，整体营运能力、盈利水平还偏低，龙头企业个数较少。

（2）自主创新能力不足

自主创新能力是决定产业竞争力的关键因素。目前，顺义区文化创意产业自主知识产权比较缺乏，自主创新能力不足。大多数企业缺乏内容创意人才和能将文化创意内容产业化和市场化的人才，依靠的还是劳动力等生产要素的低成本优势，没有掌握核心技术，市场竞争力薄弱，盈利能力较低。

（三）大兴区

文化创意产业是大兴区重点发展的新兴产业，随着地方扶持政策的出台和文化创意产业集聚区建设的不断完善，已有了长足的发展。

1. 总体状况：整体发展势头强劲

2012 年，大兴区规模以上文化创意产业实现收入合计 56.1 亿元，比上年同期增长 26.2%；实现利润总额 1.97 亿元，同比增长 11%；上缴税金 2.1 亿元，同比增长 12.5%。[①]

随着市场经济的深入发展和企业竞争力的不断提高，2013 年上半年，大兴区文化创意产业发展势头强劲，产业收入、利润皆实现大幅增长。1～5 月，

① 北京市统计局：《北京统计年鉴 2013》。

大兴区规模以上文化创意产业实现收入 29.58 亿元，同比增长 75.9%；税金 0.78 亿元，同比增长 27.9%；利润总额 0.53 亿元，同比增长 112%。[①]

2. 面临问题：产业总量偏低，发展模式有待创新

大兴区文化创意产业发展前景喜人，但也暴露出产业发展中存在的一些问题。

（1）产业规模不足，龙头企业较少

全区规模以上文化创意产业单位涉及领域狭窄，各行业发展不均衡、差距较大，特别是在文化艺术，广播、电视、电影等领域涉足较浅，在一定程度上制约着产业规模的同时，也给产业的长远发展带来潜在的风险；目前规模以上文化创意产业单位仅有 102 家，缺乏知名品牌和实力型企业，抵御风险能力差，市场竞争能力较弱，行业快速发展有待新鲜血液的注入。

（2）集聚区布局分散，产业带动性效果不明显

现阶段大兴区文化创意产业功能布局较散，主要集中分布在大兴经济技术开发区和国家新媒体基地的核心区和起步区，但是由于各个片区规模都相对较小，对文化创意产业的发展驱动力尚显不足，需要扩大核心区规模，强化核心功能区的产业带动功能。

（3）产业结构优势没有得到充分发挥，与其他功能相似区域竞争激烈

新媒体产业的带动引领作用尚未完全显现，文化创意产业的发展规模与自身具备的优势并不对称，如何理顺文化创意产业与新媒体产业之间的关系、进行产业整合升级是亟待解决的难题；与其他区相比，大兴区文化创意产业的差异性特征不明显，容易受到其他功能相似区域的竞争挤压，产业发展模式亟待进一步突破。

（四）房山区

近年来，房山区把发展文化创意产业作为加快产业结构调整、转变经济发展方式的抓手，取得良好效果，文化创意产业对区域经济的带动作用日益

---

① 《大兴区 1～5 月份文化创意产业发展势头强劲》，大兴区统计信息网，http：//www. dx. bjstats. gov. cn/sjzx/tjxx/30389. htm。

凸显。

1. 总体状况：产业规模逐步壮大，经济效益不断提升

截至2012年底，房山区共有规模以上文化创意企业93家，比上年增加4家；实现收入87.3亿元，比上年下降44.3%；拥有资产51.2亿元，比上年增长25.4%；上缴税金1.8亿元，比上年下降41.8%；实现利润总额3.1亿元，比上年增长2.3倍；吸纳从业人员6059人，比上年下降29.2%。[①]

2013年1～2月，房山区文化创意产业累计实现收入15.8亿元，与上年同期基本持平；资产总计51.7亿元，同比增长38.6%；实现税金3419万元，同比增长71.2%。[②]

2. 制约因素：产业规模较小，行业发展不均衡

房山区文化创意产业起步比较晚，面临着周边区域激烈的竞争，在加快发展文化创意产业的同时，呈现出许多制约因素。

（1）产业总量有限，集聚效应尚未显现

资产拥有方面，新闻出版和设计服务业资产在亿元以下，分别为1777.2万元和8390.4万元，分别占总资产的0.3%和1.6%；企业数量方面，房山区规模以上文化创意产业法人单位数量少，新闻出版，广播、电影、电视，艺术品交易，设计服务和软件、网络及计算机服务，这五个行业的单位数都不足两位数，难以形成规模效应，这在很大程度上制约了产业的发展空间。

（2）产业结构不合理，缺乏支柱型企业

艺术品交易业是全区文化创意产业收入所占比重最高的行业，同时也是法人单位数量最少的行业，仅一家单位的收入就占到总收入的近七成，使得行业的发展受个别单位的影响较大。而旅游休闲娱乐、广告会展和其他辅助服务三个行业的单位数量占总数的2/3，收入却仅占总收入的20%。行业发展参差不齐，缺乏龙头企业引领整个行业的发展。

---

① 《房山区文化创意产业发展状况分析》，房山区统计信息网，http：//fsh.bjstats.gov.cn/tjxx/tjfx/40884.htm；北京市统计局：《北京统计年鉴2013》。

② 《2013年1～2月房山区第三产业小幅增长，产业结构亟待完善》，房山区统计信息网，http：//fsh.bjstats.gov.cn/tjxx/tjfx/38418.htm。

（五）昌平区

近年来，昌平区不断加大对文化创意产业的扶持力度，将其作为转变经济发展方式的重要着力点，努力提高文化创意产业的发展水平，推进产业转型升级。

1. 总体状况：发展潜力大，收入实现快速增长

2012 年，昌平区 176 家限额以上文化创意产业单位实现收入 102.8 亿元，同比增长 15.1%；实现税金 5.5 亿元，同比增长 1.3%；吸纳从业人员 19768 人，同比增长 0.3%；实现利润总额 7.6 亿元，同比降低 25.6%；资产总计 140.11 亿元，同比增长 13.2%。[①]

2013 年 1～5 月，昌平区限额以上文化创意产业单位 157 家，实现收入 38.4 亿元，同比增长 21.8%；资产总计 149.2 亿元，同比增长 12.5%；实现税金 1.9 亿元，同比增长 6.2%；吸纳从业人员 18253 人，同比下降 7.3%；实现利润总额 1.5 亿元，同比下降 21.9%。[②]

2. 产业结构：重点领域突出，产业特色鲜明

昌平区文化创意产业覆盖了全部九大领域，同时重点领域突出，主要集中于软件、网络及计算机服务，设计服务，其他辅助服务和旅游休闲娱乐四大领域。四大领域共集中了七成以上的文化创意产业单位，实现收入 93 亿元，占全区文化创意产业的 90%。以软件网络及计算机服务业为支撑，重点发展文化旅游业、设计服务业的格局基本确立。

软件、网络及计算机服务业优势明显，成为全区文化创意产业主要经济增长点。软件、网络及计算机服务业吸纳了全区 44.6% 的文化创意产业从业人员，实现收入 45.4 亿元，约占产业总收入的一半；高德软件有限公司、263 网络通信股份有限公司等企业已经上市。

文化旅游业增速较快。区内文化资源条件优越，拥有 78 处文物保护

---

① 《2012 年昌平区文化创意产业运行情况简析》，昌平区统计信息网，http：//cptjj.bjchp.gov.cn/tabid/626/InfoID/171320/frtid/657/Default.aspx；北京市统计局：《北京统计年鉴 2013》。

② 《2013 年 1～5 月昌平区文化创意产业收入增长 21.8%》，昌平区统计信息网，http：//cptjj.bjchp.gov.cn/tabid/626/InfoID/173598/frtid/657/Default.aspx。

单位，包括明十三陵、居庸关长城、银山塔林等历史文化遗产，有发展旅游休闲娱乐产业的先天条件。2012 年实现收入 10.2 亿元，同比增长 22.3%。

设计服务业发展稳定。依托北京建筑装饰艺术产业园和港源设计创意中心，建筑设计、装饰设计等高附加值行业迅速发展，推动了设计创意产业与制造业融合，2012 年实现收入 15 亿元，利润总额保持增长。

此外，昌平区全力打造独具特色的文化创意产业，扩大产业规模。2012 年，昌平区举办了首届中国北京国际魔术大会，并与亚洲魔术联盟和世界魔术联盟签订了长期合作协议，引入亚洲魔术联盟总部、世界魔术联盟中国办事处，使昌平成为国际魔术顶级赛事的举办地和世界魔术交流的平台，着力打造中国的“魔术之都”。

3. 存在问题：产业核心竞争力尚未形成

依托良好的资源优势条件，昌平区文化创意产业取得了一定成绩，但依然存在产业规模有待提高、发展增速相对滞后、部分领域盈利能力较低、缺乏产业带动性强的龙头企业和品牌等问题。主要原因是产业核心竞争力尚未形成，表现为：

（1）自然文化资源未转化为核心竞争力

已有文化资源尚停留在静态资源阶段，潜藏价值远未发掘；明十三陵等景区缺乏黏性强的体验产品；传统文化缺乏与现代元素的融合，文化产品创意含量不高。

（2）人才资源未转化为核心竞争力

回龙观、天通苑等超大型社区人口在昌平区的就业根植性不高；高校人力资源与昌平文化创意产业的结合度不够，缺乏融入途径；艺术家集聚区对周边区域的带动性不足，创意阶层资源尚未转化为经济优势和产业优势。

（3）载体资源未转化为核心竞争力

集聚区产业创意含量较低，规模效益不明显。青年创业示范园人气不足，仍处于政府推动的初级阶段；生态型会展集聚区缺乏自身特色，同质化竞争加剧；个别园区由单个企业主导，产业集群尚未成型。

五 生态涵养保护区深耕细作特色资源推进差异化竞争

生态涵养保护区包括门头沟区、平谷区、怀柔区、密云县和延庆县。2012年，生态涵养保护区文化创意产业从业人员平均人数达到1.7万，比上年同期增长16.0%，占全市文化创意产业就业人数总量的1.6%；收入合计达到89.5亿元，比上年同期增长59.1%，占全市文化创意产业收入合计的1%；利润总额达到9.9亿元，比上年同期增长272.8%，占全市文化创意产业利润总额的1.4%；应缴税金达到4.9亿元，比上年同期增长93.7%，占全市文化创意产业应缴税金的1.1%。

（一）门头沟区

门头沟区作为北京市西部生态涵养发展区，主要承担生态屏障、旅游度假和综合服务等功能。根据新的城市功能定位，门头沟区将大力推动文化创意产业发展，加速培育新兴产业，提升旅游文化休闲产业的品质。

1. 总体状况：产业结构不均衡，旅游休闲娱乐业占主导

2012年，门头沟区规模以上文化创意产业法人单位32家，实现总收入9.5亿元，同比增长19.6%；实现利润0.38亿元，比2011年翻了一番。[①]

旅游休闲娱乐业是门头沟区文化创意产业的支柱产业。2012年全区共接待游客282.2万人次。[②] 门头沟区充分利用浅山区和深山区的独特旅游资源，以居民休闲、体育健身、文化体验为主要内容，将旅游文化休闲产业作为主导产业，构建高端产业体系。区政府编制完成旅游文化休闲产业发展战略规划，加快推进旅游产业项目，形成旅游与农业、文化、体育、科技融合发展的格局；并且成功举办了第三届北京国际山地徒步大会、第二届环北京公路自行车赛等重大活动，地区吸引力和影响力不断增强。

软件、网络及计算机服务，广告会展和广播、电视、电影三个领域对全区

① 北京市统计局：《北京统计年鉴2013》。

② 《门头沟区2012年旅游业发展状况及展望》，门头沟区统计信息网，http：//www.mtg.bjstats.gov.cn/Page/294/InfoID/17545/SourceId/1176/PubDate/2013－01－30/Default.aspx。

文化创意产业收入贡献较大。2012 年 1 ~8 月，分别实现收入 1. 03 亿元、0. 9 亿元和 0. 75 亿元，占全区文化创意产业总收入的 54. 8%；新闻出版业、文化艺术业和设计服务业规模偏小，2012 年 1 ~8 月这三类行业实现收入累计 0. 49 亿元，约占全区文化创意产业总收入的 10%；[①] 艺术品交易领域中还没有规模以上的法人单位。

2. 制约因素：产业规模小，集聚程度低

门头沟区文化创意产业还处于萌芽期，各个方面还不够完善。

产业规模小，各领域发展不均衡。门头沟区文化创意产业的营业收入和总资产在北京市各区县中排名靠后，周边地区文化创意产业飞速发展给门头沟区带来了极大挑战，面临着被淹没、被忽略的危险；除了旅游休闲娱乐业构成主导产业外，其余产业产值少，规模效益差。

集聚程度低，品牌推广空白。门头沟区缺乏龙头项目，难以形成认知度，已经成为制约该区发展文化创意产业的瓶颈；区内项目集聚程度低，尚未形成一定规模的产业园区，难以推进品牌化发展。

（二）平谷区

文化创意产业是平谷区“十二五”规划重点发展的产业之一，在各项政策的推动下，形成了具有区域特色的产业结构布局，文化创意产业实现平稳发展。

1. 总体状况：资产收入增速较快，发展前景乐观

2012 年，平谷区文化创意产业得到较快发展。规模以上文化创意产业资产总计为 19. 3 亿元，同比增长 29. 9%；收入合计达到 12. 1 亿元，同比增长 27. 3%；从业人员平均人数 3463，同比增长 39. 7%。[②]

2. 产业结构：主导产业地位明显，其他产业势头迅猛

旅游休闲娱乐和广告会展业占主导地位。近年来，平谷区发挥文化、资源优势，形成农业、旅游业、服务业等基础性行业深度融合的发展模式，

① 《2012 年度北京市文化创意产业发展与投资研究报告》。

② 《2012 年平谷区规模以上第三产业稳步运行》，平谷区统计信息网，http：//www. pg. bjstats. gov. cn/tjfx/tjbg/29405. htm。

推动了旅游休闲娱乐、广告会展等行业较快发展。2012 年 1 ~8 月，全区旅游休闲娱乐业和广告会展业单位分别为 16 家和 4 家，占规模以上文化创意产业总数的 51.3%；实现收入分别为 1.8 亿元和 1.7 亿元，占收入合计的 59.1%；应缴税金分别为 754.5 万元和 800.8 万元，占税金合计的 47.8%；利润总额分别为 608.1 万元和 3262.8 万元，占利润总额合计的 59.8%。[①]

广播、电视、电影业和软件、网络及计算机服务业发展较快。平谷区加大对外宣传力度，成功举办中国乐谷欢乐节、北京国际流行音乐季等大型活动，推动了广播、电视、电影和软件、网络及计算机服务等行业的发展。2012 年 1 ~8 月，广播、电视、电影业实现收入 9749.2 万元，同比增长 92.7%；应缴税金 1235.2 万元，同比增长 3 倍多；利润总额 3088.2 万元，同比增长 4.6 倍。软件、网络及计算机服务业实现收入 4600.5 万元，同比增长 12.8%；应缴税金 144.7 万元，同比增长 70.6%；利润总额同比持平。[②]

3. 园区发展状况：部分产业空间集聚初步形成，规模效益即将显现

平谷区文化创意产业初步形成了以东高村镇音乐产业为核心，王辛庄和山东庄发展奇石产业、平谷新城和黄松峪乡发展书画报业艺术品及动漫影视产业、大华山和金海湖发展民俗工艺品产业的“一核多点”的格局。

中国乐谷发展快速，音乐产业核心地位逐步显现。作为市级文化创意产业集聚区和国家音乐产业基地，中国乐谷是北京市“十二五”规划重大产业项目，也是推动平谷文化创意产业发展的重要项目。近年来，平谷区将传统的桃花节与中国乐谷建设有机结合起来，既提升了旅游，又推介了文化，收到了较好的社会效益和经济效益。仅 2012 年桃花音乐节期间，平谷区共迎来游客 216.9 万人次，同比增长 44.6%；实现旅游收入 14312 万元，同比增长 113.8%。其中，中国乐谷北京国际流行音乐季 3 天共迎来海内外乐迷近 8 万人，实现综合旅游收入 2162 余万元，分别比

---

① 《2012 年 1 ~8 月份平谷区文化创意产业平稳较快发展》，平谷区统计信息网，http：//www.pg.bjstats.gov.cn/tjfx/tjjx/22649.htm。

② 《2012 年 1 ~8 月份平谷区文化创意产业平稳较快发展》，平谷区统计信息网，http：//www.pg.bjstats.gov.cn/tjfx/tjjx/22649.htm。

上年同期增长 96% 和 105%。丫髻山庙会共吸引游客约 15 万人（次），最高峰日人流量达到近 3.2 万人（次），实现景区旅游收入 279 万多元。中国乐谷青少年音乐夏令营期间，活动举办地挂甲峪村旅游收入同比增长 35%。[1]

4. 促进措施：设立专项资金，鼓励企业发展

为推动文化创意产业的发展，加快产业结构优化升级，平谷区出台了《扶持重点文化创意企业发展的若干政策》，并设立了“平谷区重点文化创意企业发展专项资金”，加大对文化创意企业的扶持力度。

扶持重大文化创意企业项目，给予文化创意企业三年贷款贴息和固定资产投资补贴，奖励优秀作品和重点活动；鼓励企业进入资本市场，用专项资金奖励上市企业；奖励扶持对财政税收贡献大的企业；优化企业发展环境，给予企业经营场地一定补贴；突出支持企业人力资源建设，针对高端人才提供税金和社会保障方面的扶持。

2012 年 12 月，平谷区拿出 390 万元奖励文化创意企业，将产业发展扶持政策落到实处，为文化创意产业的发展提供了行之有效的政策环境。

5. 制约因素：产业规模小，投融资困难

（1）发展规模较小，尚处于孕育期

全区文化创意产业总体规模较小，吸纳从业人员较少，营业利润和利润总额两项指标增幅较小。2012 年 1～8 月，营业收入达亿元以上的企业仅有 1 家，整个产业缺少龙头企业支撑，距离“十二五”规划中定位的支柱产业目标仍有一定距离。

（2）投融资服务体系不完善，品牌推广有待提高

一方面，信息沟通平台的缺失，造成企业与政府之间、企业与企业之间不能及时有效地对接，金融机构不能及时地了解企业的项目动态，企业也不能及时地获取最新出台的政策信息；另一方面，文化创意企业普遍规模不大，品牌知名度不高，承办的项目在全国乃至世界的影响力有限，加上投资引导资金不足，资金来源渠道单一，导致企业投融资面临困境。

---

① 《平谷文化产业助经济转型》，《京郊日报》2013 年 3 月 27 日，第 6 版。

（三）怀柔区

近年来，在文化科技高端产业新区的奋斗目标下，怀柔区以影视文化产业为龙头，大力发展文化创意产业，实施产业结构的战略性调整。

1. 总体状况：发展态势良好，收入利润实现两位数增长

2012 年，全区 115 家重点文化创意产业法人单位实现营业收入 42.3 亿元，同比增长 13.9%；实现利润总额 7.3 亿元，同比增长 13.6%。广播、电视、电影，其他辅助服务，广告会展，旅游休闲娱乐四大行业实现营业收入 38.1 亿元，同比增长 17.9%，占重点文化创意产业营业收入的 90.0%，拉动重点文化创意产业营业收入增长 15.6 个百分点。同时，全区重点文化创意产业法人单位共吸纳从业人员 6455 人，与 2011 年同期持平。广播、电视、电影，其他辅助服务，广告会展，旅游休闲娱乐四大主体行业共吸纳从业人员 4851 人，同比增长 0.7%。[①]

2. 存在问题：产业结构失衡、经济效益较低

随着怀柔区以影视产业为龙头的文化创意产业的蓬勃发展，其产业结构失衡、经济效益较低等问题也逐渐显现，制约着文化创意产业进一步发展壮大。

（1）经济效益不够稳定，盈利能力仍需提升

2012 年前三季度，文化创意产业九大行业中只有旅游休闲娱乐和设计服务两个行业的利润总额实现增长，其他 7 个行业均呈下滑趋势。其中，广播、电视、电影业利润总额同比下降 0.2%，其他辅助服务业利润总额降幅达 42.7%。[②] 2013 年上半年，规模以上文化创意产业法人单位营业收入增长缓慢，一度呈负增长趋势，直到 6 月才止住颓势。

（2）产业结构有待优化，特色优势尚需发挥

广播、电视、电影业的收入占文化创意产业的五成以上，整个产业对中国电影股份有限公司依赖性过强，受其经营状况的影响波动较大。2013 年上半年，中影股份有限公司实现收入 2.4 亿元，同比下降 43.3%，拉低全区增速

---

① 《2012 年我区重点文化创意产业发展态势良好》，怀柔区统计信息网，http://www.bjhr.gov.cn/publish/main/hrdt/hrkx/20130220095814593346362/index.html。

② 《前三季度我区重点文化创意产业运行情况简析》，怀柔区统计信息网，http://www.hrtj.gov.cn/Page/213/InfoID/18321/SourceId/752/PubDate/2012-10-26/Default.aspx。

16.5个百分点。[①]

而文化艺术、新闻出版、艺术品交易、设计服务及软件、网络及计算机服务五大领域的收入合计占总收入的比重不到一成，同样作为特色产业的旅游休闲娱乐业增速远低于文化创意产业平均水平，带动作用没有得到充分发挥。

（四）密云县

密云县立足于“绿色国际休闲之都”的发展定位，依托区域资源优势，推进文化创意产业发展，初步形成了由核心商务休闲产业、高端文化旅游产业和区域特色文化创意产业构成的文化创意产业体系。

1. 总体状况：产业运行平稳，规模进一步扩大

2012年，密云县41家规模以上文化创意产业法人单位实现收入总计约14.8亿元，实现利润0.6亿元。[②] 2013年1~5月，密云县限额以上文化创意产业单位共有46家，营业收入为5.7亿元，同比增长13.6%；缴纳税金2120万元，同比下降28.1%；利润总额亏损4307万元，同比减少5600万元；从业人员3814人，同比下降10.1%。[③]

在文化创意产业中九大领域中，收入排在前两位的依次是广告会展业和旅游休闲娱乐业，拥有全区限额以上单位总数的71.7%，合计收入占全县的78.5%。其中，广告会展业限额以上单位数为12家，实现营业收入3.1亿元，同比增长3.6%，占总量的54.9%；旅游休闲娱乐业21家限额以上单位实现收入1.4亿元，同比增长68.1%，所占比例为23.7%。[④]

2. 存在问题：产业规模不大，内部结构发展失衡

（1）产业总量偏低，企业经营规模小

与北京市文化创意产业发达的区域相比，密云县文化创意产业发展规模尚

---

① 《上半年我区经济运行形势及发展建议》，怀柔区统计信息网，http://www.hrtj.gov.cn/Page/213/InfoID/19645/SourceId/752/PubDate/2013-07-24/Default.aspx。

② 北京市统计局：《北京统计年鉴2013》。

③ 《2013年1~5月我县第三产业运行情况》，密云县统计信息网，http://www.my.bjstats.gov.cn/Page/272/InfoID/14020/SourceId/735/PubDate/2013-07-25/default.aspx。

④ 《2013年1~5月我县第三产业运行情况》，密云县统计信息网，http://www.my.bjstats.gov.cn/Page/272/InfoID/14020/SourceId/735/PubDate/2013-07-25/default.aspx。

显不足，对区域产业发展的主导作用还没有得到充分发挥；龙头企业和知名品牌偏少，在全县600多家文化创意产业单位中，规模以上单位只有46家，绝大多数企业还处于较低的发展水平，不能实现规模效益，难以带动区域经济的发展。

（2）产业结构单一，关联协同效应不足

文化旅游业与产业链上游行业之间缺乏整合，创新创意能力不足，文化创意产业内关联度不高，产业融合发展存在掣肘，尚未形成在大文化视野下建设文化产业综合体的理念，限制了企业间基于业务协作的产业集群的形成。

（五）延庆县

旅游休闲娱乐业是延庆县文化创意产业的优势领域，旅游景区收入连续多年在远郊区县排名前列，初步形成了以旅游景区为龙头带动文化创意产业发展的格局。

1. 总体情况：文化旅游业带动文化创意产业发展

2012年，延庆县拥有各类规模以上文化创意产业单位51家，实现营业收入总计约12.3亿元，同比增长5.1%；实现利润0.6亿元，同比增长41.1%，上缴税金0.5亿元。①

延庆县作为京郊旅游大县，有丰富的自然资源、生态资源、人文资源和旅游资源，拥有对外开放的景区30余处，其中A级旅游景区18家，5A级景区1家。2012年，全县接待旅游人数1801万人次，同比增长3.7%，文化旅游业已成为全县的主导产业。②

2. 制约因素：产业基础薄弱，发展障碍重重

延庆县距离首都中心区较远，文化创意产业基础较为薄弱，在建设“全国绿色生态文化名县”的过程中面临挑战重重。

（1）集聚效应不足，产业结构不合理

目前，延庆县只有一个市级文化创意产业集聚区，功能定位单一，以传统

① 《2012年度北京市文化创意产业发展与投资研究报告》；北京市统计局：《北京统计年鉴2013》。

② 北京市统计局：《北京统计年鉴2013》。

的观光型产品为主，商务会展、现代娱乐、运动养生、体育休闲、节庆活动等高端旅游休闲产品匮乏；文化旅游业仍然处于门票经济的初级阶段，尚未形成多产业集聚的文化旅游产业综合体，运行效益较差，人均消费偏低，对县域经济的拉动作用不足。

（2）文化创意人才短缺

延庆县文化创意产业缺乏一支高素质、高技能、高水平的专业人才队伍，尤其是掌握现代信息技术手段的高科技型人才和懂文化、会经营、善管理的复合型人才，存在文化创意企业经营状况不佳、园区规划滞后、文化资源得不到有效整合等一系列制约文化创意产业壮大的因素。

（王国华，北京工业大学教授，北京工业大学创意产业研究所所长）

B.3

东城区：加快文化资源整合利用，努力建设首都文化中心区

一　文化创意产业资源条件

作为700多年皇城所在地、五四新文化运动发源地、新中国开国大典的举办地，东城区集中体现了首都文化古今交融的特质，文化资源具有品级高、数量多、密度大、种类全等特点。许多历史文化资源具有唯一性、不可复制性，历史久远度高，很多始建于元代，并在明、清、民国等历史时期均有遗存。如纵贯全区的7.8公里长的旧城中轴线，是古都城市格局和历史风貌、北京文化遗产丰富性的集中体现，被梁思成先生誉为“全世界最长，也是最伟大的南北中轴线”；故宫、天坛是城区的两处世界文化遗产；南锣鼓巷是全国唯一完整保存着元代“棋盘式”格局的胡同；国子监街是北京首批“十大中国历史文化名街”之一。区内现有三级文保单位165项，其中国家级28项、市级78项，均占全市的1/3；挂牌保护院落413处，占全市的62.7%；名人故居128处；历史文化保护区18.5片，占全市的43%、旧城的56%。非物质文化遗产名录数量居全市第一，老北京传统手工艺“四大名旦”和同仁堂、吴裕泰、便宜坊等众多知名老字号云集于此，被文化部命名为“中国民间文化艺术之乡”。

以故宫、天坛为代表的皇家文化，以雍和宫为代表的佛学密宗文化，以国子监为代表的国学文化，以孔庙为代表的儒家文化，以王府井、前门大街为代表的商贾文化、民俗文化、会馆文化，以智化寺为代表的音乐文化，以东交民巷为代表的使馆文化在这里完美融合。此外还聚集了国家博物馆、中国美术馆、中央戏剧学院、北京人艺、长安大剧院、人民出版社等众多知名文化机构。可以说，漫步东城区，到处都是历史，到处都有文化，即使是一条不起眼

儿的胡同，也有着厚重的历史文化积淀。总体来看，东城区丰富多元的文化资源为发展文化经济提供了得天独厚的条件。

二 文化创意产业基础

近年来，东城区第三产业比重达到96%，居全市第一，特别是文化创意产业已成为最具增长潜力的支柱产业，涌现出歌华集团、北京移动、央视动画、光线传媒、中青旅等一批骨干企业，产业规模和效益不断提升。2011年，全区规模以上文化创意企业达到725家，文化创意产业增加值由2008年的85.4亿元增长到2011年的166.3亿元，占地区生产总值的12.6%，同比增长25.8%，增速居六大重点产业之首，对全区经济的贡献度居第二位，并在艺术品交易、戏剧演艺、全媒体出版、旅游四个领域居全市领先地位。

艺术品交易方面，吸纳了全市艺术品拍卖行业近一半的领军企业入驻，其中仅保利、嘉德两家企业2011年的艺术品拍卖成交额就占全市的60%，占全国的50%以上。

戏剧演艺方面，东城区有着丰富的戏剧演出资源，区内共有艺术表演团体51个，有首都剧场、保利剧场、长安大戏院、红剧场、刘老根大舞台等各类剧场30个，占全市艺术剧场总数的40%。2011年，上演剧目869个，演出5629场次，观众260万余人次，演出收入2.41亿元，均占全市演出市场的30%，形成了“看戏剧，到东城”的戏剧品牌。

全媒体出版领域，中文在线、国际版权交易中心等拥有大量版权资源，歌华有线、光线传媒、优视网等拥有新媒体发布资源，当当网等拥有渠道终端资源，这些沿产业链分布的出版资源形成了全媒体出版产业链。

文化旅游方面，2011年，累计接待游客7471万人次，接待人数居全市第一，占全市的22%；全年实现旅游综合收入514.5亿元，居全市第二。

此外，与文化经济密切相关的中医药产业、体育产业也得到迅速发展，2011年分别增长19.1%、34%，高于全区平均增速。通过每年高水平举办“王府井国际品牌节”“前门历史文化节”“皇城国际旅游节”“南锣鼓巷戏剧节”“创意点亮北京文化艺术节”等品牌文化活动，参与“京交会”“文博会”“京港洽谈会”等高端会展活动，积极引进项目，搭建文化交流合作平台，提升了东城区的文化影响力。

目前，东城区文化创意产业的发展主要有三大特点：

第一，产业门类齐全，聚集效应明显。东城区文化创意产业涵盖了文艺演出、艺术品交易、版权贸易等众多门类。根据资源禀赋结合产业发展特点，因势利导形成了中关村科技园区东城园、前门历史文化展示区、龙潭湖体育产业园区三个重点文化产业园区；前门大街、南锣鼓巷、南新仓、五道营四个休闲文化街区；王府井、东二环、交道口、银街、天坛演艺区五大剧场集群；方家胡同46号、嘉诚印象、东雍创业谷等一批“胡同里的创意工厂”。

第二，瞄准高端发展目标，推动要素市场建设。积极引进一批版权业重点单位入驻“东方雍和国际版权交易中心”，形成了较为完整的版权产业链条，加之配套的版权银行等投融资服务体系，已经成为北京市文化金融领域的排头兵。瞄准研发设计、版权服务、要素交易、企业总部等产业价值链的高端环节，大力推动文化演艺、文化艺术、文化版权、文化传媒等重点产业融合、联动发展，加速东城文化创意产业发展高端化的进程。

第三，政策体系完善，文化企业健康发展。制定多项文化创意产业促进政策，设置创意产业发展资金和戏剧演艺产业发展资金，支持中小企业做强、做精，做出特色。积极推进金融创新，拓展文化产业投融资渠道，设立了国内首创的第一支项目权益类基金“中关村新媒体版权基金”，重点开展新媒体版权投资、影视版权投资和版权企业股权投资。启动了“北京文化金融中介服务平台”，通过引进评估、担保、信托、保险等服务机构，为文化企业提供金融解决方案和配套服务。优化国有文化资产配置，组建国有文化产业集团，初步形成文化资产运营、文化地产开发、文化内容生产、文化金融服务平台四大产业板块。

三　2012年文化创意产业总体运行情况

2012年，东城区积极发展文化创意产业，以产业政策为引导，以促进企业发展为重点，以服务体系构建为保障，实现了文化创意产业的健康发展。

2012 年，全区文化创意产业实现增加值合计 174.3 亿元，同比增长 4.8%，占全区地区生产总值的 12.03%，截至 2012 年末，全区共有规模以上文化创意产业法人单位 881 家。东城区文化创意产业已呈现出集聚、融合、联动、创新的发展趋势，并在艺术品交易、全媒体出版、戏剧演艺市场和旅游业四个领域处于全市领先。文化创意产业中的广告会展、艺术品交易、新闻出版等重点行业，呈现出以下发展特点：

（一）广告会展业快速增长

2012 年，广告会展业累计实现增加值 46.7 亿元，在文化创意产业九大行业中位居第一。由于龙头企业北京电通广告等经营状况良好，世纪北广等后起企业的强劲发展态势，2012 年实现了 18.2% 的增长，呈现快速发展态势。

（二）新闻出版业稳步发展

新闻出版业是东城区文创产业中发展最成熟、增长最稳定的行业，2012 年，新闻出版业累计实现增加值 27.4 亿元，同比增长 2.6%。驻区的商务印书馆、人民出版社等业内龙头企业每年收入稳步增长，为东城区的新闻出版业的发展提供了稳定因素。

（三）艺术品交易业上升明显

2012 年，东城区艺术品交易业累计实现增加值 7.7 亿元，同比增长了 18.2%，全年收入合计 321.08 亿元。受 2012 年宏观经济调控影响，拍卖行业从扩张期的飞速增长开始向理性回归调整。其中，驻区两家重点拍卖企业保利和嘉德 2012 年春秋拍卖的总成交额与 2011 年同期相比下降了 50% 以上。但是，由于中国黄金、周大福等驻区黄金珠宝行业的重点企业在 2012 年销售收入实现快速增长，拉动了东城区艺术品交易行业增长速度的大幅提升。

（四）软件、网络及计算机服务业下降明显

2012 年，软件、网络及计算机服务业累计实现增加值 23.56 亿元，同比下降 25.4%，是在文化创意产业九大行业中增长速度下降幅度最大的行业。

由于宏观经济不景气、市场人力资源成本增加等因素，一些行业重点企业利润出现大幅下滑。同时，龙头企业中国民航信息网络有限公司统计数据2012年没有反映在东城区，也是导致该行业增加值呈现负增长的主要原因。

（五）戏剧演艺业持续增长

2012年，东城区区内剧场共上演剧目908个，演出6000余场次，观众300多万人次，收入超过3亿元。

2012年，文化创意产业增加值增长4.8%，低于全区增速3.3个百分点，与上年相比下降21个百分点，增速明显放缓。与全市相比，东城区文化创意产业经济效益提升较慢，收入和利润所占比重下降。近年来，东城区为促进文化创意产业发展，出台了《北京市东城区关于促进文化创意产业发展的办法》，每年向文化创意产业发展提供专项资金支持。政策的支持为文化创意产业的发展提供了保障，但东城区文化资源优势向产业发展优势转化的力度仍然不足。符合区域资源特点的文化创意产业尚处于培育阶段，缺乏文化资源向产业发展优势转化的有效途径。高收入文化创意单位多为传统商业企业，产业附加值较低，且产业内部各行业发展不均衡，文化创意产业规模和竞争力均有待提升。

四　2012年推进文化创意产业的重点措施

（一）落实文化创意产业政策

为继续落实各项文化创意产业政策，扶持东城区文化创意企业发展，2012年，东城区依据《东城区关于促进文化创意产业发展的办法》及其实施细则，开展了2012年东城区文化创意产业扶持项目申报及审核工作。通过网络申报、逻辑初审、专家组审核、部门联审，59家企业86个项目符合政策规定，其中，人才基地2个，兑现金额40万元；示范基地4个，兑现金额133.9万元，总计涉及金额2020万元。同时，2012年东城区获得市级资金支持的有33家企业33个项目，总金额5219万元，与2011年相比均有大幅增加。

（二）搭建文化创意产业服务平台

东城区联合银行、保险等金融机构，推出著作权交易保证保险、著作权质押贷款服务、文化私募基金服务等文化金融创新服务产品，其中著作权质押贷款服务已经服务20多家影视企业，贷款超过4亿元。“雍和园文创企业集合信托”品牌已成功发行三期，累计为10余家文化创意企业融资8000多万元。2013年第四期信托产品也已发行，资金规模1000万元。第五期已在筹备中。

圆满完成东城区参加第七届北京国际文化创意产业博览会展览展示、推介交易、论坛峰会、创意体验等场内外活动，东城展区共接待各界观众达21万人次，东城区文化创意企业签约交易总金额达到5.45亿元。圆满完成东城文化企业参加首届京交会、京港洽谈会等重要展会的各项工作任务，实现签约交易额306亿元。

（三）完善文化创意产业集聚区

东城区结合中心城区发展特点，深入挖掘区内深厚的文化底蕴，充分利用现有的老旧厂房资源，通过改造提升，将“胡同里的创意工厂”的文化创意产业聚集区建设模式进行深入推进。2012年8月，由人民美术印刷厂老厂区改造而成的人民美术园正式开园；2012年9月，由原方家胡同小学国学分校改造而成的东方戏剧中心建设完成，林兆华工作室等著名戏剧工作室入驻。截至目前，东城区已改造了17处胡同里的旧厂房、院落，以“胡同里的创意工厂”为依托，新增产业建筑面积22万平方米，聚集了1600家附加值高、成长性好的文化创意企业，其中包括诺基亚中国、光线传媒、盛世骄阳、卡巴斯基等一批国内外知名的文化创意企业。“胡同里的创意工厂”已成为东城区文化创意集聚发展特有的“符号”。此外，东城区还和北京市旅游委合作，整合东城区胡同里的创意工厂资源，建设完善“胡同里的创意工厂游”项目，一期建设工程已在2012年底竣工。

通过规划引领和政策扶持，东城区聚集了一大批在文化创意产业内各行业领域的大型企业，并在行业内起到龙头示范作用。在广告会展业中，全国十大广告公司中有奥美、电通、盛世长城、智威汤逊4家落户东城区；在新闻出版业中，东城区聚集了商务印书馆、科学出版社、《光明日报》《北京日报》等行业内最有影响力的一批大型出版企业；艺术品交易行业中，作为全国艺术品交易拍卖统计依据的8家拍卖行中，保利、嘉德和中贸圣佳3家坐落在东城区。2012年5月评选出的全国第四届“文化企业30强”中，北京有8家企业入选，其中的保利文化集团、中国对外文化集团、北京演艺集团、中国出版集团在东城区。这些文化创意企业总部在东城区落户，不仅带动了其上下游企业的聚集发展，更为东城区文化创意产业的发展创造了良好的产业氛围。

五 2013年文化创意产业发展展望

2013年，东城区将深入贯彻落实文化产业发展政策，加快推进资源整合和产业提升的步伐，深度激发社会创新和企业创造的活力，实现全区文化创意产业的可持续发展。下一步，主要做好以下五方面的工作：

（一）完善文化产业发展促进体系

进一步理顺产业促进机制，梳理产业政策，完善产业结构，促进产业链形成；进一步完善公共政策服务平台、投融资平台、公共信息交流平台、产业联盟建设。引导传统文化产业的科技化改造，培育特色鲜明、引领产业发展的文化科技企业。充分发挥市、区两级文创产业政策及专项资金的引导作用，促进社会资本向文化产业集聚。

（二）打造高端文化要素市场

加快推进北京文化创意大厦、嘉德艺术品交易大厦、北京文化产权交易所等重点项目建设，扶持国际版权交易中心、皇城艺术品交易中心等的发展壮大，建设高端文化要素市场集聚区。探索文化金融创新，破除制约文化企业发展的投融资瓶颈，加快文化产业与资本市场的对接，形成政府资金引导、社会资本参与、文化资源优化配置的投融资格局。

（三）努力打造东城“文化航母”

加强国有文化资产管理，充分发挥市场在文化资源配置中的作用，加快区属文化企业重组步伐，推动便宜坊集团等公司上市，支持骨干文化企业、老字号做强做精，发挥引领作用。在集合优势要素、形成规模效应上下功夫，进一步完善以公有制为主体、多种所有制共同发展的文化产业格局。

（四）扎实推进文化创意产业功能区建设

以北京市文化创意产业功能区规划调整为契机，积极推进中关村东城园、前门历史文化展示区等产业功能区和产业基地建设，充分发挥市级文化创意产业功能区的带动和辐射作用。继续推进“胡同里的创意工厂”建设，以线带面，带动周边区域的环境改造，构建独具东城区特色的“小集聚、大融合”的集聚区发展格局。

（五）建设高端文化旅游体验区

挖掘整合东城区特色文化内涵，丰富文化旅游的表现形式。以皇城文化与民俗文化为主线，突出现代创意文化与传统地域文化交融的人文特色。以中轴路、前门、南锣鼓巷三个旅游功能区为重点，大力推进旅游示范区建设。促进“国学、国医（中医药）、国际会议”等高端业态发展，建设国际一流旅游目的地。

（中共北京市东城区委宣传部、东城区文化发展促进中心）

𝔹.4

西城区：创新文创产业推进模式，提升地区整体发展水平

西城区是国家政治中心的主要载体、具有国际影响力的金融中心、传统与现代融合发展的文化中心、国内外知名的商业中心和旅游地区及和谐宜居健康的首都功能核心区。作为北京建城、建都的肇始之地，西城区历史文化资源丰富，金融业高度发达，文化创意产业蓬勃发展，高新技术产业潜力巨大，各类商业繁荣兴旺，古老与现代相互交融，科学与人文交相辉映。

《西城区"十二五"时期文化创意产业发展规划》明确提出，西城区"将重点发展文化演艺、新闻出版、艺术品交易、文化旅游、设计服务五大产业；并依据产业空间布局规划思路，构建'一带、一线、多板块'的文化创意产业空间发展格局"。

一　产业概况

"十二五"以来，西城区按照北京市委、市政府总体工作部署，遵循地区主体功能定位，着力转变发展理念，全力创新发展模式，努力提高发展质量，产业规模和影响力逐步提升，实现平稳较快发展，初步建成具有西城区特色的文化创意产业发展体系，首都功能核心区的示范引领作用初步显现。

（一）规模总量逐年扩大

西城区积极发挥自身的文化和经济优势，坚持以文化带经济、以经济促文化，大力推动文化创意产业向前发展，在产业规模、创造效益以及占全市比重等方面，都取得了新的增长。截至2012年11月末，全区文化创意产业法人单

位资产总额1177.7亿元，同比增长8%，占全市的10.6%；收入总额602.9亿元，同比增长12.9%，占全市的8.1%，比全市平均增长值高2.6个百分点；利润总额55.2亿元，占全市的10.9%，同比增长19.9%，比全市平均增长值高12.3个百分点。文化创意产业以约占全区0.2%的资产总量，集聚全区23.7%的法人单位，吸纳全区13.1%的从业人员，创造全区4.3%的收入，实现全区1.3%的利润总额，充分体现出文化创意产业作为高科技、高附加值、低碳环保的新兴产业蓬勃的发展潜力，为区域科学发展作出了应有的贡献。

（二）重点产业优势明显

在重点行业领域，西城区艺术品交易业增幅明显。以中国金币总公司、中钞国鼎投资有限公司、荣宝斋为代表的艺术品交易企业持续领跑，实现收入117.2亿元，实现利润14.6亿元；新闻出版业和设计服务业发展迅猛，行业收入分别为132.6亿元和59.7亿元；文化艺术业发展稳健，实现收入28.4亿元。其中，2012年全区营业性演出场次7717场，占全市总场次的35.5%；票房收入5.35亿元，占全市票房总收入的35.1%。

（三）国企“龙头”作用突出

截至2012年11月末，全区文化创意企业中收入过亿元的企业总计76家，其中，国有（中央、市、区属）企业有50家，占65.8%。这76家亿元文化创意企业只占全区文化创意产业法人单位总数的1%，却创造了全区文化创意产业64.5%的收入和81.2%的利润，充分显示出亿元文化创意企业，特别是国有大型文化创意企业在拉动地区文化创意产业发展中的“龙头”地位和引领作用。

二　产业发展特点

（一）发展理念、模式创新，文化、科技、金融三个产业融合并进

1. 文化、科技双轮驱动

德胜科技园是中关村国家级文化和科技融合示范基地的重要组成部分，

西城区依托其政策优势，大力实施科技和文化创新双轮驱动战略，坚持“先行先试、融合发展、辐射带动、开放交流”的原则，建立健全以企业为主体、以市场为导向、产学研相结合的文化科技创新体系，推进文化和科技深度融合。作为北京市首批文化创意产业集聚区，北京 DRC 工业设计创意产业基地坚持以政府宏观政策为指导，以北京科技研发与设计创新综合实力为依托，以院校、企业和设计机构为服务对象，优化配置首都丰富的科技与设计资源，构筑市场化的资源共享模式，努力把基地建设成为工业设计企业聚集区、工业设计公共平台服务区、工业设计与文化创意产业融合发展区，为企业成为自主创新主体和设计机构的可持续发展提供资源保障，促进设计创意产业的发展和企业竞争力的提升。2013 年，西城区将强化 DRC 设计服务引擎功能，扩大政策覆盖面，支持优质产业溢出，推动文化与科技融合发展。

2. 文化、金融融合创新

当代文化创意的发展与金融创新息息相关、互利共生。西城区推动文化与金融的融合发展，最大的优势在于金融街特色功能区对周边产业集聚区的辐射带动效应。比邻金融街的“新华 1949”文化金融创新中心园区，将被纳入金融街整体规划建设。西城区将充分发挥金融街地区金融企业总部集聚的产业优势和市文资办统筹规划与实施的首都文化改革发展政策、资金优势，积极构建政策体系、服务体系和创新体系，推动“银企合作”，努力拓宽文化创意企业融资途径，促进知识产权资产化，探索构建文化企业信用体系，大力推动文化金融服务方式创新，打造功能健全的文化创意产业投融资服务体系，为文化创意企业的融资活动提供更加完善的公共服务，这也将为北京市、全国乃至国际金融与文化融合发展提供创新实践的平台。目前，西城区已引进北京市文化投资发展集团中心、北京市文化产业小额贷款公司、北京市文化科技融资担保有限公司、北京市文化产业投资管理有限公司、北京中传文化金融产业研究院以及蓝色文创及科技产业基金等文化投融资研究和服务机构入驻；中国印刷集团总公司与华软投资（北京）有限公司联合发起并正式签约建立总规模 30 亿元的文化创意产业定向投资基金。

（二）集聚效应逐步显现，集约发展渐成主导

加快文化创意产业集聚区建设，引导文化创意产业集聚发展，是西城区提升区域文化创意产业竞争力的重要措施。西城区产业集聚的类型模式丰富，各具特色。

1. 地理空间集聚类型丰富

为促进产业集约式发展，统筹文化创意产业园区建设，西城区谋划和建设了一批集聚效应明显、影响力大的优势文化创意产业集聚区，推动资源向基地集聚，产业向园区集中，推动文化、科技、金融和市场诸要素的有机对接，挖掘区域经济发展的新增长点，开拓发展新空间。

2013 年，西城区将要认定首批区级文化创意产业集聚区。其中，市级集聚区 2 个，分别为北京 DRC 工业设计创意产业基地、琉璃厂历史文化创意产业园区；部（国家出版广电总局）市（北京市）合作集聚区 1 个，即中国北京出版创意产业园区；另有列入区级重点发展项目的“新华 1949”文化金融创新中心、天桥演艺区等 9 个文化创意产业集聚区。这些园区从空间上分布均匀，产业类型丰富多样，其中，以设计服务为主导产业的园区 3 个，以文化艺术、艺术品交易为主导产业的园区 4 个，以新闻出版为主导产业的园区 1 个；有 4 个园区比较集中地体现了文化与金融、文化与科技的融合发展。

2. 跨地区产业链集聚特色鲜明

2012 年，西城区启动 3D 多媒体产业基地项目，选取产业链条中的优势环节建立关系型集聚区的新模式，推动中国印刷总公司和北京蓝深科创科技有限公司深层次合作，共同打造中国 3D 产业制作基地。目前，已引进中国 3D 产业联盟和北京电视台 3D 工作室，推动 3D 立体影视制作基地、展示交流中心、3D 立体影院、3D 立体人才培训中心等公共服务平台建设，尝试“企业发起、政府指导、独立运营、自主管理”的园区管理新体系，基地内的龙头企业将发挥带动和示范作用，带动中小企业形成产业生态链。

例如，中国 3D 产业制作基地内的入驻企业，拥有自己的全国城市电视台带状联播网络平台 100 余家，同时与全球主要发行商与播出机构建立长期合作关系。该公司对城市电视台频道资源进行整合，建立集资本、公关、技术和内

容等相关要素于一体的城市电视台联合体，以拍摄城市纪录片的形式塑造城市品牌；通过向国际市场推广优质的中国纪录片，提升城市的知名度和影响力，带动地区旅游业，促进地区文化创意产业的发展。这种联合形式，打破地域空间的限制，实现跨地区的产业集聚发展。

（三）优化区域发展环境，区级文创政策体系日趋完善

1. 大力推动产业政策配套

针对行政区划调整后不同区域资源状况不同、发展重点不同、支持政策不同等现实情况，在充分把握新区情和产业发展特征的基础上，研究制定《西城区文化创意产业发展指导目录（试行）》（以下简称《指导目录》）、《西城区文化创意产业集聚区认定和管理办法（试行）》（西发改〔2013〕92 号）（以下简称《集聚区管理办法》）、《西城区文化创意产业项目管理办法（试行）》（西发改〔2013〕91 号）（以下简称《项目管理办法》）等政策性文件，从业态选择、空间布局和项目引领等角度，针对性地解决“发展什么”“如何引导”等具体问题，率先在全市各区县中建成较为完备的文创政策体系。其中，《指导目录》明确提出“十二五”时期优先发展的主导产业，并将产业链中的创意创作研发和展示交易环节作为发展重点。《集聚区管理办法》通过相关政策，降低集聚区内文创企业的经营成本，扶持集聚区中的优秀产业项目，吸引优质企业和产业要素聚集，从空间上确定政策的重点适用范围，为集约高效使用财政资金提供政策依据。《项目管理办法》进一步明确西城区文化创意产业发展专项资金支持的方向、标准、条件和程序，对财政资金的科学使用进行规划，变传统直接补贴方式为“以奖代补”和“以投代补”，发挥财政资金对社会资本的撬动作用。

2. 积极搭建产业政策服务平台

为确保文化创意产业政策体系切实“落地”，西城区充分发挥金融企业集聚的产业优势，通过五个平台的建设，使文化创意企业与金融企业有效对接。

建设金融产品发布平台，推动金融产品再造。发挥北京金融街作为国家金融管理中心的功能，建设以服务各类金融机构为核心、以推动金融业务创新和服务创新为主要内容的文化金融创新平台，主要为金融机构向文化创意企业发

布、推广金融产品与服务提供方便。同时，积极推动金融机构适应文化创意产业特点进行的业务流程再造与管理创新。

建设中介服务平台和知识产权交易平台，完善融合渠道。积极搭建文化领域专业中介机构（组织）业务平台，为金融机构介入文化创意产业提供知识产权价值评估、文化企业信用评估、优质项目推选等配套服务。发挥西城区金融要素市场集聚的优势，强化文化要素市场与资本市场的对接，促进文化创意企业掌握的资源转化为资产，再由资产转化为资本。

建设项目展示推介平台和项目储备平台，加速信息传递。为全国各类文化创意企业提供面向金融机构、投资商的展示交流和项目推介平台。通过举办项目发布推介会、定向投资洽谈会等形式，丰富文化创意企业的直接融资渠道。以区域各类文化创意产业集聚区为载体，引入国内外有影响力、成长性好的企业和项目，为金融机构及各类投资机构提供项目储备，为企业争取融资、实现再孵化创造机会。

上述五个平台将金融企业、中介机构与文化创意企业分别以资本、服务和项目的形式有机联系起来，形成一个互相支撑、互相依存、互相促进的整体。

3. 切实做好产业促进服务

西城区积极引入中介服务机构，服务文化创意企业上市，为有上市融资意愿的企业提供“点对点”的服务，目前已有 2 家企业通过证监会审核等待上市，3 家企业筹备在新三板上市。

加强文化创意项目管理，编印文化创意产业项目及企业资源汇编，收录文化创意产业项目 138 个，梳理重点文创企业 255 家，进一步完善项目征集与储备机制。

加大企业宣传推介力度，编印文化创意产业政策选编、演艺资源手册和文化金融资源手册，推荐企业参加“全国文化企业 30 强”、“首届文化企业 30 强、文化企业 30 佳”、“最具投资价值企业”、“非公文创领域先进基层党组织、优秀共产党员、优秀党务工作者”、“北京文化企业 200 强”等评选表彰活动，组织企业参加科博会、京交会等大型会展活动。

深度推介区域优质资源，组织召开“杨梅竹艺术家工作室群”投资建设研讨会及实地踏勘活动，组织驻区广播、电视、电影，艺术品交易领域企业召开企业资源对接会，为中国数字文化集团有限公司等20余家企业落户推荐办公场所，提供政策咨询。

三　产业进一步发展需要处理的几个关系

（一）产业政策配套要与市场变化同步

当前，相关政策保障制度建设与文化创意产业的发展还存在一定差距。市场发展瞬息万变，而政策制定相对滞后，企业发展遇到的现实问题依靠现有政策无法得到有效解决。目前，天桥演艺区建设正在稳步推进，天桥艺术大厦已有企业陆续进驻。针对未来演艺区发展的需求，天桥演艺区专项政策正在积极推进中，通过细化明确政策配套支持，盘活天桥园区存量资源，吸引培育演艺业高端要素集聚，营造和活跃演艺及文化艺术氛围，为园区未来长远发展奠定基础。在保持政策稳定的前提下，提高灵活性，适应市场的变化，及时进行调整和完善，是处理市场变化与产业政策配套的关键。

（二）产业集聚要突破地理和行政空间限制

由于受中心城区条件限制，西城区土地资源有限，区域产业结构调整压力大，部分产业面临是否外迁以求发展的选择，引进大型企业、大项目更是受到很大制约。加之城市中心地区房租过高，对一些初创的中小型企业及成长型企业来说，成本压力较大。受空间瓶颈的制约，西城区在项目引进及产业集聚发展的选择上，要求也相应较高。在城市群、城市经济圈互动愈加密切的时代背景下，打破现有地理空间和行政空间制约，打造文化产业带，整合文化产业资源，搭建共享平台，实现联动发展，将是西城区创新产业集聚方式的一条有效路径。

位于西城区西部的西城原创音乐剧基地，是国内首家原创音乐剧开放性产业服务平台，集原创音乐剧生产、服务和孵化功能于一体。受空间所限，目前该基地只提供日常办公，剧目创作、交流、排练、试演空间，却无法设立大型剧场，而位于西城区南部的天桥演艺区未来将拥有众多的演出场所。音乐剧基地的启动运行，将充分依托文化产业带的优势，打破空间上的隔断，为天桥演艺核心区剧场建设提供相配套的软件内容生产。

（三）扶持龙头企业要有效带动中小微企业发展

西城区文化创意产业规模以上法人单位以中央、市属企业居多：文化艺术、新闻出版业收入前十名的企业均为中央、市属企业，收入总额占整个行业收入总额的比重分别达到57.8%和52.9%。另外，区域内中小微企业绝对数量较大，产业结构呈现“少量大企业，大量小企业”的特点。央企、市企往往具有政策和资金上的优势，大量文化创意中小微企业则需要更多针对性的扶持政策和手段。因此，处理好龙头企业与中小微企业的关系，是西城区面临的重要课题。

中小微企业面对的发展问题，不仅仅是缺乏启动资金，更是创业能力不足。就创业能力而言，除了创业者自身素质等内部因素外，还包括资金、渠道、技术、品牌、营销、售后等诸多外部因素。这些能力的培养和被社会认可，需要一个较长的过程。由于信息不对称等原因，政府在持续关注、扶持中小微企业发展方面难以有较大的施展空间。龙头企业拥有雄厚的资金、先进的技术、畅通的渠道、良好的营销和售后服务队伍，而这些正是中小微企业所欠缺的。如果把两者结合起来，以龙头企业带动中小微企业集群创业，可以有效弥补中小微企业的种种不足，形成以大型的集群龙头企业带动众多中小微企业的配套企业、协作企业共同发展的良性发展格局。

四　未来发展思路

“十二五”期间，西城区的文化创意产业既面临重大发展机遇，也面临严重挑战。西城区将立足区域功能定位，进一步整合、发挥区域优势，突破空间资源不足带来的困境，切实发挥政府、企业以及各种社会组织的作用，加大统筹、协调力度，突出主体产业，推动文化与金融、科技的融合发展，促进产业结构升级，注意解决中心城区发展同质化的问题，提升地区文化创意产业发展水平。

（一）强化科学理念，推动融合发展

根据西城区的功能定位，自觉发挥区位比较优势，确立并不断强化文化、金融、科技融合发展的理念，积极探索行政调控手段与市场法则的有效对接，以服务优化激发各方活力，以产业结构升级增强综合实力，以重大项目推进突破发展瓶颈，突出西城区特色，实现地区文化创意产业的整体发展。

（二）完善领导体系，提升服务水平

充分发挥西城区文化创意产业领导小组作用，加强对产业结构优化、重大领域发展、重点项目确定、重要人才培养、重要机制改进等问题的研究，加大重点工作的统筹、协调，充分调动各个方面的积极性。领导小组办公室切实履行职责，认真做好政府各个部门与文化创意企业的沟通，提高服务水平。

（三）强化制度建设，打造多种发展平台

认真落实已有各项制度，适应新的形势和发展需要，及时制定相关制度，切实发挥制度的保障作用。组织文化创意企业参加文博会等活动，适时编印宣传推介材料，积极打造发展文化创意产业的多种平台，大力推介西城区文化创意产业重点发展领域、重点企业和重要成果。

（四）推动五业融合，强化产业关联效应

“十二五”期间，西城区重点发展文化演艺、新闻出版、艺术品交易、文化旅游、设计服务五大产业。其中，文艺演出与新闻出版、文化旅游，设计服务与艺术品交易、文化旅游等都存在着产业链上下游的互动关系。五大产业既互为独立，又相互依存。西城区将进一步发挥政府的统筹、协调功能，从经济发展的内在规律出发，积极打通上下游产业链，激发产业合力，强化产业之间的关联效应，进一步提升地区文化创意产业发展的科学性、系统性、有效性。

（五）加强核心功能区建设，发挥产业涟漪效应

作为文化演艺产业重点项目，按照北京市文化创意产业功能区总体布局，

西城区将大力推动天桥演艺区建设，并充分发挥文化演艺产业的涟漪效应，以演艺产业为主导，带动周边相关产业。以政策覆盖和资源整合等方式，打造集演艺总部、剧目创作、文艺演出、文化展示、旅游休闲、文化商务等功能于一体，以演艺业为特色，以购物、休闲、娱乐、餐饮为配套，“文化特色突出、演艺聚集明显、区域环境优美、文商旅关联促进”，具有国际水准的国家级首都演艺核心区。

（西城区文化创意产业领导小组办公室）

B.5 朝阳区：以传媒产业为龙头领跑全市文化创意产业

文化创意产业是首都经济的重要组成部分，也是朝阳区重点发展的四大高端产业之一。朝阳区文化创意产业 2006 年起步，起步早，动作快，起点高。“十一五”期间，朝阳区文化创意产业实现收入年均增速保持在 17% 左右，高于全市平均水平，与 2006 年相比，朝阳区文化创意产业规模以上企业数、产业收入等指标均实现翻番，呈现出总量快速提升、结构不断优化、布局日趋合理、区域特色鲜明、产业优势突出、行业集群发展的特点。在北京市确定的文化创意产业的九大行业门类中，朝阳区优先发展创意程度、科技含量和附加值高的行业，按照产业梯次发展的思路，重点推进文化传媒[①]（含广告）、高端会展、旅游休闲等产业发展。经过几年的发展，朝阳区文化创意产业内部结构优化，创意程度提升，产业整体竞争力大幅度增强。截至 2012 年底，实现收入占全市总收入的 22.8%，从业人员数量占全市的 21.2%，对区域经济的支撑地位进一步巩固，已成为朝阳区经济发展的重要新引擎，并在转变经济发展方式、推进城乡一体化、推动功能区协同发展、促进文化事业建设、提升区域软实力等方面作出了重要的贡献。

一　朝阳区发展文化创意产业的资源优势

朝阳区位于北京市城区东部，是全市面积最大、人口最多的城区，区域面积 470.8 平方公里，下辖 24 个街道、19 个乡（地区办事处），常住人口 374.5

① 朝阳区文化传媒业的概念包含了北京市九大行业分类的广播、电视、电影，广告会展，新闻出版，软件、网络及计算机服务。

万。朝阳区是北京奥运会主会场和北京 CBD 所在地，作为首都的城市功能拓展区，承载着“国际交往的重要窗口、中国与世界经济联系的重要节点、对外服务业发达地区、现代体育文化中心和高新技术产业基地”的城市功能。经过多年的发展，朝阳区已进入国际化、高端化、内涵式发展的新阶段。尤其是“十二五”期间，朝阳区面对经济发展转型攻坚、农村城市化动力再造、城市建设管理规范提升、社会建设和管理共治共享、文化建设驱动发展、生态文明建设促进人口资源环境相协调的阶段性特征，借助多重资源优势，大力发展文化创意产业，努力把朝阳区建设成为国际商务中心功能更加全面、城乡发展更加均衡、科技创新更加活跃、文化教育更加发达、社会更加和谐的魅力城区。

（一）国际资源丰富，对外影响力大

朝阳区素有中国“涉外第一区”的美誉，区内云集了几乎 100% 的外国驻华使馆（除俄罗斯、安提瓜和巴布达外），汇集了 90% 的驻京国际传媒机构、80% 的国际组织及国际商会、70% 的世界 500 强企业地区总部、60% 的外资金融机构、50% 的外籍人口，每年 50% 以上的国际性会议、1/3 的国际展览在朝阳区举办。区域涉外服务配套设施健全完善，商务活动密集的星级宾馆数量在全市占领先地位，国际学校和国际医疗机构分别占全市的 90% 和 65%。朝阳区已经成为展示首都国际化大都市形象的重要窗口。

（二）经济实力雄厚，市场化程度高

近年来，朝阳区经济和社会事业快速发展，一跃成为首都的经济强区和文化大区，2012 年，朝阳区实现 GDP 3627.7 亿元，占全市的 20.4%；完成区级财政收入 348.6 亿元，占全市的 10.4%；实现社会消费品零售额 1829.5 亿元，占全市的 23.8%；实现全社会固定资产投资 1195.5 亿元，占全市的 18.5%；实际利用外资 32 亿美元，占全市的 40%；进出口总额 1724.56 亿美元，占全市的 42.2%，以上指标均居全市首位。朝阳区对外贸易进出口额、实际利用外资额占全市的近 40%，2009 年被联合国评为跨国公司投资最佳城区。

（三）区域环境优良，发展空间大

朝阳区拥有现代化的立体交通体系，区内有二、三、四、五环路，6条地铁线路，6条高速公路和城市快速路及4条铁路，路网密度为3.8公里/平方公里，首都国际机场也坐落在朝阳。拥有良好的生态环境，全区城市绿化覆盖率达到45%，是全国绿化模范城区和国家级生态示范区，获得了全国文明城区称号。作为北京奥运会的主会场所在地，朝阳区拥有鸟巢、水立方等16处奥运场馆资源。近年来，实施功能区带动战略，形成了CBD、奥运、电子城、温榆河、定福庄、垡头六大功能区及东坝、金盏、大望京等产业园区联动发展的格局。

二　朝阳区文化创意产业概况

2012年，在北京市委、市政府的正确领导和高度重视下，在市委宣传部等有关部门的指导和支持下，朝阳区深入贯彻落实党的十八大及市委十一次代表大会精神，以市委《关于发挥文化中心作用加快建设中国特色社会主义先进文化之都的意见》为指导，以文化创新为驱动，以国家级龙头项目和文化创意产业功能区建设为突破，突出高端引领，创新驱动，积极、有序、高效推进各项工作。2012年度，区域文化创意产业保持平稳发展的良好态势，发展环境进一步优化，产业规模进一步扩大，发展质量进一步提升，对区域经济的支撑地位进一步巩固，区域文化软实力和影响力进一步增强，逐渐形成“一个龙头，四个主导，三个特色”（以文化传媒业为龙头，以高端会展、旅游休闲、设计创意、信息服务业为主导，以古玩及艺术品交易、文艺演出、时尚消费业为特色）的产业结构，产业发展质量不断提高。

（一）文化创意产业规模进一步扩大，支柱性地位更加突出

截至2012年底，在朝阳区工商局注册的文化创意企业达到41574家，2012年新增注册企业8112家，吸引中联百花影视投资有限公司等110家龙头

企业落户；规模以上企业年收入 2102 亿元；资产存量超过 1975.2 亿元，同比增长 15.7%（见图 5－1）。

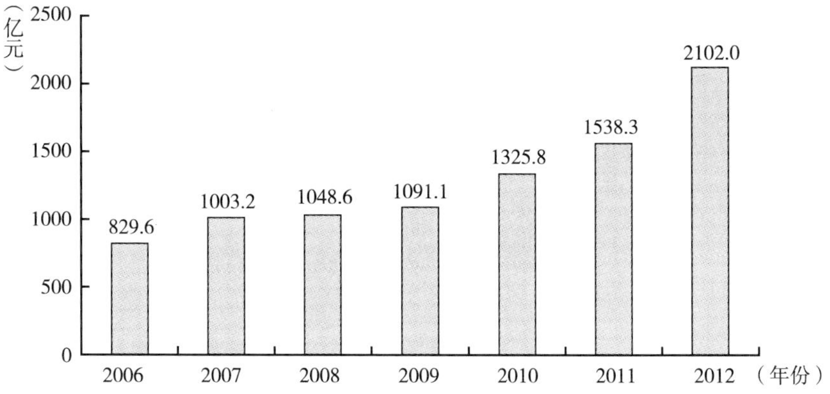

图 5－1　2006～2012 年朝阳区规模以上文化创意企业收入对比

2012 年，朝阳区文化创意产业实现增加值 480 亿元，占全区 GDP 的 13.2%；实现区级财政收入 80.1 亿元，是 2009 年的 2 倍，占全区区级收入的 23.5%（见图 5－2）。

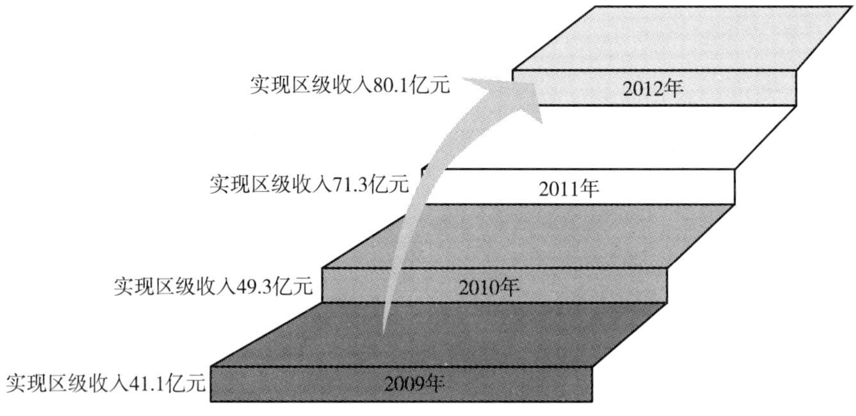

图 5－2　2009～2012 年朝阳区文化创意产业实现区级收入对比

2012 年朝阳区文化创意产业吸纳就业人数增长迅速（见图 5－3），其中广告会展业尤其明显，占全市的 48.8%；吸纳就业人数增长速度最快的是广播、电视、电影业，比2011年增加1790人，增速为56.5%。从整体吸纳就业人数上看，广告会展、艺术品交易和其他辅助服务三个行业吸纳就业人数分别占全市总体就业人数的48.8%、30.3%和37.7%，成为全市文化创意产业吸纳就业能力最高的行业领域。

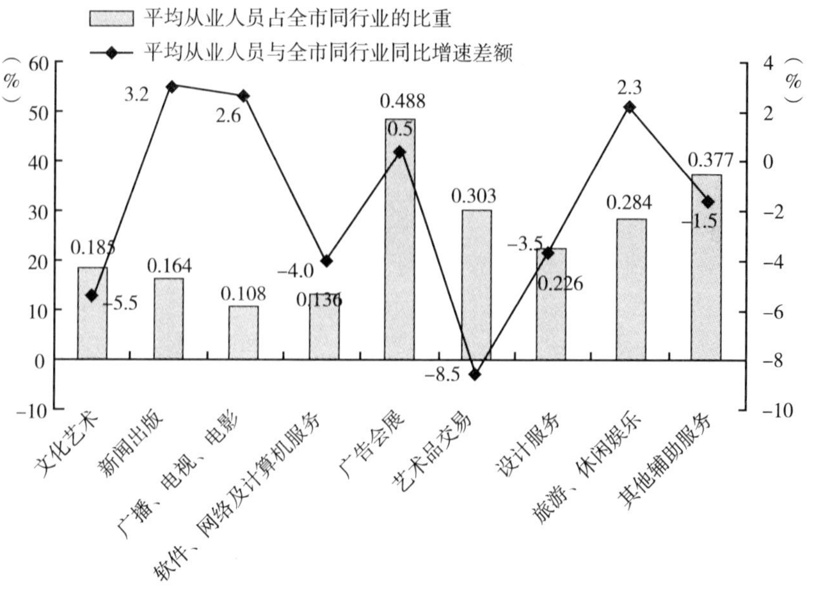

图5-3　2012年朝阳区文化创意产业从业人员与全市比较

（二）产业结构持续优化，文化传媒产业主导地位进一步巩固

2012年，文化传媒业实现收入占朝阳区文化创意产业总收入的54.7%，比2011年提高2.8个百分点。按照全市九大行业分类标准来看，广告会展业首次成长为朝阳区文化创意产业九大行业中收入规模最大的行业，占全区文化创意产业总收入的22.2%，成为全区贡献最大的行业。文化艺术、新闻出版和旅游、休闲娱乐三个领域增幅继续领跑，同比增幅分别为90.5%、35.6%和23.1%。按年收入排序，在文化创意产业九大行业中，朝阳区3个行业在各区县排名第一，3个行业排名第二，3个行业排名第三（见图5-4）。

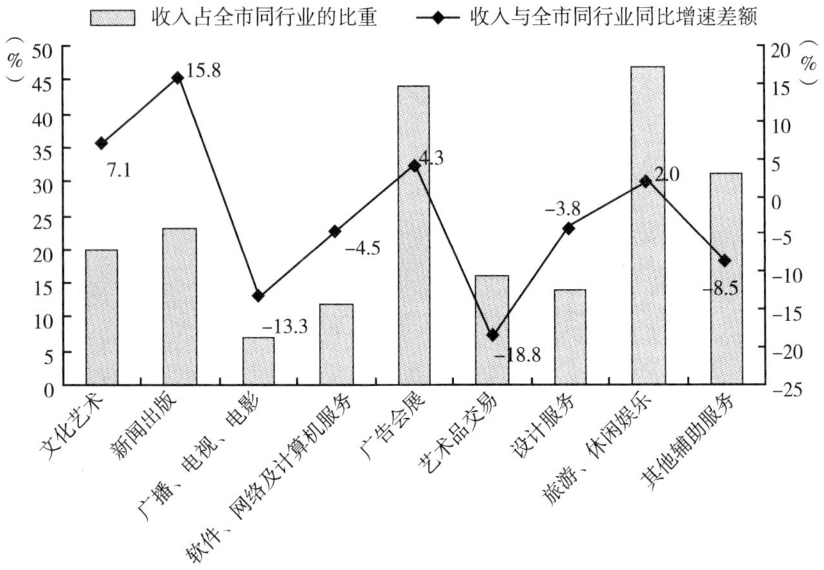

图5－4　2012年朝阳区文化创意产业收入与全市比较

（三）朝阳区文化创意产业园区基地建设快速推进，错位、协同、有序发展

截至2012年底，朝阳区共培育发展了5个国家级文化创意产业基地、8个市级文化创意产业集聚区、14个区级文化创意产业集聚区和30个文化创意产业基地，全区建筑规模超过5万平方米的文化创意专业楼宇和基地达到65个，业态分布涉及文化传媒、广告、音乐、艺术、古玩、体育休闲、娱乐等多个领域。已初步形成以CBD为制高点，以CBD－定福庄国际传媒产业走廊为主轴，若干个产业圈及基地为支撑的发展空间格局。

2012年，北京国家广告产业园区（一期）正式开园，引力媒体、联动文化等20余家知名广告和新媒体企业入驻。三间房国家动画产业基地正式挂牌，目前园区共有动漫类企业83家。国家音乐产业基地（一期）建成投入使用。凤凰国际传媒中心主体工程竣工，北京懋隆文化产业创意园（一期）已正式开园；北京国际版权交易中心成功举办中国国际版权博览会；八里庄文化创意产业园项目建设进展顺利，将吸引电影、动漫、传媒等类型企业入驻。751时尚设计广场设计师大楼投入使用，奥迪亚洲研发中心正式入驻，京城电通时代创意产业园（一期）、恒通国际创新园改造工程进展顺利，部分投入使用。此外，文化部在2012年9月正式公布第五批国家文化产业示范基地名单，全市共有6家，其中朝阳区的中国木偶艺术剧院、北京万豪天际文化传播有限公司和北京通惠坊投资有限公司等3家入选。

（四）CBD－定福庄国际传媒产业走廊聚集效应显著，引导产业集群发展迈入新阶段

在积极引导和培育文化创意产业集聚区、提升集聚辐射带动效应的基础上，朝阳区以CBD－定福庄国际传媒产业走廊为依托，加快推进文化协同创新和区域联动发展，文化创意产业功能区发展格局日益清晰。CBD－定福庄国际传媒产业走廊，西起东二环，东至与通州区的交界，北到姚家园路，南至广渠路，占地面积78平方公里。功能定位为：逐步打造成为中国国际信息传媒中心和具有世界影响力的国际信息传播枢纽，首都文化科技融合发展示范区和中国传媒文化产业核心区，使之成为传媒产业信息传播中心、产品交易中心、人才交流中心和中国文化产业“走出去”的重要窗口。目前，传媒走廊范围内聚集了包括《人民日报》、中央电视台、北京电视台、凤凰卫视以及BBC、美联社等15000多家文化传媒类企业。2012年，传媒走廊区域规模以上的文化创意企业实现年收入突破1400亿元（2009年694.3亿元，2010年910.8亿元，2011年1036.5亿元）。除人民日报社、中央电视台、北京电视台、凤凰国际传媒中心等重点传媒项目外，在传媒走廊上已建成和在建文化传媒类重点项目共计35个（已建成26个）。其中包括北京国家广告产业园、国家音乐文化产业基地、国家动画产业基地、国际版权贸易基地、东方梅地亚中心、莱锦创意产业园、郎园创意产业园、竞园图片产业基地、718文化传媒产业园、1919影视传媒产业园、北京懋隆文化产业创意园等一批重点基地。此外，国家广告产业园（二期）、中国北京出版创意产业基地、懋隆文化产业创意园（二期）、惠通时代广场（新址）、八里庄文化创意产业园等一批重点项目正在加紧进行前期规划和建设，将成为传媒走廊新的产业承载空间。

除此之外，奥林匹克公园文化体育融合功能区、潘家园古玩艺术品交易功

能区、大山子时尚创意产业功能区、中关村电子城科技园区、垡头文化休闲产业区初步计划纳入全市文化创意产业功能区规划范围。

三　朝阳区推进文化创意产业发展的政策和措施

北京市的文化创意产业近几年发展得如火如荼，通过充分利用文化传统深厚积淀的文化遗存，采取多元支撑、科技领先、产业创新、特色聚集和国际化战略等措施推动文化创意产业蓬勃发展，成为经济发展的重要力量。朝阳区充分利用区域资本、人才、市场和时尚、现代文化资源，特别是国际化商务资源，如现代的国际企业总部、金融总部、媒体总部、奥运场馆等，通过建立分工明确、体系完善的领导和工作推进机制，因地制宜地结合本地优势资源制定发展目标和规划，优化产业发展所需的公共服务环境和人才引进战略，创新性地走出了一条朝阳区发展文化创意产业的特色道路。

（一）构建领导体系，完善运行机制

“十一五”时期，朝阳区在全市各区县中最早建立了文化创意产业领导决策和工作统筹推进机制，成立了由区委书记、区长亲自挂帅的区文化创意产业领导小组及相应工作机构，实行区委区政府统筹领导、宣传部门牵头组织、政府职能部门负责实施、社会力量积极参与的工作模式，通过完善文化创意产业领导小组会、领导小组办公室办公会、集聚区联席会等几个会议制度，将发展中心、研究中心、促进中心及区有关职能部门、集聚区管理机构等资源有机统筹，形成了决策科学、协调有力、运行顺畅的工作运行机制。近年来，根据产业发展的实际需求，不断完善决策和工作推进机制，适时调整充实区文化创意产业领导小组成员单位，增加功能区管委会和集聚区管理机构作为领导小组成员单位，鼓励街道（地区）办事处作为属地管理部门为文化创意企业提供配套公共服务和引导工商税务注册登记、消防、环评等一对一服务，形成立体化工作格局。

（二）强化规划引导，促进产业科学发展

朝阳区文化创意产业的蓬勃发展，得益于一系列目标明确、定位科学、统

筹协调的规划引导措施。“十一五”期间，朝阳区制定了一系列文化创意产业发展规划（见表5－1），逐步健全了产业规划引导体系，产业支撑力度大幅增强，文化创意产业保持快速发展的良好态势，资源要素进一步聚集，产业结构不断优化，集聚辐射效应日益凸显，全面完成文化创意产业“十一五”规划和三年行动计划既定目标。“十二五”期间，朝阳区发挥产业发展规划的引导作用，依托朝阳区比较优势和文化创意产业基础，坚持高点定位、科学谋划，坚持五规合一，按照“产业集聚、功能耦合、规模发展、梯次推进、以点带面、增强辐射”的原则，在大力提升现有22个文化创意产业集聚区功能的基础上，促进相关资源与产业链的整合和完善，推动文化创意产业与区域金融、商务、科技等重点产业交叉融合发展，在更大范围内和更高水平上推进产业集群化发展。

表5－1　2006年以来朝阳区文化创意产业规划（不完全统计）

年度	规划名称	基本内容
2006	《“十一五”时期朝阳区文化创意产业发展规划》	为朝阳区“十一五”时期文化创意产业明确了发展思路
2007	《朝阳区文化创意产业三年发展行动计划（2008～2010）》	进一步确定了工作重点、细化了工作目标，初步完善了规划引导体系
2008	CBD文化传媒产业发展规划 通惠河滨水文化景观带规划方案 定福庄板块文化创意产业发展意见和实施方案	明确了不同地区的发展目标和主要方向
2009	《朝阳区旅游业发展三年行动计划》	加强对旅游业发展的工作力度
2010	《朝阳区“十二五”时期文化创意产业发展规划》 《朝阳区“十二五”文化创意产业人才规划》	为“十二五”时期全区统筹文化创意产业功能布局起到重要的指导作用
2011	《关于加强文化工作的意见》 《朝阳区“十二五”时期文化发展规划》	朝阳区进入以文化引领区域发展的新阶段
2012	《加快建设文化朝阳十大行动计划（2012～2015）》 《“十二五”时期朝阳区文化创意产业发展三年行动计划（2012～2014）》 《北京CBD－定福庄国际传媒产业走廊空间规划》 《北京CBD－定福庄国际传媒产业走廊产业发展规划》 《大山子文化创意产业功能区规划》 《大山子文化保税中心建设总体方案》	实施“五规合一”，合理布局，促进文化创意产业跨越式发展，明确了未来一个时期内朝阳区文化发展的目标和任务，完善了CBD－定福庄国际传媒产业走廊产业发展规划，促进大山子地区建设成为“北京设计之都重要承载区”和中国艺术品展示交易中心

（三）健全政策体系，优化产业发展环境

朝阳区文化创意产业的快速、健康发展，离不开配套的政策支撑体系，朝阳区经过多年的集成创新，推出了一系列促进政策，有力地保证了文化创意产业的繁荣发展。经过多年的创新和完善，朝阳区逐步制定了符合产业定位和特色的政策服务体系：2006 年，制定《朝阳区文化创意产业重点发展指南》《文化创意产业聚集区（基地）认定管理办法》，在全市率先制定了聚集区认定标准和程序，加快推动了产业集群化发展；2007 年，梳理形成了《文化创意产业政策汇编》，将文化创意产业纳入当时已经出台的相关鼓励办法的适用范围；2008 年，制定实施《朝阳区文化创意产业发展专项资金管理办法》，设立每年 3000 万元文化创意产业专项资金，扶持产业发展。“十二五”时期，进一步完善政策体系，初步编制完成《关于促进北京 CBD－定福庄国际传媒产业走廊建设的若干意见》，出台《朝阳区促进广告产业发展加速北京国家广告产业园建设办法（试行）》《朝阳区鼓励引进优秀人才暂行办法》等政策。形成了文化创意产业企业适用的“1＋2＋18”的政策体系（“1”即《朝阳区关于进一步加强文化工作的意见》；“2”即《朝阳区文化创意产业发展引导资金管理办法》和《加快建设文化朝阳十大行动计划（2012～2015）》；“18”即各单项产业促进政策）。

（四）持续完善公共服务体系，不断提升服务管理水平

朝阳区自明确文化创意产业发展战略以来，整合资源，多措并举，广搭平台，加强政府服务功能，服务管理水平得到提升，公共服务体系不断完善。先后成立了区文化创意产业协会，提供信息、咨询、培训等服务；成立北京 CBD 传媒产业商会，为入会企业提供 CBD 绿色通道和一站式服务等相关服务平台；建立了产业投资绿色通道，为产业投融资提供一站式服务；积极推进国际版权交易中心建设，成立北京产业（CBD）保护知识产权举报投诉服务中心，与美国商会签订知识产权保护协议，加大知识产权保护力度，严厉打击盗版；推进行政审批服务平台、网上服务平台等公共服务平台建设，建立工商系统、税务系统行政审批绿色通道；与北京银行、交通银行北京分行、工商银行

北京分行等金融机构对接，搭建金融资本与文化创意产业项目沟通平台；搭建文化创意产业融资服务平台，文化创意产业办与金融办一起，搭建银企交流平台；加快公共技术、信息服务平台建设工作，推进朝阳传媒影视技术服务中心建设，开发完成文化创意产业项目管理系统，开发文化创意企业数据库系统；推进人才服务平台建设，积极推动朝阳区政府与中国传媒大学产学研战略合作，搭建专业人才培养平台；加强集聚区服务管理工作，建立集聚区联系人机制和定期沟通机制。

2012 年，朝阳区成功举办第三届中国特色世界城市论坛分论坛——“2012 中国文化产业资本论坛”，以“创新金融服务体系，助推文化产业发展”为主题，探讨金融支持文化产业的模式和趋势创新、多层次金融服务体系建设，拓宽业内决策领导层的融资渠道和资本运作创新意识。成功举办“2012 年朝阳区文化创意产业高级经营管理人才培训班”“2012 年朝阳区拟上市文化创意企业资本运营高级培训班”，受到了企业的积极响应和高度评价；成功举办被誉为中国文化产业界“达沃斯论坛”的中国文化产业 30 人高端峰会。同时，经过多方协调，为 14 家文化创意产业企业提供落户指标以解决人才短缺问题。经过多年的努力，朝阳区的区域软实力得到大幅提高，文化创意产业发展环境得到大幅改善。

（五）产业布局科学合理，重点扶持产业功能区

结合朝阳区国际化、市场化程度高的区位特点，按照全市科技创新、文化创新“双轮驱动”的战略要求，把创新作为驱动文化产业发展的本源动力。目前，朝阳区“一个龙头，四个主导，三个特色”的产业结构已经基本形成，在文化创意产业集聚区蓬勃发展的基础上，更大范围和更高水平的文化创意产业功能区初见端倪。在加快文化创意产业功能区建设的目标下，朝阳区还将分类推进一批重点产业项目建设进度。加快国家广告产业园（二期）、三间房国家动画产业基地、国家音乐文化产业基地等国家级基地建设；加快八里庄文化创意产业园、懋隆文化产业创意园（二期）、恒通国际创新园、京城时代电通创意产业园、北京建筑设计创意产业园（大师工场）等重点园区类项目建设，以重大项目带动资源聚集，促进产业和区域协同发展。积极引导现有旧工业厂房、旧仓库等遗存资源通过改造等形式进行产业升级发展。

四 朝阳区文化创意产业未来发展战略及重点

（一）继续完善产业促进领导机制，提高服务管理水平

面对文化创意产业发展提速的黄金时期，朝阳区适时调整产业领导机制，进一步增强重大决定的科学性和透明度，使产业促进工作体现出科学发展、服务多元和以民为本的原则。完善工作机制，充实朝阳区文化创意产业领导小组及办公室成员单位，强化工作统筹，建立区、相关委办局、街乡共同参与的产业促进和服务机制。探索园区管理模式，积极推进有条件的集聚区在日常管理、信息共享、统计分析、平台建设、重大项目实施等方面的有效对接和有序管理，服务园区可持续发展。夯实工作基础，建立北京朝阳文化创意产业网和人才库、项目库、图片库等“一网三库”的信息化平台。

（二）强化规划引导，调整产业内部结构

进一步巩固文化传媒主导产业优势，做大产业规模，提升产业能级，挖掘产业效能；依托国家广告产业园建设和《朝阳区关于推进广告产业发展加速国家广告产业园建设的实施意见（试行）》引导，推动广告业实现跨越式发展。鼓励传统媒体技术装备改造升级，积极引导新媒体产业资源在传媒走廊汇集，积极吸引文化科技融合发展示范项目在电子城及北扩区域聚集，积极推进设计创意、设计服务业集群发展。紧抓全市建设大山子文化保税中心机遇，整体提升大山子区域的展示交易功能。坚持高端化发展，逐步构建以版权投资交易和展示交流为核心的文化创意产业高端功能服务体系，着力完善影视、音乐、广告、信息、艺术、出版等重点领域的展示、投资、交易、交流等功能，以功能提升带动结构优化。

（三）明确发展重点，积极促进产业融合发展

朝阳区将重点做好文化创意产业功能区培育和管理服务工作，加快推进企业、人才、资本等要素资源进一步聚集，加快文化与科技、金融等相关产业融

合发展。同时，在未来文化创意产业功能区建设过程当中，制定一系列专项政策予以定向支持，在知识产权保护、版权交易、投融资、人才培养等平台的搭建和运行当中，给予指导和大力支持。

继续大力发展文化创意产业的重点产业链环节：文化传媒核心环节、设计创意核心环节、信息服务核心环节、高端会展核心环节、文艺演出核心环节等。积极促进科技成果转化，探索搭建科技成果转化平台，实现广播、影视、演出、会展、设计等产业领域的科技升级，提升表现力、感染力、传播力和科技附加值。鼓励支持三网融合、云计划、物联网、3D 技术等的产业应用，培育文化 + 科技 + 相关产业的融合型业态。鼓励有条件的文化创意产业园和科技产业园进行合作及文化科技融合创新，培育一批文化、科技融合示范基地（区）。积极推进文化创意与旅游休闲、体育、金融等的融合发展。按照市级工作部署，积极开展“文化科技示范企业”认定推荐组织工作，积极培育文化科技上市企业，不断提升文化创意与相关产业融合发展水平。

（四）借助多元优势，提升产业贡献能力

加强招商引资工作，借助国内文化体制改革的深入推进、行业内大型企业的并购和重组进程加快这一契机，积极引进大型转企改制文化产业集团落户朝阳，率先培育出一批在国内外具有相当影响力的航母型文化企业；借助朝阳国际化和市场化程度高的区位优势，引进一批国际化龙头企业；力争新引进 30 家以上文化创意龙头企业落户。加大对重点存量企业的走访服务力度。鼓励国家级、市区级文化创意产业园区和重点项目搭建版权交易、投融资、公共技术等平台，服务入园企业发展，提升文化创意产业集聚区的经济贡献水平。

（五）完善人才支撑体系，提高核心竞争力

坚持实施人才强区战略、坚持以人才结构调整引领产业结构调整，以高端人才集聚引领高端产业集聚、以人才竞争力的提升引领区域核心竞争力的提升，着力提高人才对产业发展的贡献率。[1] 进一步加大人才工作力度，加快引

---

① 《朝阳区“十二五”时期文化创意产业规划》。

进高端人才。与驻区高等院校、社会知名专业机构、人才实训基地等合作，加强专业技能型人才培训，形成多元人才支撑。积极推进文化创意产业产学研基地建设，鼓励社会力量参与人才孵化基地、人才培养平台建设，加快人才智力成果转化，为青年优秀人才创业发展提供便利。尽量争取为青年优秀人才提供落户、子女上学等便利条件，吸引青年优秀人才扎根朝阳区。积极打造文化创意产业高端人才汇集区，提升区域核心竞争力。继续举办中国文化产业人高端峰会、拟上市文化创意企业资本运营培训班、朝阳区文化创意产业高级经营管理人才培训班等品牌活动。积极开展朝阳区文化创意产业精英俱乐部活动，常态化搭建不同范围的文化创意专家及相关企业交流平台。

本文中大量的数据资料等均由朝阳区委宣传部提供，特此鸣谢。

（曾凡颖，中国创意产业研究中心助理研究员）

B.6

丰台区：抢抓机遇，高端定位，全力推进文化创意产业蓬勃发展

“十二五”时期是丰台区推动跨越发展、实现强势崛起的重大战略机遇期，丰台区将进入打造首都建设中国特色世界城市新空间和“人文北京、科技北京、绿色北京”新名片的全新发展阶段。为建设首都文化强区，实现经济繁荣、社会文明、人民幸福新丰台的目标，丰台区将文化创意产业作为转变经济增长方式、调整产业结构的重要途径，将文化创意产业作为丰台区“十二五”时期五大重点发展产业之一，提出在“十二五”期间将丰台打造为文化创意产业大区的发展目标。

一　丰台区2012年文化创意产业发展基本情况

2012年，丰台区从首都建设中国特色世界城区的高度出发，以“围绕大文化，立足大宣传，树立大视野，打造大产业，形成大品牌”为总体要求，坚持“特色发展、优势发展、差异发展”，依靠深厚的文化积淀和现有的产业基础，发挥自身优势，整合辖区资源，推进区域文化创意产业又好又快发展，基础工作更加扎实、重点工作实现突破、整体工作卓有成效。

（一）产业总体情况

截止到2012年12月，丰台区规模以上文化创意产业单位393家，资产总计达391.6亿元，比上年同期增长15.3%；营业收入达286.4亿元，比上年同期增长9.6%；吸纳从业人员3.2万；实现利润总额23亿元，上缴税金13.4亿元；不论是资产总数还是收入，均为上升趋势，各行业普遍呈现增长。

（二）行业发展情况

主导行业发展突出。设计服务业和旅游、休闲娱乐业等新兴领域发展迅速，增幅最快，在文化创意产业九大类中处于领跑地位。设计服务业是丰台区最具有全市领先项目的文化创意产业行业，带动了一大批服装设计、园艺设计、艺术插花设计、花卉租摆创意设计以及软件和网络、计算机服务设计等产业项目，是丰台区的优势产业。2012 年 1～12 月，设计服务类企业实现营业收入 61.9 亿元，同比增长 27.3%；实现利润 4.7 亿元，同比增长 33.4%。旅游、休闲娱乐业是丰台区一个异军突起的行业，具有巨大的发展潜力。1～12 月，旅游、休闲娱乐类法人单位实现营业收入 19.9 亿元，同比增长 34.9%；上缴税金 4248 万元，同比增长 50.6%。

产业结构不断优化。软件、网络及计算机服务、新闻出版在资产和收入总量上处于基础地位。2012 年 1～12 月，丰台区软件、网络及计算机服务类企业资产总计 158.3 亿元，占到全区文化创意产业总资产的 40.4%；实现营业收入 114.8 亿元，占全区的 40.1%。新闻出版的基础地位进一步巩固。1～12 月，新闻出版业法人单位资产 71.23 亿元，占全区的 18.19%，居第二位；实现收入 38.3 亿元，占全区的 13.37%，居第三位。其他辅助服务业，广播、电影、电视，广告会展，文化艺术在营业收入和实现税金方面都有比较好的表现，发展潜力不俗。

（三）龙头企业情况

辖区俏佳人传媒、时代华语、龙之脊、依文集团等公司在打造品牌的同时，潜心进行海外市场开拓，致力于文化走出去，企业不断发展壮大。俏佳人传媒股份有限公司作为文化部、商务部、新闻出版总署、广电总局等认定的“国家文化出口重点企业”，成功并购了美国国际卫视、美国大纽约侨生广播电台，成为我国第一个进入美国数字无线电视业的文化传媒企业；北京时代华语图书股份有限公司作为出版发行行业的龙头企业，在美国纽约曼哈顿投资成立了全资出版公司——中国时代出版公司（CN TIMES INC），将发展成为全球最大的英文版中国图书出版基地，帮助国外读者了解中国、传播中华文化；北京龙之脊文化传播公司作为一家数字出版企业，运营对外数字化汉语网络，目前拥有2万多名海外用户，成为传播汉语文化的使者；依文集团作为中国男装领域的翘楚，2012年伦敦奥运会期间，“依文时装秀”在英国首次对外开放的商务官邸兰卡斯特宫举行，通过中国商界领袖、奥运冠军和艺术家的鼎力支持，向世人展示了中国文化的魅力与价值。

二　文化创意产业发展特点

（一）发展优势明显

丰台区位于北京西南部，所辖面积305.87平方公里，全区常住人口217万，区域面积居全市第三位，有着得天独厚的发展优势。

区位优势明显。丰台区是首都西南门户，拥有公路、铁路、航空等立体化交通和物流枢纽。辖区内有北京西站、北京南站和正在建设中的丰台火车站，北京二、三、四、五、六环路与城铁4、5、9、10、14号线。

土地优势独特。丰台区拥有近40平方公里未开发的可建设用地存量，还有河西地区50多平方公里的浅山、丘陵区，为发展文化旅游、设计服务、广告会展等文化创意产业提供了必备的空间基础。

生态资源丰富。丰台区拥有永定河、晓月湖、青龙湖等河流湖泊和南宫、北宫、世界公园等80多处景区；2013年第九届中国（北京）国际园林博览会和2014年世界种子大会的召开，是丰台区结合生态优势发展会展产业的契机。

文化底蕴深厚。丰台区共有汉唐以来的历史文物遗存400余处。丰台区曾是辽金时期的都城所在，莲花池、卢沟桥、宛平城，享誉世界的金中都，燕京八景之一的“卢沟晓月”，共同构成了悠远的历史文脉。拥有王佐太平鼓、花乡少林旱船、南苑花跋挎鼓、双石老会等22个非物质文化遗产。

人才优势突出。丰台区是北京市第二大智力资源密集区，辖区内有首都经贸大学、首都医科大学、中国戏曲学院、航天一院、三院等高校和科研院所，教育资源丰富，拥有科技、航天、戏曲、文化等众多人才。

后发优势凸显。地区生产总值等主要指标的增速均高于全市的平均水平。

城南行动计划、西部地区发展政策都惠及丰台区，丽泽金融商务区的开发建设正在快速推进。中关村科技园区丰台园以总部基地为概念，进行东扩西进战略，跨越式发展态势明显。

（二）发展方向明确

1. 以戏曲、中秋、汽车、园艺花卉、红色、服装时尚六大文化品牌为核心，打造培育六大文化产业

在充分挖掘利用历史文化资源与综合比较优势的基础上，丰台区第十一次党代会报告提出了努力打造戏曲、中秋、汽车、园艺花卉、红色、服装时尚六大文化品牌的目标，并积极实施文化品牌提升工程，以六大文化品牌为核心，打造培育六大文化产业，逐步形成六大文化中心。

戏曲文化方面，建设集戏曲博览展示、戏曲文化演艺、戏曲创作研发、戏曲旅游体验、戏曲产品衍生、戏曲文化节庆六大功能于一体的“中国戏曲文化发展示范区”。2012 年已完成《中国戏曲文化中心产业发展规划》，正在进行选址，计划 2013 年内开工建设；中秋文化方面，把“卢沟晓月”中秋文化旅游节打造成北京乃至全国最知名的中秋节庆文化品牌，将中秋文化与花卉艺术、服装时尚等特色产业相结合，推出彰显中秋文化内涵、弘扬丰台文化的特色系列工艺品、艺术品和旅游商品；汽车文化方面，依托北京汽车博物馆、北京国际汽车露营公园、丰台科技体育馆等资源，发展汽车旅游、汽车设计、汽车教育、汽车论坛、汽车衍生品等相关产业；园艺花卉文化方面，抓住举办园博会这一机遇，依托世界花卉大观园、盛芳园花卉种植基地等资源，举办花会展览、园艺大赛，发展高端花卉服务、花卉设计等产业；红色文化方面，坚持以文化为内涵，融合旅游发展，打造红色旅游产业；服装时尚文化方面，依托大红门服装时尚创意集聚区，完善服装交易、设计展示、面料研发、时尚发布等新功能，实现功能定位从服装销售市场向服装创意之都转变。

2. 按照“一轴、两带、四区、多中心”的空间布局，做好文化创意产业功能区建设

在《丰台区“十二五”时期文化创意产业发展规划》中，提出了“一轴、两带、四区、多中心”的空间布局。“一轴”即南中轴高端商务中心区；“两带”是三、四环都市产业发展带和永定河绿色生态发展带；“四区”包括了卢沟桥文化创意产业集聚区、大红门时尚创意产业集聚区、丽泽金融商务区、丰台科技园区；“多中心”涵盖了戏曲文化中心、中秋文化中心、汽车文化中心、园艺花卉中心、红色文化中心和服装时尚中心。

着力将中国戏曲文化中心打造成国家级、国际化的“中国戏曲文化发展示范区”；将卢沟桥文化创意产业集聚区打造成“首都生态文化创新发展示范区”；大红门－南中轴时尚文化新区致力于产业结构升级，发展成为北京时装之都核心区；园博园－永定河生态文化新区借助第九届中国（北京）国际园林博览会的成功举办，大力发展园艺花卉文化和生态旅游产业；丰台科技园区强调科技与文化融合，发展成为文化创意产业总部基地；丽泽金融商务区突出文化特色，积极引进大型文创企业。此外，结合南苑的一分地、汽车露营公园等打造休闲旅游功能区，结合歌剧舞剧院等打造蒲黄榆演艺功能区，结合园博园带动长辛店地区发展等。

（1）中国戏曲文化中心

中国戏曲文化中心坚持“在保护中传承，在传承中创新，在创新中融合”的发展理念，努力实现戏曲文化事业与产业融合发展，经济效益与社会效益有机统一。以中国戏曲博物馆、中国戏曲剧场群、中国戏曲文化创作研发中心、中华戏曲旅游创意街区、中国戏曲工坊、中国戏曲文化节为主要内容，建设集戏曲博览展示、戏曲文化演艺、戏曲创作研发、戏曲旅游体验、戏曲产品衍生、戏曲文化节庆六大功能于一体的国家级、国际化的“中国戏曲文化发展示范区”。

（2）卢沟桥文化创意产业集聚区

卢沟桥文化创意产业集聚区是北京市第二批市级文化创意集聚区，集聚区将按照“一核、一带、两区”进行空间布局，着力发展生态文化旅游、文化会展、商务休闲等业态，建设“首都生态文化创新发展示范区”。其中，“一核”为卢沟文化体验区，以卢沟桥、宛平城、晓月岛为重点，大力发展会馆经济、文化展示、高端休闲等。“一带”为滨水文化贸易带，围绕园博湖、晓月湖、宛平湖及周边区域，大力推进文化贸易、商务休闲等业态。“两区”包括园博园商务会展区和古镇休闲娱乐区，园博园商务会展区将依托园博园，发展会议展览服务业，形成园林企业总部聚集区、商务会展服务区和都市休闲游览区。古镇休闲娱乐区依托长辛店，以古驿站文化、民俗文化为主导，建设户外体育休闲为特色的古镇休闲娱乐区。

（3）大红门－南中轴时尚文化新区

该区域大红门已形成品牌，依托现有基础，大力引进国际服装设计、展示、交易等服装文化产业要素，吸引国内外知名服装企业及品牌入驻，打造新型时尚文化商务区。一是发展服装设计业，打造国际服装设计和展示中心，将产业向创意设计、面料研发、展览展示、信息发布等服装产业链的高端环节提升。打造集创意设计、产品展示、资讯交流、商务休闲于一体的多功能设计服务平台。二是打造世界服装博览会、世界模特大赛等大型节庆会展，围绕北京国际时尚中心、大红门服装文化园等，建设集设计、生产、贸易、会展、服务于一体的服装服饰时尚区。三是重点建设时尚设计中心、时尚展示中心、广告中心、模特中心、服饰文化演艺中心、名牌专卖大厦、CBC大厦、服装服饰博物馆、国际轻纺城等项目。

（4）园博园－永定河生态文化新区

永定河生态文化新区总面积约55平方公里，涵盖长辛店生态城、园博园、宛平城、丰台科技园西一区、二机厂改造区、榆树庄、第一耐火材料厂改造区、二通动漫城、五里店等区域。其中，2013年第九届中国（北京）国际园林博览会规划面积513公顷，按照“一轴、两景区、三地标、五展园”，建设包括中国园林博物馆、锦绣谷、永定塔、传统展园、现代展园、创意展园、国际展园和湿地展园等在内的一批园林建筑。借助园博会的契机，丰台区文化创意产业特别是设计服务、艺术品交易等相关行业进一步发展，依文集团在欧洲园打造了“依文时尚创意体验中心”项目，华流风上文化公司成为北京园博会特许商品运营商；北京福泰玉庄工艺品有限公司、北京宛平宸艺文化艺术交流中心有限公司、北京园博园海峡文化发展有限公司、春华泰（北京）文化发展有限公司等一批园林设计、工艺品设计公司借助园博会不断壮大并形成集聚。

（5）丰台科技园区

丰台科技园作为国家级高新区，现已基本形成了“高新产业基地＋总部产业基地＋孵化基地”的发展格局。园区目前形成了以电子信息、生物医药、先进制造、新材料、新能源为核心的高新技术产业，以工程服务、轨道交通和航天军工为代表的特色产业，以文化创意产业和生产性服务业为代表的具有发展潜力的新型产业。园区共有文化创意企业863家，占园区企业总数的22.67%，聚集了北纬通信、真视通、俏佳人传媒、凡客诚品等一批骨干企业，丰台科技园区文化创意产业呈现良好的发展态势，初步形成了以软件、网络及计算机服务产业和设计服务产业为主导，以文化生产与市场扩散为支撑的文化创意产业发展新格局。未来，丰台科技园区文化创意产业将以创意设计产业、软件服务产业、影视传播产业、文化出版产业、数字内容产业、电子商务产业为主要发展方向，实现文化创意产业的集聚发展。

3. 以生态旅游业、会议展览业、设计服务业三大产业为龙头，培育新闻出版等其他产业，实现重大产业项目落地

充分发挥永定河绿色生态发展带独特的生态资源优势，并转化为产业优势，打造生态旅游产业新格局。充分利用2013年中国（北京）国际园林博览会、2014年世界种子大会的展后资源，引进一批重大国际性会展，发展国际化、高端化的会议展览产业。充分整合丰台科技园软件设计、依文服饰设计、正邦品牌设计以及丰台花卉设计、建筑设计等资源，发展新兴的、时尚的设计产业。依托现有的产业基础，依据未来产业发展的潜在可能性，积极培育演艺娱乐、新闻出版、信息服务、影视传媒、文化咨询和艺术品交易业，实现产业的高度融合发展。

（1）北京国家数字出版基地核心区

2013年3月，国家新闻出版总署正式批复北京市国家数字出版基地建设方案，同意北京国家数字出版基地核心区落户丰台区花乡榆树庄。花乡榆树庄地理位置优越、交通便利，紧邻西南四环高速路、京港澳高速和地铁16号线；紧邻中关村科技园丰台园总部基地，产业基础良好，拥有大型图书物流中心——西南物流，该物流公司年营业收入2亿元，有200多家出版单位入驻，每年图书出入库码洋超过200亿元。北京国家数字出版基地将以移动出版、互联网出版为核心，以电子图书、数字期刊、数字音乐等数字出版内容为基础，重点发展技术研发、创意设计、标准规划等数字出版高端领域。北京国家数字出版基地核心区将与丰台科技园区、第九届中国（北京）国际园林博览会、永定河生态文化新区形成龙头带动和产业集聚效应。

（2）国家北斗卫星文化商务应用创新重点项目

2013 年 5 月，北斗卫星文化产业集团公司正式进驻丰台区中关村科技园东区总部基地，该公司作为国家北斗卫星文化商务服务平台的运营发展商，将运作国家北斗卫星文化商务应用创新重点项目。国家北斗卫星文化商务应用创新重点项目是将文化、科技、商务有机结合打造的一批具有示范性、引领性，产能巨大、效益明显、发展可持续的应用创新项目，由北斗卫星文化商务应用十大重点项目、行业应用专项项目、国内大区应用合作项目、国际应用合作项目组成，包含百个行业的业务内容。其中，北斗卫星文化商务应用十大重点项目包括中国国际文化贸易港总部、北斗卫星国际电子商务中心、北斗卫星国际金融中心、北斗卫星国际贸易结算中心、北斗卫星数字内容交易中心、北斗卫星文化商务应用网关中心、北斗卫星文化商务应用服务中心、北斗卫星文化内容管理中心、北斗卫星国家研发实验室与产业孵化中心等。

（3）南方报业传媒集团项目

南方报业传媒集团作为拥有《南方日报》等 11 报、8 刊的传媒龙头企业，近年来提出了“媒体多品牌战略”，在深耕传统平面媒体的同时，将建设成为一个现代化的传媒集团。在跨地区发展中，积极开展了与丰台区的合作。2011 年 11 月，在第六届中国（北京）国际文化创意产业博览会的文化创意产业重点项目推介暨签约仪式上，丰台区政府与南方报业传媒集团有限公司就南方文化创意产业园和南方投资大厦两个项目签订了合作框架协议，标志着南方报业传媒集团落户丰台区行动的正式启动。南方报业传媒集团将在丰台区建设两个重点项目：一是南方投资大厦项目。将建设包括传统媒体产业、新媒体产业、文化产权交易、文化基金、金融企业（广东银行）等在内的文化金融产业综合体，以传媒及文化为主体经营内容，并向相关产业延伸；二是南方文化创意产业园项目。包括传统媒体产业、新媒体产业、影视文化产业、动漫产业、岭南文化、岭南艺术品、收藏品展示交易等在内的文化产业综合体，以传媒文化及岭南工艺文化为主体经营内容，并向相关产业延伸。

（4）青龙湖国际文化会都项目

青龙湖国际文化会都位于丰台区永定河以西的王佐镇，东至六环路，西与青龙湖相接，南与房山区交界，北与门头沟区相邻。北侧是雄伟的西山山脉，西侧是风景秀丽、碧波荡漾的青龙湖。总规划用地面积25.3平方公里，建设用地约450公顷。2009年，丰台区顺应北京市建设“世界城市”的需要，提出打造北京青龙湖国际文化会都的构想，得到了市委、市政府的支持与肯定，该项目已被列为北京市“十二五”规划中六大会议会展聚集板块之一。2020年，该项目将建成我国第一个以“文化会都”命名的集会议展览、产品研发、旅游观光、商务休闲等功能于一体的国际品牌会议举办地、国际组织机构聚集地、文化创意产业聚集区、国际会展经济示范区。国开金融、东方集团、国奥集团、美高梅酒店管理集团等国内外知名企业机构已正式入驻会都。世界文化多样性论坛永久落户会都，2014年世界种子大会也将在这里召开。中国马会总部、首都军事文化旅游度假区以及中央民族大学、人大附中等项目已正式签约，会都正在成为一片投资置业的热土。

三　推进文化创意产业的政策措施

近年来，丰台区委、区政府高度重视文化创意产业发展。2008年，成立了由区委书记任组长、区委宣传部长任办公室主任的丰台区文化创意产业领导小组，统筹全区文化创意产业工作。2010年，成立正科级行政科室文化创意产业科。2012年，丰台区文化创意产业领导小组从推进工作体系、完善政策规划、加强人才工作、做好项目工作、搭建公共平台、加大宣传推介等方面推进产业发展。

（一）建立工作抓手，构建工作格局

充分发挥文化创意产业领导小组办公室的牵头作用，积极推进全区文化创意工作体系的建设。首先，充实队伍力量。成立正科级事业单位文化创意产业促进中心，编制7人，目前已到岗5人。其次，建立工作抓手。建立企业家联

盟、网站信息员队伍，基层文化创意联络员队伍，目前南苑乡、长辛店镇率先分别成立文创办，成为基层文化创意产业工作的有利抓手。

（二）完善政策规划，研究产业路径

先后编制完成了《丰台区“十二五”时期文化创意产业发展规划》《卢沟桥文化创意产业集聚区产业发展规划》，出台了《关于把丰台建设成为充满活力的首都文化强区的实施意见》。文创“十二五”规划在分析丰台区文创产业发展现状的基础上，明确了三大重点产业和六类培育产业，打造“一轴、两带、四区、多中心”的空间布局的总体发展目标；卢沟桥产业规划明确了集聚区的发展思路和发展目标，确立了坚持恢复宛平古城风貌、再现卢沟晓月美景的原则，确定了“一核、一带、两区”的空间布局。六大文化产业规划方面，《中国戏曲文化中心产业发展规划》已完成，2013 年将完成中秋、园艺花卉和汽车三个品牌文化产业发展规划。

（三）加强人才工作，服务产业发展

一是编制了《丰台区“文化创意产业人才发展工程”实施意见》。二是建立了有 400 名文化创意产业人才在内的丰台区文化创意产业人才库，利用文创人才库在库专家资源，组建文化专家顾问团，形成文创智库。三是成立了由驻区 33 家文化创意产业品牌企业负责人组成的丰台区文化创意产业企业家联盟。四是举办了面向文创领导小组成员单位和街乡镇主管领导的丰台区文化创意产业专题研修班。五是引导文创企业“走出去”，鼓励国外人才“走进来”。依文集团的“设计师空间”项目先后吸引国际设计师 200 名，成为引进国外高端设计人才的成功范例。六是加强文创人才奖励和宣传。举办 2012 年文化创意产业“金凤凰”奖评选活动，推举文创产业领域领军人物和精英人才。

（四）做好项目工作，夯实产业基础

积极做好项目储备和申报。按照项目征集、储备、立项、申报、监督、结项六步法开展项目工作，近年来累计争取市级文化创意产业专项资金扶持 1.2

亿元，建立了涵盖九大行业的200余个文化创意产业项目库。引进了国家北斗卫星文化商务应用创新重点系列项目、华流风上文化产业集团、国家数字出版基地等项目，项目空间上覆盖了丽泽金融商务区、丰台科技园区、青龙湖国际会都、园博园等重点功能区。加强项目监管，对获得北京市文化创意产业专项资金扶持的项目，在资金使用、项目运营等方面进行全面监督和审查，保证项目资金落实到位。

（五）搭建公共平台，服务企业发展

完成集政策发布、信息交流、集聚区建设、企业服务、投融资服务等功能于一体的文化创意产业网站的设计并成功上线，形成政府与企业、企业与企业之间双向沟通、资源共享，保证信息沟通渠道畅通。探索文化创意产业孵化器的建设，一期孵化器选址在星火科技大厦，总面积316.84平方米。目前，已注册3家文化创意企业，注册资金超过5000万元。二期将建设丰台区文化创意产业大厦，空间承载和企业孵化能力将进一步扩大。

（六）加强宣传推介，营造产业氛围

营造产业发展氛围，举办品牌活动，形成蝴蝶效应。在卢沟桥集聚区举办北京“卢沟晓月”中秋文化旅游节，在大红门区域开展时尚信息发布、服装设计大赛等活动，在青龙湖地区举办国际铁人三项赛，在园博园举办花车巡游、城市周、园博嘉年华、区县文化日活动等为期半年的各项文化活动，在万芳亭公园举办时尚戏曲节等，通过这些活动提高区域知名度、美誉度。组织参加中国（北京）国际文化创意产业博览会、京港洽谈会、京交会、京台文创展等各项活动，召开年度文化创意产业项目推介会，全面推介辖区重点地块、重点项目，搭建社会资本与文创项目对接的桥梁。

四　丰台区文化创意产业存在的问题

丰台区文化创意产业发展迅速，区域品牌和产业功能得到进一步拓展提升，但是文化创意产业仍处于提升阶段，文化市场体系尚未完全形成，产业自

主创新能力较低，与金融、科技的融合性有待提高，缺乏在国内外有影响力的品牌和产品。

（一）企业数量多，但龙头企业较少，缺乏有国际影响力的品牌和产品

截止到2012年12月，丰台区共有文化创意企业13792家，其中规模以上企业仅有394家，占企业总数的比重不足3%，有相当比重的规模以上企业集中在传统的其他辅助服务业领域，拥有国际影响力和有自主品牌的企业数量偏少。

（二）集聚区发展较慢，且集群效应尚需强化，辐射带动力需进一步增强

丰台区挂牌的两个市级文化创意产业集聚区，由于在集聚高端产业要素和市场主体方面能力较弱，区域发展活力不足，产业升级速度缓慢，因而其带动性、集聚性不强，对周边的辐射作用未能充分发挥，经济效益并不明显，产业聚集区功能需要进一步提升。

（三）产业规模不断扩大，但整体运行水平偏低，产业持续发展能力需进一步提升

根据近年来文创发展指标来看，规模以上企业数、总资产水平、实现收入、吸纳就业等发展迅速，但是，产业整体运行水平较低，企业盈利状况普遍较差，有相当数量的企业还没有形成持续盈利能力。

五　2013年推进文化创意产业的思路

（一）加强政策引导，推进文创政策细则研究

根据《丰台区促进经济发展综合政策的意见》，研究出台丰台区文化创意产业专项资金使用细则和管理办法，用于文化创意产业项目及丰台区文化创意企业孵化器等方面的资金扶持。

（二）引导社会投资，建立区设计行业基金

梳理辖区资源，整合社会资金，建立文化创意产业行业基金，重点扶持引导设计服务、时尚休闲、文化旅游等行业，解决文创项目、企业融资需求。举办“设立文化创意产业行业引导基金”发布会，向社会、各媒体公开发布，扩大行业引导基金影响。

（三）推进企业孵化，完善文创服务平台功能

全面推进“丰台区文化创意产业公共服务平台”的建立，包括建立文化创意产业孵化器、完善文化创意产业网功能等，充分展示丰台区良好的产业发展环境，形成文创企业与政府双向交流的平台，搭建集服务企业孵化、进行信息发布、企业成果展示于一体的平台。

（四）立足高端发展，推进集聚区建设工作

建立完善卢沟桥文化创意产业集聚区开发、建设、管理的各项政策和实施方案，做好集聚区项目招商工作和相关配套服务工作；完成中国戏曲文化中心建设实施方案、配套政策文本，围绕中国戏曲文化中心举办系列戏曲文化活动，提升区域影响力。推进北斗文化商务应用创新项目等引领性、示范性、辐射性强项目的落地，形成带动效应，增添基地活力，营造产业氛围。

（五）加强工作抓手，完善文创工作体系

组织召开区文化创意产业领导小组座谈会，加强统筹，理顺机制，明确职责，落实工作重点，形成全区发展文化创意产业的合力；继续发挥区文化创意产业企业家联盟作用，服务企业发展；加强文化创意产业党政人才和管理人才培训和队伍建设，加强基层工作抓手，提高产业工作意识。

（六）推进人才工作，建设文创人才大厦

建设丰台区文化创意产业大厦，作为文化创意产业人才孵化器，为入驻企业和创业者提供孵化场地和公共服务设施，提供物业、行业信息、咨询、中

介、代理等方面的服务；集聚文创人才，联系各大专业院校，解决入驻企业的人才、企业发展等难题；解决孵化资金，利用孵化平台，为入驻企业提供融资担保服务等。

（七）加强宣传推广，营造产业发展氛围

通过各类媒体，不断加大对文化创意产业的宣传力度。借助文博会、科博会、京港洽谈会、文创投融资推介会、丰台区文化创意产业网等平台媒介，通过展览展示、项目推介、品牌发布等，全面展示丰台区“丰收的沃土，成功的舞台”的城区形象。围绕中国戏曲文化中心策划戏曲系列文化活动，为中心建设营造良好氛围。

六　丰台区文化创意产业发展趋势

2013 年是党的十八大精神贯彻落实之年，十八大报告提出要扎实推进社会主义文化强国的建设，要增强文化软实力、提高文化竞争力，同时要解放和发展文化生产力，将文化产业打造成国民经济的支柱产业；2013 年是北京市建都 860 周年，北京提出要加快建设具有世界影响力的文化中心城市和中国特色社会主义先进文化之都，文化创意产业成为北京“中国特色世界城市”和“国家文化中心”建设的重要内容；2013 年是丰台区加速发展的重要战略年，新三年城南行动计划、西部地区发展政策、中关村科技园区“1 + 6”先行先试政策等一系列惠及丰台的政策相继出台。同时，2013 年第九届中国（北京）国际园林博览会、2014 年第 75 届世界种子大会、“卢沟晓月”中秋文化旅游节、国际铁人三项赛等活动的举办，将进一步推动丰台区的发展。良好的内外环境为丰台区文化创意产业发展提供了难得的发展机遇。

未来，随着第九届中国（北京）国际园林博览会和 2014 年世界种子大会的举办，丰台区生态旅游和会议会展产业将迅速发展，科技园区利用东扩和西进战略，积极吸引文化创意产业重大项目，通过重大项目的带动作用，形成文化创意产业的集聚效应。以集聚区建设为重点，以重大项目推进为抓手，力争到 2015 年，形成一批具有规模优势和品牌影响力的骨干企业，孵化一批具有

自主知识产权和创新能力的中小型企业，建设一批具有鲜明特色的文化创意产业基地，培养一批具有号召力的文化创意产业领军人才。

到“十二五”期末，丰台区文化创意产业将基础更扎实、布局更合理、企业更集聚、产业更强大、服务更优化，形成文化创意产业大区基本框架。文化创意产业将成为丰台区国民经济领域的支柱型产业，丰台区将成为首都充满活力的文化强区、弘扬“北京精神”的文明高地和文化创新发展的新空间、新名片。

（韩骏伟，中共北京市丰台区委宣传部副部长）

B.7 石景山区：科技与文化融合，创新与创意驱动区域全面转型

文化创意产业是市场经济条件下繁荣发展社会主义文化的重要载体，是满足人民群众多样化、多层次、多方面精神文化需求的重要途径，也是推动经济结构调整、转变经济发展方式的重要着力点。近年来，石景山区文化创意产业在石景山区委、区政府的正确领导下，在各级部门的大力支持下，坚持走科技文化融合发展的特色之路，实施科技创新、文化创新"双轮驱动"战略，实现快速发展，文化创意产业已由先导产业发展成为全区的战略转型支柱产业，引领带动传统工业石景山向绿色生态石景山转型。

一　概况和历程

（一）区域发展概况

石景山区位于北京市区西部，全区总面积84.38平方公里，常住人口63.6万，全区生态环境良好，城市绿化覆盖率达到49.6%，人均绿地面积73.12平方米，在全市城区中位居首位。石景山区文化旅游资源丰富，八大处公园灵光寺中的佛牙舍利，是世界上仅有的两枚释迦牟尼佛牙舍利之一；著名的法海寺以明代壁画闻名于世，其艺术价值可与敦煌壁画相媲美。

随着首钢涉钢产业的搬迁调整，石景山区进入了全面转型的关键时期，按照北京市赋予石景山区的"一区、三中心"的城市功能定位，石景山区确立了"打造北京CRD（首都文化娱乐休闲区），构建和谐石景

山，建设现代化首都新城区”的中长期发展定位，制定了《CRD建设行动规划》，提出“三步走”发展战略，重点发展文化创意、高新技术、现代金融、商务服务、旅游休闲五大CRD主导产业，规划了“一轴、一带、一核、一园、多支点”的CRD产业空间布局，以“四区”建设为抓手，即建设国家服务业综合改革试点区、国家可持续发展实验区、中关村国家自主创新示范区特色区和新首钢高端产业综合服务区，全面深化区域转型发展。

（二）产业发展历程

石景山区发展文化创意产业起步于2003年数字娱乐产业软课题研究，2004年，“北京数字娱乐产业示范基地”成功在北京市科委立项，2005年成为“国家数字媒体技术产业化基地”和“国家网络游戏动漫产业发展基地”的重要组成部分。2006年，北京数字娱乐产业示范基地被纳入首批市文化创意产业集聚区，产业发展步入快速集聚阶段。随着首钢涉钢产业的搬迁调整，石景山区进入了经济社会全面战略转型期。为了解决产业空心化问题，拓展区域发展空间，区委、区政府把无污染、高附加值的文化创意产业确定为区域经济结构转型的先导产业，从此文化创意产业进入了高速发展期。2010年，中国动漫游戏城被认定为市文化创意产业集聚区，2011年，石景山区被授予“2011年度十大最具影响力国家文化产业示范基地”称号，2012年被科技部、中宣部等五部委认定为首批“国家级文化和科技融合示范基地”。目前，文化创意产业已由石景山区先导产业发展成为战略转型支柱产业，石景山区文化创意产业的核心竞争力和品牌影响力不断提升，“中国数字娱乐第一区”品牌正在形成。

截至2012年底，全区文化创意企业达到3700家，规模以上企业135家，吸纳从业人员近3万；全区文化创意企业实现收入240亿元，税收10亿元，增速超过20%，产业增加值占地区GDP的12.5%，带动石景山区第三产业增加值比重提升至62.6%，为推动区域经济社会转型发展作出了积极贡献。

二 特点与成效

（一）产业发展特点

1. 发展迅猛

石景山区文化创意产业从最初的一个概念发展到一个品牌，至今已成为区域支柱型产业，经历了从无到有、从小到大的不平凡发展历程。全区文化创意企业已经从2006年的不足300家发展到2012年的3700家；企业年收入增长十几倍，达到240亿元，占全区经济总量的比重由不足3%提高到12.5%。石景山园作为中关村“一区、十六园”中的文化创意产业特色园，经济总量每年增长超过30%，增速位居中关村各园前列。2012年，园区实现收入突破800亿元，税收超过20亿元，五年翻两番，占石景山区经济总量由最初不足5%增长到目前的23%。

2. 产业特色鲜明

以科技和文化融合发展为路径，以数字娱乐为主要特色，全区形成了以搜狐畅游、趣游集团等为代表的网络游戏，以华录文化、中国动漫集团等为代表的影视动漫，以暴风科技、千橡网景等为代表的数字媒体和以首钢国际、丽贝亚为代表的设计产业互为支撑的产业发展格局。在动漫游戏产业形成绝对领先优势，目前全国网络游戏企业前十名基本落户石景山，2012年，石景山区规模以上网络游戏企业实现总产值85.5亿元，约占全市游戏总产值的54.8%，约占全国游戏总产值的1/7。

3. 国际化步伐加快

“中关村科技园区石景山园瀚海硅谷基地”建成运营，作为我国首家在美国硅谷通过置业建立的高科技园区，成为石景山区在海外的产业交流基地，招商、引财、引智，成功推动美国东方龙之梦公司落地石景山区，促使三浦灵狐与美国知名品牌菲力猫授权合作。目前，石景山区企业已有100多款游戏推向海外，游戏产品走出去成绩斐然，不断提升中华文化的软实力和影响力。搜狐畅游在北美、欧洲、韩国、马来西亚等地设立分公司；趣游集团在东南亚、欧洲等地建立游戏运营基地，2012 年实现海外运营收入 1300 万美元；昆仑在线的《千军破》、《三国风云 2》、《猛将无双》热销中国台湾地区、日韩及东南亚，2012 年出口创汇收入近 2000 万美元。

4. 辐射带动力强

作为文化创意产业特色园区的中关村石景山园充分发挥辐射、引领区域发展的龙头作用，将园区品牌、政策和服务优势辐射至全区，有序推进北京设计产业示范基地、4G 工程产业基地、现代金融产业基地、智能产业园、中国动漫游戏城、新首钢高端产业综合服务区等一批高端产业集聚区建设，在全区形成从创新研发、创业发展到产业集聚的良好功能布局。文化创意产业溢出效应显现，初步形成以高新技术为支撑、以数字娱乐为特色，带动 CRD 五大产业协同发展的良好格局。文化创意产业带动第三产业占全区 GDP 的比重从 2006 年的 32.7% 上升到 2012 年的 62.6%，有力带动了区域经济转型升级。

（二）产业发展成效

1. 一批国家基地纷纷落户

以数字娱乐为特色的石景山区文化创意产业在全国已经形成品牌，产业号召力和影响力与日俱增。几年间，国家科技部“国家数字媒体技术产业化基地”、国家新闻出版总署“国家网络游戏动漫产业化基地”、国家体育总局“中国电子竞技运动发展中心”、国家广播电影电视总局“国家动画产业基地”和国家文化部“国家文化产业示范基地”等国家级基地品牌先后落户石景山区，2012 年又被科技部、中宣部等五部委联合授予首批“国家级文化和科技融合示范基地”称号。石景山区目前已拥有 2 个市级文化创意产业集聚区，在《北京市宣传思想文化工作三年行动计划（2013～2015）》中，石景山区被定位为动漫游戏功能区。

2. 一批规模企业快速发展

石景山区文化创意产业集群建设成效显著，规模企业群不断扩大，15 家企业入选中关村“十百千工程”，96 家企业被评为中关村“瞪羚企业”。搜狐畅游、华谊嘉信、人人网、易华录、华录百纳、精彩集团等先后在海内外上市，融资效果显著，区内上市企业数达到 12 家。龙头企业引领快速发展，以趣游、游戏谷等为代表的文化创意规模企业脱颖而出，总收入同比成倍增长。搜狐畅游实现收入40亿元，已跻身全国网络游戏前三甲。趣游公司年收入突破10亿元，已成为国内最大的网页游戏运营平台。游戏谷开发的网页游戏《争霸天下》，成为国内第一款月收入过亿元的国产网页游戏。蓝港在线在手机游戏领域率先发力，精品手游《王者之剑》月收入已突破2000万元。

3. 一批原创产品脍炙人口

企业创新创意能力显著增强，自主创新活跃，文化精品层出不穷。每年软件著作权及版权登记1000多项，每年制作原创动画7000分钟，网络游戏《天龙八部》、《鹿鼎记》、《刀剑英雄》，电影《建国大业》、《建党伟业》、《辛亥革命》，电视剧《红楼梦》、《媳妇的美好时代》、《永不磨灭的番号》、《金太郎的幸福生活》，3D高清动画《三国演义》等优秀作品相继上市，并出口到欧美、东南亚多个国家和地区。原创动画电影《麋鹿王》、《劳拉的星星在中国》等获得国际、国内大奖，3D电影《法海寺》等13件作品获“首届民族原创动漫形象大赛”相关奖项，进一步推动石景山区文化创意产业集聚效应和品牌影响力提升。

4. 一批重大项目稳步推进

中关村石景山园新媒体基地已实现入驻，释放产业载体面积26万平方米；国际创意谷2013年实现部分地块土地供应；中国动漫游戏城土地一级开发立项已获批复，中国动漫游戏城产业发展规划编制工作进展顺利，中国动漫集团“国家动漫游戏综合服务平台”等项目加快建设；北京西山八大处文化景区建设顺利推进，成立西山八大处文化景区管理委员会；首钢工业旅游区建设启动，已举办“2012闪耀北京光影文化季暨首钢灯光节”；“北京台湾街”运行良好；瑞达大厦挂牌“国家网络游戏动漫产业发展基地”；华录集团入驻鼎城，建成华录文化产业园；融科创意产业中心、盛景国际投入使用；中国电子竞技中心电竞馆工程竣工，承办多次竞游ECL电子竞技冠军联赛。

5. 一批高端人才创新发展

大量新兴产业人才逐步聚集，石景山区科技人才总量已经突破7万人，创意产业人才总量从无到有已经达到3万人。引进培育出一批领军人才，包括引领网络游戏研发技术的王滔、中国最大的SNS矩阵缔造者之称的陈一舟、号称视频整合者的冯鑫、游戏产业新锐人物玉红、打造民族动漫原创品牌的陈功了、美国艾美奖得主李沁等成为引领石景山区文化创意产业发展的“时代先锋”。全区已有17人先后入选中央千人计划、北京市“海聚工程”、中关村“高聚工程”，5人进入科技北京百名领军人才培养工程，4人入选北京市科技新星计划，3人入选石景山区海聚工程，2名企业家入选中关村国家自主创新示范区“金种子工程”首批21名创业导师名单。

6. 一批品牌活动影响广泛

区内精品活动不断，产业发展氛围浓厚。积极策划组织和参加各类大型活动，包括组织“首届‘动漫北京’暨民族原创动漫形象大赛”、“北京国际设计周·北京设计产业高端论坛”等，积极筹划参加“第十六届京港洽谈会”、“第七届北京国际文化创意产业博览会”等活动，通过开展专业化、高端化的产业交流与研究，积极利用各方平台宣传推介创意CRD品牌及石景山区优秀文化创意企业。做大做强传统文化活动和区域特色活动，游乐园洋庙会、重阳登高节、八大处茶文化节等品牌活动在旅游市场地位进一步巩固，CRD国际啤酒节、北京台湾美食文化节等影响力扩大，逐步发展成为石景山区文化新品牌。

三　产业发展经验和体会

（一）体制创新，合力推动

石景山区文化创意产业发展得到了国家和北京市各级部门的大力指导支持。石景山区成立了以区委书记、区长为组长，相关职能部门为成员单位的文化创意产业领导小组，形成多部门联动的高效推进体系。石景山区科学技术委员会、中关村石景山园管委会、石景山区知识产权局三位一体创新的科技管理体制汇聚了更多产业发展资源。

2006年以来，石景山区先后出台《石景山区“十二五”时期文化创意产业发展规划》、《石景山区促进文化创意产业发展的试行办法》等20多项促进文化创意产业发展的规划政策，对促进区域产业集聚、优化创意环境、推动区域经济发展起到了积极作用。每年设立5亿元园区发展专项资金和1亿元文化创意产业专项资金，通过奖励、贷款贴息、项目补贴等方式，扶持企业做大做强。鼓励企业申报北京市文化创新发展专项资金项目，2012年共32个项目获得市文化创新发展专项资金，总额突破6000万元，极大地促进了企业研发创新投入。

（二）因地制宜，融合发展

依据CRD定位，石景山区充分把握国家可持续发展实验区、国家服务业综合改革试点区、中关村国家自主示范区建设和首钢搬迁调整的大好机遇，立足区情、挖掘优势、顺势而为，依托中关村石景山园的科技创新优势，积极推动高新技术与文化创意的融合发展，在文化与科技产业的结合点上找准定位，实施科技创新和文化创新“双轮驱动”战略，发挥重点企业、重大项目的龙头带动作用，促进特色产业集聚，打造特色产业集群。

多措并举推动科技创新和文化创新、融合发展。推动产学研用体系建设，依托龙头企业和科研院所资源，构建以企业为主体、市场为导向、产学研相结合的技术创新体系，与北京大学、首都师范大学等建立“北京大学工学院亿通所”、“绿色网游研发中心”；北方工业大学与瑞思集团成立“3G开发与应用联合实验室”。探索企业孵化新模式，京西创投投资兴建“创业公社”，趣游集团打造轻游戏产业园，初步形成“国家级+市级+创新型孵化器”的企业孵化体系，区内各类企业孵化器已达12家。引导相关文化产业联盟建设，成立3G应用产业联盟、中关村网页游戏产业联盟等；支持科技成果落地转化，成立快速成型实验室和数字媒体制作解决方案示范中心；以企业为主体，评选石景山重点实验室和创意工作室，有效地促进了创意产业与高新技术产业不断融合，提高了文化创意产业核心竞争力。

（三）完善服务，重点突破

围绕企业切实需求，打造创新服务精细化、行政服务高效化、中介服务协同化的“石景山服务”品牌，针对文化创意产业发展的人才、资金、知识产权等亟须核心要素资源和瓶颈问题，加大政策扶持力度、创新服务举措，全力推动产业和企业健康快速发展。制定和完善了一系列政策和措施，推出了政府领导与重点企业联系制度，切实解决企业发展过程中遇到的困难和问题。

启动引、聚、育工程，出台《常青藤高端人才集聚区管理办法》等支持人才创业发展政策，与中关村管委会共建“中关村文化创意产业高端人才创业基地”，设立首家雏鹰人才创业基地和数字娱乐留学人员创业园，全面推进“首都创意人才特区”建设。强化特色产业人才培养教育，开展“园区讲堂”，为创意企业人才再培训提供多方面支持。探索科技金融服务新机制，成立“科技金融服务联盟”，推出全国首支文化创意中小企业集合票据，推动知识产权质押贷和文创贷等特色融资渠道建设，2012 年，文化创意企业获得贷款总额突破 7 亿元。强化文化创意产业知识产权的保护和管理，建立公、检、法联动服务机制，成功解决搜狐畅游、游艺春秋等企业产品外挂侵权问题，为文化创意产业发展提供有力法制保障；成立中国互联网协会石景山调解中心和北京 12330 分中心——石景山（CRD）保护知识产权举报投诉服务中心，搭建知识产权纠纷调解平台，有效维护企业的合法权益。

四　机遇和挑战

（一）存在的问题

石景山区发展文化创意产业也面临着一些亟须解决的问题，主要表现在：一是文化创意产业总体规模偏小，企业总体资产不大，竞争能力不强，具有国际竞争力的企业较少；二是产业跨领域融合度不够，文化创意产业与科技、商务、旅游、金融等产业的融合发展还需加大力度；三是要素资源集聚有待进一步加强，文化创意产业人才的结构性短缺突出，高端复合人才相对匮乏；四是基础硬件设施和公共服务设施承载力不足，尚不能完全满足聚集产业高端资源的要求。

（二）面临的机遇

1. 国家政策支持和文化产品需求旺盛，文化创意产业发展迎来新时代

十七届六中全会《关于深化文化体制改革推动社会主义文化大发展大繁

荣若干重大问题的决定》中明确提出，构建文化产业体系，加快发展文化产业；国务院在《文化产业振兴规划》和《国民经济和社会发展第十二个五年规划》中都提出，要使“文化产业成为国民经济支柱性产业”，发展文化产业已经上升到国家战略层面。据研究表明，人均 GDP 超过 1000 美元，消费结构向发展型、享受型升级；人均 GDP 超过 3000 美元后，文化娱乐消费支出大幅攀升，文化创意产业发展动力强劲。我国人均 GDP 已经突破 6000 美元，我国文化创意产业迎来发展黄金期。

2. 北京建设中国特色世界城市，文化创意产业发展注入新动力

从 2005 年开始，北京市已陆续出台《北京市促进文化创意产业发展的若干政策》等文件，初步形成支持文化创意产业发展的配套政策体系。北京市第十一次党代会提出北京建设中国特色世界城市的总体目标，建设成为中国社会主义先进文化之都和具有世界影响力的文化中心城市。2012 年，北京市在全国率先成立国有文化资产监督管理机构，加快推进实施首都文化创新、科技创新“双轮驱动”战略，设立文化创新发展专项资金，每年统筹 100 亿元推动文化产业发展，都将为首都文化创意产业发展注入新的活力。

3. 石景山区全面转型加快“四区”建设，文化创意产业发展迎来新契机

石景山区围绕打造北京 CRD 的核心目标，以北京市加快西部地区转型发展为契机，以建设国家服务业综合改革试点区、国家可持续发展实验区、中关村国家自主创新示范区特色园区和新首钢高端产业综合服务区为动力，继续做大做强文化创意产业。国务院批复中关村石景山园从 3.45 平方公里扩大到 13.3 平方公里，为石景山区文化创意产业发展提供了广阔发展空间，重大项目落地将得到有力的空间保障。

五　思路和展望

下一步，石景山区将全面贯彻落实党的十八大精神，求实进取，开拓创新，大力实施科技创新和文化创新“双轮驱动”战略，进一步提升文化创意产业在区域经济中的支柱地位，坚持做大规模、做强特色、做优环境，突出融合发展、项目引领，为打造“经济发展强劲、创新创意活跃、绿色生态文明、现代和谐宜居的首都新城区”作出新的贡献，为首都建设中国特色世界城市、具有世界影响力的文化中心城市和中国特色社会主义先进文化之都提供有力支撑。

（一）实施集群发展战略，进一步提升经济总量

继续加大招商引资力度，打造文化创意产业集群，壮大产业总体规模。积极吸引一批国家级文化创意项目落户，聚集一批国内外知名文化创意企业和机构，推出一批具有国际先进水平的创新技术和创意作品，不断完善体制机制，激发文化创意产业发展活力，将石景山区打造成产业规模较大、创新能力强劲、专业人才集聚、产权保护到位、公共服务完善的文化创意产业集聚区，建设成为北京市文化创意产业特色鲜明的石景山板块。实现石景山区文化创意产业经济总量每年以 20% 以上的速度提升，2013 年实现文化创意产业总收入 290 亿元，产业增加值占石景山区 GDP 的比重达到 13% 以上，带动第三产业增加值占全区 GDP 比重突破 65%；中关村石景山园实现总收入突破 1000 亿元，税收突破 25 亿元。

（二）实施差异发展战略，进一步做强产业特色

紧抓优势细分行业，培育新的产业增长极，实现产业特色发展。发挥网络游戏、影视动漫、数字媒体等优势产业的引领作用，引进增量，巩固存量，在全市乃至全国的领军地位进一步凸显；鼓励引导企业加大在移动互联网和下一代信息技术等领域的研发投入，培育网页游戏、手机游戏等新的经济增长点。深入挖掘和整合区内优势资源，充分利用首钢工业设计优势，整合资源，建设以动漫游戏设计、工业工程设计、建筑规划设计为主要产业格局的北京设计产业示范基地，打造北京“设计之都”核心区，积极培育特色设计产业。做大做强一批示范带动性强的龙头企业，扶持培育一批专、精、特、新的中小型文化企业，形成文化创意产业多元化、全产业链发展格局。加强与中国国际广播电台、新华社、战友文工团等驻区文化单位的联络与合作，推动其经营性资源产业化发展。

（三）实施服务提升战略，进一步优化发展环境

强化石景山区文化创意产业领导小组统筹管理职能，完善促进文化创意产业发展的有关政策体系，加强产业研究，引导产业快速健康可持续发展，强化“石景山服务”品牌建设，不断优化产业发展环境。积极推进“石景山园科技金融服务联盟”建设，完善企业上市培育工作体系，推动企业利用资本市场做大做强。推进“石景山创新平台”建设，整合政府、市场等各类服务资源，建立“绿色通道服务网络”，建成“中介服务超市”。深入推进“CRD 绿卡”、人才引进“绿色通道”、“创业导师”服务等，在企业注册登记、日常管理、知识产权保护、创业服务、高端人才引进及子女入学入托、房屋居住等多方面提供一站式服务。推动公共技术服务平台和重点实验室、创意工作室、研发机构等创新载体建设，强化产业科技支撑作用。

（四）实施文化创新战略，进一步推动产业融合

以文化创意产业为核心，推进 CRD 五大主导产业实现高端融合发展。推动文化科技深度融合，充分发挥科技支撑作用，引导企业归核化发展，提升企业核心竞争力；发展重大共性技术和集成技术，重点推动新一代信息技术创新，实现新一代信息技术与数字娱乐产业融合互促发展。推动文化与金融融合，强化银企、政企合作，探索设立石景山区文化创意产业投资基金、文化创意企业贷款风险补偿金、小额担保贷款公司等，创新金融服务模式，拓宽金融服务业发展新的市场空间。推动文化商务融合，将文化创意产品营销需求与商务服务优势资源相结合，发展文创交易会展业，积极培育版权交易、知识产权服务、广告业等专业服务业。推动文化旅游融合，用石景山区的历史文化、山水文化、休闲文化等丰富文化创意产业发展内涵，通过发展竞技娱乐、体验与快乐、演出娱乐等业务，创新旅游休闲发展业态，促进旅游消费。

（五）实施项目引领战略，进一步完善空间布局

按照“一轴、一带、一核、一园、多支点”的 CRD 产业空间布局，以文化创意重大项目为引领，推动重点区域建设。做大做强以文化创意为特色的中

关村石景山园。加快石景山园开发进程，聚集高端资源要素，推动北京数字娱乐产业示范基地、北京设计产业示范基地、4G 工程文化创意产业基地等高端产业集聚区建设。协调推动新首钢高端产业综合服务区建设。贯彻市政府关于新首钢高端产业综合服务区转型发展意见，落实控制性详细规划，启动首钢工业旅游区建设，打造文化品牌活动。积极推动中国动漫游戏城建设。加快基础设施建设，完善产业发展和空间布局规划，大力吸引动漫游戏及衍生产品企业入驻，建成集动漫创作、生产、展示、交易于一体，覆盖完整产业链的国家级文化创意产业示范园区。有力推动西山八大处文化景区建设。建立健全工作机制，全力推进景区各项工作，加强研究论证，编制文化景区总体规划及相关规划，明确未来发展方向，加快配套设施建设，为景区建设发展奠定基础。

（北京市石景山区科学技术委员会）

B.8
门头沟区：文化引领，创新举措，全面促进文创产业快速发展

门头沟区文化创意产业尚处于起步阶段，产业规模较小，行业结构单一，文创产业收入总量过低，但门头沟区自然资源和传统文化底蕴深厚，近年来地区经济高速增长，棚户区改造全面推进，一批土地收储和招商项目陆续落地，使区域发展能量不断聚集，文化创意产业发展内在动力十分强劲、潜力巨大，并呈逐步释放态势。2012 年，门头沟区文化创意产业紧密围绕十七届六中全会的精神和门头沟区首都西部综合服务区、西部生态涵养发展区的功能定位，深入贯彻落实科学发展观，文化创意产业全力推进。

一 区域概况与文化创意产业资源情况

（一）区域功能定位与重点产业概况

门头沟区位于北京市西南部，在“两轴、两带、多中心”的空间结构中处在“一轴、一带、一中心”上（西部的综合服务中心）。围绕北京城市空间布局调整和功能定位，结合自身生态资源环境、区位特点和丰富的历史文化资源等不可替代的优势条件，门头沟区重点体现北京市历史文化名城和宜居城市的功能内涵，向生态友好的宜居城市迈进，建成以门头沟新城为中心的首都西部综合服务区和以西部次区域为核心的首都生态屏障，实现人与自然、环境、经济社会的和谐发展。

门头沟区旅游休闲业、都市型现代农业、高新技术产业、生产性服务业和文化创意产业五大生态友好型产业健康发展，产业投入力度不断加大。打造了永定河文化节、京西旅游山会、京浪音乐节等旅游文化品牌。门头沟区大力发

展都市型现代农业，率先在北京市提出了发展沟域经济新思路，促进农业与旅游、文化休闲产业融合发展。

（二）文化创意产业资源情况

门头沟区有比较丰富的自然和人文资源，文物、文化、自然风光在北京地区独树一帜，发展文化创意产业拥有良好的资源环境条件和文化基础。

门头沟区目前有国家级文物保护区 4 处——潭柘寺、戒台寺、爨底下村古建筑群、万里长城北京段门头沟段；北京市文物保护单位 10 处；列入国家级非物质文化遗产保护名录 3 个——京西太平鼓、妙峰山庙会、琉璃渠琉璃制作技艺；列入市级保护名录 11 个。

门头沟区的奇山秀水，尤以灵山、百花山、妙峰山、龙门涧的独特山势和植被是首都最亮丽的自然风景线。始建于 1700 年前的潭柘寺，有“先有潭柘寺后有北京城”的传说；北京八顶之一的金顶妙峰山，早在明代就有“香火甲天下”的盛誉；斋堂镇川底下村的明清四合院，建筑古朴别致，形成独特的古城堡风格。妙峰山镇是集人文景观、自然景观、历史民俗文化于一体，远近闻名的风景名胜镇，被誉为中国民俗学的发源地。妙峰山金顶历来为京西著名的佛教名山，对华北地区的香客有很强的吸引力，每年吸引了北京、天津和保定的数十万游客，是北京市重点开发建设的文物民俗风景游览地。此外，妙峰山镇域内还有众多风格迥异的名胜古迹和自然景观，例如滴水岩景区内的古刹天泉寺，华山地区首屈一指的青檩林和天然钟乳石溶洞，历史上岳飞养病疗伤的“仰山栖隐寺”，末代皇帝溥仪的外籍教师庄士敦别墅及“英国公使墓地”等，这些都为门头沟区文化创意产业发展提供了源源不断的资源和灵感。

二　文化创意产业基本情况

（一）产业发展总体情况

根据门头沟区统计局数据显示，2012 年，门头沟区规模以上文创企业共计 32 家，实现总收入 9.51 亿元。其中，上亿元的企业只有 2 家，上千万元的企业13家，其余为收入千万元以下的企业。与2011年相比，2012年收入同比增长19.6%，但文化艺术、设计服务和新闻出版三大类别收入分别下降了48.3%、53.2%和33.9%，主要原因是单位内部业务调整以及合同到期未再续约。

（二）区内各行业发展情况

门头沟区文化创意产业主导产业突出，利用浅山区和深山区的独特旅游资源，是全市唯一一个将旅游文化产业作为主导产业的区县。重点发展居民休闲、体育健身、文化体验等主要内容，打造旅游产业。

2012年，门头沟全区各行业实现收入分别为：文化艺术0.06亿元，旅游、休闲娱乐3.33亿元，广告会展1.49亿元，新闻出版0.68亿元，广播、电视、电影1.03亿元，设计服务0.07亿元，软件、网络及计算机服务0.20亿元，其他辅助服务2.65亿元，没有艺术品交易类别。旅游、休闲娱乐业依然是全区文化创意产业重点行业，占区文化创意产业总收入的35%。除旅游、休闲娱乐业外，其他辅助服务业和广告会展业所占比重也较大（见图8-1）。

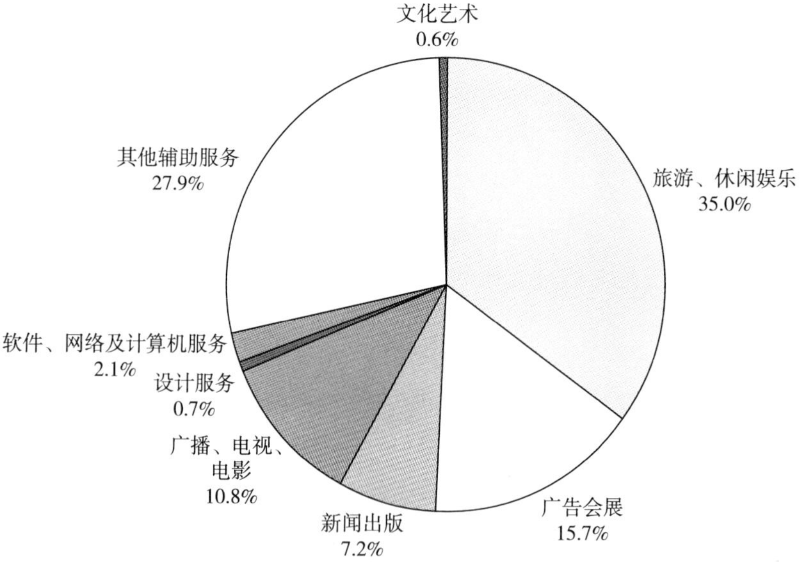

图8-1　门头沟区文化创意产业八个领域收入结构

三　推动文化创意产业发展的政策措施

近年来，为推动文化创意产业健康快速发展，门头沟区主要从建立组织、制定规划、建设平台、争取资金、营造环境等方面采取了切实有效的措施，取得了一定效果。

（一）加强领导，建立相关组织机构

首先，成立了由区委书记任组长，区长任常务副组长，区委宣传部、区委办、区政府办、区文委、区发改委、区财政局、区旅游委等23个单位组成的门头沟区文化创意产业领导小组，建立了联席会议制度，全面领导统筹全区文化创意产业发展。领导小组办公室设在区委宣传部，负责文化创意产业发展的组织协调工作。

其次，2011年底，门头沟区成立区文化创意产业促进中心，作为专门从事推动全区文化创意产业发展的常设机构，全面统筹协调促进全区文化创意产业发展的相关具体工作。

最后，2010年底，成立投资促进局，开展全方位的招商引资；2011年4月，建立生态产业园区管委会等机构，统筹生态建设、基础设施建设、群众安置和就业增收等工作；2011年，在全市率先成立旅游发展委员会，统筹旅游资源的规划、开发、整合和利用。

（二）重视规划，科学引领产业发展

门头沟区与世贸集团和知识银行合作，开展对主导产业——旅游、文化休闲产业的发展战略规划研究，与中国社会科学院专家合作研讨，完成《门头沟区文化创意产业发展战略研究报告》，确保产业规划的前瞻性、科学性、有效性。

（三）开展战略合作，寻求智力支持及融资平台

门头沟区通过成立专家团，开展与智囊团战略合作；通过参加推介会，充分运用北京市融资平台，助推文化创意产业发展。

门头沟区文创领导小组与北京国宏文化产业发展研究院签订了门头沟区文化创意产业发展战略合作协议，以共同成立“促进门头沟区文化创意产业发展专家团”等方式，对门头沟区经济发展、产业升级等方面提供智力支持。

2012 年，门头沟组织参加第七届文博会组委会、北京市文化创意产业促进中心联合主办的北京文化创意产业投融资项目推介会，对门头沟区文化创意产业发展情况、发展环境及重点项目进行了推介。会上，区委宣传部与工商银行北京分行门头沟支行签订战略合作协议，与文化创意产业项目捆绑授信共计 10 亿元，助推门头沟区文化创意产业项目发展。

（四）服务企业，争取市文化创新发展专项资金

门头沟区文促中心负责做好每年的北京市文化创意产业发展专项资金申请工作，争取更多市级资金支持，让企业得到实惠，吸引企业驻区经营，并培育有实力、有潜质的企业和重大项目成为引领全区文创产业快速发展的龙头与航母。

2010 年，门头沟区文化创意产业促进中心为“妙峰山地区庙会民俗文化研究与保护及精品民俗文化旅游项目”争取了市级资金支持 130.9 万元。

2012 年 9 月，区文促进中心积极主动服务企业，为门头沟区 5 个项目争取市文化创新发展专项资金支持总额共计 1090 万元。5 个项目分别是：阳坡元文化旅游综合服务提升项目、妙峰山香会博物馆项目、黄芩仙谷文化旅游创意园项目、立体蝶画创新开发及展示推广项目、北京市棚户区改造美化环境户外广告媒体实用新型创新项目。

（五）深挖文化资源，营造文化产业发展环境优势

首先，以传承和发展永定河文化为核心，连续 6 年举办中国（北京）永定河文化节，打造永定河组歌、永定河交响乐、原创民歌演唱会等精品工程。

其次，深入挖掘和整理地区古道古村落、红色历史、民间民俗等文化资源，成立永定河文化研究会、京西古道保护协会，促进文化的传承与发展。

再次，加强对历史文化资源的保护。开展非物质文化遗产全面普查；加强京西太平鼓等非物质文化遗产的传承与保护；制定了《北京市门头沟区古村

落保护办法》，对全区49处国家级、区级文物进行了修复。

最后，深入开展大型旅游文化产业品牌促销活动。每年举办北京旅游山会、国际山地徒步大会、环京自行车公共赛等大型主题活动，极大地提升了地区影响力和知名度。

四　文化创意产业园区与重点项目进展情况

（一）集聚区建设情况

斋堂古村落古道文化旅游产业集聚区是门头沟区唯一的市级集聚区，位于斋堂镇，地处西部深山区，永定河畔，涉及六条沟域及九个景区，规划总面积392.4平方公里。该集聚区重点建设集文化观光、文化休闲、文化创意、主题会议及养生度假等多功能于一体的文化旅游产业区。集聚区总体框架概括为“一个核心区辐射六条沟域中九支不同的文化创意产业”。

其中，产业核心建设按古韵斋堂、风雅斋堂、风尚斋堂三部分对区域进行布置，形成三街六巷的风貌框架，重点建设产业核心区、产业服务区、商业服务和旅游集散区、传统文化再现区、传统建筑体验区五个功能区；六条沟域中九支不同的文化创意产业建设，根据特色文化分布，打造民俗曲艺、红色军旅、国学与宗教、禅文化、边塞军旅、商旅文化六大文化组团。

集聚区目前成立了北京斋城文化有限公司，负责集聚区内资源挖掘、文化收集、景点规划设计、文化旅游项目的投资开发、咨询服务、产品开发等工作，对外引进了中坤集团、树唐投资公司、双龙峡景区、谷临门食品有限公司等。目前，集聚区内项目主要有八大类，总投资36.51亿元，实际到位资金11.24亿元，以“一个中心辐射带动六条组团”的文化创意产业格局基本形成。

2012年爨柏景区、双龙峡、珍珠湖3个景区共接待游客42.5万人次，营业收入共3600万元。截至2012年9月，三级[①]汇总企业个数2382个，三级企

① 三级指镇办、村办、个体。

业营业收入4.67亿元，利润总额三级完成8393万元，上缴税金785万元，劳动者报酬7737万元。集聚区内举办了各类大型文化活动，包括第三届国际山地徒步大赛、第十二届灵水举人村秋粥节、火村红杏采摘节、法城蜂蜜节等，接待上万人，在丰富文娱活动的同时为集聚区带来了较好的收益。

（二）重点项目建设情况

按照“建设一批，开工一批，储备一批”的工作思路，通过采取信息服务、争取资金的方式，协调推进有示范效应和产业拉动作用的重大文化创意产业项目建设发展。目前，门头沟区文促中心跟踪服务的重大项目有7个：阳坡元旅游文化休闲产业基地、妙峰山香会博物馆、北京宝玉石文化博览交易中心、斋堂古道古村落文化旅游综合服务基地、妙峰奇石——龙祥凤和文化旅游综合服务基地、皇家琉璃文化产业旅游服务基地和世界汇军庄国际葡萄酒小镇。目前，6个已被列为2013年区重点工程和重点项目。

其中，在建项目2个。阳坡元旅游文化休闲产业基地，属旅游、休闲娱乐类项目，由北京市潭柘投资发展有限公司主导，总投资9991万元，建设“禅”、“道”主题文化园区及京西最具风情的自然村落和山地园林景区，将其打造成门头沟区和潭柘寺镇的文化新名片。该项目获得2012年度文化创新发展专项资金600万元。目前，基地已开展古村落修复保护面积9800平方米，实际完成投资7000万元。妙峰山香会博物馆，属会展类项目，总投资2214万元，将建成为中国第一座以香会为主题的民俗博物馆。该项目获得2012年度文化创新发展专项资金150万元。目前，博物馆主体工程已完工，正在进行设计布展。

已开工项目4个，分别为：北京宝玉石文化博览交易中心、斋堂古道古村落文化旅游综合服务基地、妙峰奇石——龙祥凤和文化旅游综合服务基地、皇家琉璃文化产业旅游服务基地。其中，北京宝玉石文化博览交易中心，属艺术品交易类，该项目的建设将填补门头沟区在此类产业上的空白。项目投资总额45亿元，总建筑面积14.62万平方米，由中融集团主导。交易中心将以中华四大美玉和世界五大珍稀彩色宝石等艺术品的交易、收藏、展示为主要经营模式，重点建设交易中心、收藏中心、展览展示中心、配套服务中心等四个功能区。项目建成后将创造近2000个就业岗位，实现年交易额200亿元。2012年12月，该项目已得到市文资办的批复，并纳入《北京市宣传思想文化工作三年行动计划》中规划的市级重点文化产业项目。斋堂古道古村落文化旅游综合服务基地，依托集聚区建设，打造以山地古村落游为主的旅游文化休闲产业，目前已对5个古村落进行修缮，2013年为提升旅游品质，丰富旅游文化内容，在爨柏景区的黄岭西村、柏峪村各改造一家旅游剧场，并完善配套服务设施，为旅游驻场演出提供平台，丰富旅游文化内涵。妙峰奇石——龙祥凤和文化旅游综合服务基地，由北京利环投资公司为开发建设主体，总投资9亿元，属旅游、休闲娱乐类项目，基地定位为大型国际文化艺术团体及个人接待、交流中心，国际文化、艺术展览、会议中心，青少年艺术体验教育基地、艺术院校实习基地、大型影视基地，同时将通过聚集一批高水平的艺术家，在京西建设一座具有国际影响力的艺术家村。皇家琉璃文化产业旅游服务基地，属旅游、休闲娱乐类，由北京顺鼎文化传播有限公司主导，总投资8362.9万元，占地面积104亩，建设皇家琉璃博物馆、接待中心、名人文化园等琉璃烧制体验、旅游和观赏结合的创意产业基地。

进入储备库项目9个，除已开工的4个项目外，有重点储备项目2个：世界汇军庄国际葡萄酒小镇和杨家峪旅游山地度假村。其中，世界汇军庄国际葡萄酒小镇，属旅游、休闲娱乐类，由北京菲丝堡有限公司主导，总投资200亿元，开发总范围约为7.84平方公里，建设国际葡萄酒交易中心、葡萄酒酒庄及特色主题假日酒店等，打造集休闲、体验、展销于一体的高品位产业链条。杨家峪旅游山地度假村，属旅游、休闲娱乐类，由中坤集团主导，总投资1.5亿元，占地60.8亩，项目以保存古村落形态、文化、整治村庄内社会功能为重要轴线，打造历史体验型、宜居型高端旅游度假村。

五　文化创意产业存在的问题与下一步发展思路

（一）存在的问题

门头沟区文化创意产业还处于起步阶段，存在很多困难和问题，主要表现在：区政府文化创意产业促进工作机制有待完善，还没有形成部门、镇街、园区协作推进的工作机制，未形成强大合力；缺少投融资、税收、创业、科研、人才引进等一系列优惠政策；与其他区县相比，门头沟区未设立年度文化创意产业发展专项资金；专业人才不足，制约和影响了门头沟区文创产业的快速发展。

（二）推进产业发展的思路和措施

今后一个时期，门头沟区将全面贯彻落实党的十八大精神，围绕区委、区政府“落实三个优化”的总体工作部署，进一步完善工作机制，加强科学规划和政策引导；进一步推进集聚区和重大项目建设，加强文创产业引擎培育；进一步争取专项资金支持，加强信息服务与投融资平台建设；进一步注重营造文化产业发展氛围，加强塑造区域品牌。

1. 在工作力量上融合，推动产业发展

调整区文化创意产业领导小组成员单位，完善工作机制，进一步细化和明确各成员单位的职责分工，建立联席会议制度、信息报送制度，实现资源统筹，形成工作合力；深入调研，全面了解和掌握全区文化创意产业发展的基本情况，建立基础数据库，结合旅游文化休闲产业发展战略规划，形成《门头沟区文化创意产业发展指导意见》，并研究制定文化产业扶持政策和奖励办法；积极搭建信息服务与投融资平台，通过建立区文促中心门户网站、短信平台的方式，创建公共技术服务、政策解读、企业项目动态等专栏，及时发布信息，为企业排忧解难；申请成立门头沟区文化创意产业发展专项资金；与工商银行门头沟分行签订文化、金融创新发展合作协议，通过举办银企对接会等方式，利用好10亿元授信资金，解决文化企业融资难问题。

2. 在资源利用上融合，突出产业特色

积极参加市文博会、北京国际旅游节、文创推介招商会等平台交流活动；努力举办好永定河文化节、北京国际山地徒步大会、旅游山会等大型活动；编印《门头沟区文化创意产业政策汇编》、《门头沟区文化创意产业投资指南》、《文化创意产业——企业必读》等一批手册资料，宣传门头沟区的文化旅游资源、投资环境和发展前景，提升门头沟区的知名度和影响力，全力引进文化要素高、旅游拉动力强、社会效益好的企业，提升项目和区内优质文化、自然资源的结合度，凸显门头沟区文化创意产业特色。

实施走出去战略，采取到成功文创项目和集聚区实地考察学习、专家授课讲座、经验座谈等多种方式，对门头沟区的潜力企业和项目的负责人进行培训，使其对国家及北京市有关文化创意产业和旅游业的政策法规有更透彻的认识，并对企业和项目进行跟踪服务和管理，使其朝着文化旅游休闲产业和北京市鼓励及重点支持建设的方向健康快速发展，增强文化创意产业发展活力，建设区域旅游文化产业品牌。

3. 在工程项目上融合，培育产业新引擎

推动文化创意产业功能区建设，跟踪服务好门头沟区重点项目和重点工程，为重大项目建设企业及其他驻区企业积极争取2013年度、2014年度北京市文化创新发展专项资金，与市级各文化创新发展平台对接，做好信息和资金支持，促进文化和旅游产业的深度融合，推动旅游文化休闲主导产业发展壮大。

（刘向阳，北京市门头沟区文化委员会副主任、北京市门头沟区文化创意产业促进中心主任）

B.9 房山区：加快文化创意产业发展，全力打造文化强区

2012年，房山区紧密围绕建设“首都高端制造业新区、现代生态休闲新城”的新定位，充分发挥历史文化和生态旅游资源优势，积极推进文化与旅游、文化与科技融合发展，有力地推动了文化创意产业的快速发展。

一 文化创意产业资源环境

房山区文物古迹众多，地质地貌资源秀美，为文化创意产业发展提供了良好的资源基础。文物古迹方面，房山区拥有包括周口店遗址、西周燕都遗址、云居寺等在内的559处文化古迹，其中世界文化遗产1处，国家级文物保护单位9处、市级16处、区级55处。区内古塔林立，107座历代古塔占北京地区古塔总数的一半以上，其中“唐塔”占全国现存总数的1/3。

地质地貌资源方面，房山区拥有中国房山世界地质公园，使北京市成为世界上第一个拥有“世界地质公园”的首都城市。房山区被中国地质界称为华北地区最大、最典型的岩溶峰林大峡谷。境内拥有中国北方最大的岩溶洞穴群，被誉为“洞穴王国”，其中，石花洞是中国北方温带乃至全球半干旱半湿润地区大型岩溶洞穴的典型代表。素有“北方小桂林”之称的十渡山水既有南方之风韵，又有北国之雄奇，被誉为“青山野渡，百里画廊”。

在丰富资源基础上，房山区旅游、休闲娱乐类文化创意产业发展迅速，形成了北京（房山）历史文化旅游集聚区。

二　文化创意产业基本情况和发展特点

（一）产业基本情况

2012年，房山区以北京（房山）历史文化旅游集聚区为龙头，在优化产业环境、重大项目引进、产业基础设施建设等方面不断加大力度，全区文化创意产业呈现出良好的发展态势：截至2012年底，全区文创法人单位达3396家，比2008年增加396.5%，企业数量占全区企业总数的13.3%；实现总收入87.33亿元，比2008年增长374.62%；税收1.75亿元，比2008年增长236.54%。从统计数字上看，经过几年的努力，全区文化创意产业的地位和作用显著提升，呈现出产业规模不断扩大、总体实力日益壮大、发展活力不断增强的良好局面。

（二）产业发展特点

一是历史文化旅游集聚区核心作用明显。集聚区成立以来，依托范围内的文化、生态和土地资源优势，发挥集聚和服务功能，吸引了大批企业入驻。截至2012年8月底，集聚区内共有文化创意法人单位626家，占全区文化创意产业企业数量的19.1%；集聚区内共有注册资本在1000万元及以上的较大规模文化创意企业20家，注册资本5.05亿元，分别占全区较大规模文化创意产业企业数量和注册资本总额的26.3%和28.4%，与“一核”的功能定位较相符。

二是产业格局日益清晰。根据北京市文化创意产业分类标准，在企业数量方面，房山区文化艺术类企业数量最多，旅游、休闲娱乐业次之，广告会展业排第三，三行业占比达70%；从注册资本占比看，文化艺术业排第一，旅游、休闲娱乐和广告会展业紧随其后，三行业占比达71%，且逐年提高；从行业收入看，广告会展业居首位，收入占全产业的43%，文化艺术，旅游、休闲娱乐排在第二、三位；从税收贡献看，广告会展业仍居首位，占全产业的42%，旅游、休闲娱乐和文化艺术业排其后。房山区形成了广告会展，文化艺术，旅游、休闲娱乐业三大行业带动的发展格局，其中，广告会展和文化艺术业的主导地位突出，旅游、休闲娱乐业与其他区县相比优势最为明显。

三是现代服务业等新兴业态快速发展。从全区文化创意产业企业区域分布看，总体呈现“东多西少”的局面。其中，东部城市化发展较快的拱辰、西潞、长阳、阎村、窦店5个镇组成的“蓝翼”，占全区文化创意产业企业数量的59%。在东部地区中，广告会展，设计服务，软件、网络及计算机服务，艺术品交易等现代商业服务业增长迅速，占比不断提高，与城市化发展程度和需求相适应，充分体现了城市化发展对文化创意产业的巨大拉动作用。

三　推动文化创意产业发展的政策措施

2012年围绕推动产业整体发展，房山区重点做了三方面工作。

（一）抓规划和政策支持，优化产业布局

2012年，积极推进《房山区“十二五”时期文化创意产业发展规划》的落实，开展《北京（房山）历史文化旅游集聚区重点产业发展控制性详细规划》（《北京源·文化旅游区规划》）编制工作。认真贯彻落实《房山区关于支持产业发展的实施意见》，不断加大对文化创意产业的政策支持力度。不断加强北京（房山）历史文化旅游集聚区建设，2012年共投入资金9000余万元用于项目引进、基础设施和服务平台建设，积极推进周口店遗址博物馆迁建、上方山国家森林公园基础设施改造和环境整治等文化基础设施项目，有效辐射带动了东部地区的“商务时尚翼”和西部地区的“生态休闲翼”两个产业带的发展，在建和签约项目达106个，初步形成了“一核、两翼、多项目”的产业新格局。

（二）抓园区和重大项目，扶持企业发展

在重点项目建设上，突出“招大引强”理念，通过提供项目审批“绿色通道”、入区企业全程跟踪服务、争取市级扶持资金等多方面优惠条件，扎实推进北京文化硅谷、云居寺文化景区、“云北京”文化创意移动公共服务平台等重大项目建设，带动了佛子庄乡“第三空间”、青龙湖国际红酒城等百余个

文化创意产业项目的发展，形成了“建设一批，引进一批，储备一批”的滚动发展局面，有效壮大了全区文化创意产业的总规模和竞争力。在推进项目建设的同时，积极扶持神州百戏文化产业有限公司、云居寺文化景区开发有限责任公司、大唐云动力科技股份有限公司等一批新崛起的文创企业。

（三）抓宣传推介和服务，改善产业环境

建立了文化创意产业信息服务平台，不断提升服务和管理的信息化水平。同时，依托房山区优势文化、历史和生态资源，举办了春季长走大会、圣莲山老子文化节、“挑战天下第一坡”越野比赛等创意活动。与北京大学合作，成功举办了“中国文化产业新年论坛暨房山现代生态休闲新城论坛”。积极推介重点文化创意产业项目，深度参与了“北京文博会”、“澳门国际贸易投资洽谈会”、“京港洽谈会”、“海峡两岸文化产业交流会”等活动，创建了“全国影视指定拍摄景地”，推出了《房山区文化创意产业发展分析》等一批理论成果。持续不断的高端宣传和推介活动，有效提升了房山区文化创意产业的知名度，扩大了房山文化创意产业的影响力。

四　文化创意产业发展存在的问题

（一）产业发展基础薄弱

房山区正处于经济转型升级的关键期，传统的资源型支柱产业相继退出，第三产业比重偏低，文化创意产业正处于发展的起步阶段，虽资源丰富，但基础设施、配套功能设施差，经济贡献率偏低。究其原因：一是企业平均规模小，运营质量有待提高，绝大多数企业还处于较低的发展水平，企业融资能力有限，且多处于产业链下游，大型龙头企业数量少且多处于建设阶段，总体实力和竞争力仍不强，不能实现规模效益，难以带动区域经济发展；二是规模以上企业统计数据中事业单位多，周口店遗址、云居寺管理处、房山区广电中心、房山文化馆、房山少年宫等事业单位均被统计在规模以上企业中，这些单位依靠财政支出，并非提供财政收入；三是 A 级景区多，整体效益不佳，全

区19家A级景区中大部分在规模以上企业中，这些主要靠门票收入的旅游企业对全区的经济贡献很低；四是企业科技、文化附加值低，主要是产业链中低端制造业和批发零售业；五是引进企业多，经济贡献不稳定。

（二）文化产业政策不完善

完善的政策是文化创意产业发展的重要保障。目前，房山区尚未出台系统的文化创意产业政策，只是在全区扶持产业的政策中包含了一些文化创意产业政策条款，缺少产业培育、市场准入、税收优惠、投融资、人才队伍建设等方面的政策。同时，区内中小型文创企业占总数的97.3%，发展极具活力，同时民营资本的参与热情也很高，但是缺乏引导和扶持的相关政策。

（三）历史文化资源约束性强，产业化程度不高

房山区物质文化遗产和非物质文化遗产众多，这些遗产存在较强的资源约束性，进一步开发利用难度大，经济效益的可预期增长有限。另外，一些非物质文化遗产的保护与开发停留在群众文化活动方面，并未迈出产业化的步伐，资本与文化、人才与文化结合的紧密度小，非物质文化遗产挖掘价值有限。

（四）从业人员整体素质有待提高

与北京市文化创意产业发展先进地区相比，房山区文化创意产业人才处于劣势状态，人才数量明显不足，人才结构性短缺问题十分严重，人才队伍和从业人员素质已经成为制约房山区文化创意产业发展的重要因素。一是缺少高端的创意人才和策划人才。水平较高的文化创意人才和策划人才一般集中在规模较大的单位之中，而规模大的单位绝大部分为引税企业，在房山区落地经营的较少，缺少文化创意产业的龙头项目、品牌项目。二是缺少高级经营管理人才，特别是能够将创意产品“产业化”“市场化”的经营管理人才和领军人物极度缺乏，同时，还缺少有开拓国际市场能力的外贸型人才。三是文化创意产业单位从业人员素质普遍较低，文化水平、专业技术职务等方面大部分处于初级水平。

五 未来发展目标、布局及推进措施

党的十八大提出“要推动文化产业快速发展”，北京市提出“要加快发展文化创意产业，培育一批骨干文化企业，进一步提升文化创意产业在首都经济中的支柱地位”。房山区按照“三化两区”的建设要求，提出了“大力发展文化创意产业，打造文化强区”的战略目标。目前，房山区发展文化创意产业的环境不断得到改善，资源、资本、技术、人才等各类要素不断积聚和优化，产业面临着难得的历史机遇。

“十二五”中后期，房山区将围绕落实“一核、两翼”的发展规划布局，继续实施大园区拉动、大集群牵动、大项目带动、大营销推动的发展战略，以建设北京文化旅游产业强区和文化创意产业活力新区为目标，推动区域文化创意产业繁荣发展。

（一）两大目标

未来，房山区文化创意产业发展目标为：第一，由历史文化旅游资源大区转变成体系完善的文化创意产业大区；第二，到2015年，全区文化创意产业增加值占全区GDP的6%以上，成为房山区国民经济的支柱型产业之一。

（二）空间布局：一核、两翼、多组团

围绕房山历史文化旅游集聚区这“一核”建设，以“北京源”文化为核心元素，以房山历史文化旅游功能区为重点，依托北京文化硅谷等重大项目建设，推动文化旅游融合发展，打造文化旅游产业集群，在全市布局中树立房山区文化旅游产业的优势地位。在东部“蓝翼”，围绕服务和推动城市化进程，借助北京高端制造业基地、中央休闲购物区、良乡高教园区的崛起，依托楼宇经济的发展，加强广告会展、计算机服务、设计服务等产业建设，打造现代服务业产业集群。在西部“绿翼”，依托房山世界地质公园建设，打造生态旅游、绿色产业发展带，不断提升房山区文化创意产业的实力和活力。着力打造特色鲜明的六大产业集群：一是良乡高教创意产业孵化带；二是窦店高端设计

服务功能区；三是琉璃河现代创意农业产业园；四是房山国际红酒文化产业园；五是长阳时尚休闲体验区；六是房山世界地质公园生态养生集聚区。

（三）推进措施

1. 研究制定独立的文化创意产业促进政策

切实落实已出台的政策，尽快研究出台独立的《房山区文化创意产业发展促进政策》，设立房山区文化创意产业发展专项资金；研究出台支持小企业发展的专项政策。深入开展中小微文创企业调研工作，针对企业发展的需求，加强指导和扶持，制定包括财政支持、税收减免、融资服务、房租补贴、人才引进等在内的一系列优惠扶持政策，引导和鼓励民间资本参与文化创意产业发展，不断激发中小企业发展的动力和活力。培育与扶持一批具有示范性、引导性的重点项目、重点企业，同时提升文化创意产业从业人员素质，助推文化创意产业在“十二五”时期成为房山区国民经济的支柱型产业之一。

2. 加强文化创意产业人才队伍建设

加大本地文化创意产业人才的培养和选拔力度，加强与文化创意产业教育培训机构和院校的战略合作，建立人才培训基地，培养各种专业技术人才和经营管理人才，以满足房山区发展文化创意产业的人才需求。同时，建立和完善人才奖励机制。允许并鼓励有特殊才能的文化艺术人才和文化经营人才按一定比例持有文化创意企业股份，或按照其在项目引进过程中资金到位情况给予奖励。

3. 进一步加强宣传推介

继续打造国际长走大会、长阳音乐节等传统品牌文化活动；精心培育全国影视指定拍摄景地等房山区文化品牌；打造云居寺微电影的文化品牌，持续扩大房山区的知名度和影响力，促进文化与产业融合，提高综合效益。参加第八届中国（北京）国际文化创意产业博览会和第十七届北京香港经济合作研讨洽谈会，宣传展示房山区文化创意产业，吸引来自各界的资金、技术和人才；同时，加强招商引资工作，加强与外埠有实力文创企业的联系，引进一批战略合作伙伴及重点项目。

4. 推动与相邻地区协调联动发展

房山区文化创意产业与其他区县，尤其是与临近的门头沟区和丰台区同质化竞争的现象依然存在。因此，增强房山区文化创意产业竞争优势，与邻近的门头沟区、丰台区等区县横向联合，比如针对几个区县都具有相对比较优势的旅游、休闲娱乐业，充分利用各区县旅游文化资源，联合推出“京西南三日游”广告名片，向游客发放通票或者旅游优惠券，增强吸引力，促进旅游相关行业发展，通过多种有效方式，增强区县间的联合互动，共同打造京西南文化创意产业集聚区，从而带动本区整体发展实力，有效促进区县间的协调发展。

（丁学工，北京（房山）历史文化旅游集聚区规划建设管理办公室副主任）

B.10 顺义区：加快文化强区建设，促进文化创意产业发展

文化创意产业是文化和经济相互渗透而形成的新兴产业，其正以迅猛的发展势头，日益成为最具活跃、最有潜力的“朝阳产业”。党的十八大报告中提出：“推动文化产业快速发展，增强文化整体实力和竞争力。”近年来，顺义区委、区政府认真贯彻落实党的十八大和十七届六中全会精神，以建设文化强区为目标，将文化创意产业作为构建现代产业体系、促进经济转型升级的重要内容，作为提升综合竞争力和文化软实力的重要依托，健全组织机构，加强政策引导，加大资金投入，深化改革创新，强力推进文化产业发展，取得了明显的工作成效。

一 以经济为引领，产业发展粗具规模

顺义区位于北京市东北方向，总面积 1021 平方公里，常住人口 91.5 万。2012 年，全区完成工业总产值 2295 亿元。第三产业实现增加值 590 亿元；实现 GDP 1103 亿元，是北京市第五个 GDP 突破千亿元的区县；属地财税收入完成 415 亿元。人均 GDP 各区县排名第三。顺义区已经成为北京发展速度最快、最具发展潜力的地区之一。

（一）全区文化创意产业总体情况

1. 四大产业格局初步形成

经过几年的快速发展，顺义区已形成了以会展广告、设计服务、出版印刷、时尚文体休闲等产业门类为主导的具有本地特色的文化创意产业发展格局。经统计，目前，顺义区共有文化创意企业近 3000 家，从业人员 3 万余。

规模以上企业营业收入和纳税总额年均增长均达到22%以上。2012年1～11月，顺义区文化创意产业规模以上法人单位114家，拥有资产总计125.9亿元，同比增长9.8%；实现营业收入71.4亿元，同比增长7.8%；实现税金总额4亿元，同比增长11.8%；实现利润总额6.4亿元，同比增长4.8%；吸纳从业人员12139人（见图10－1）。

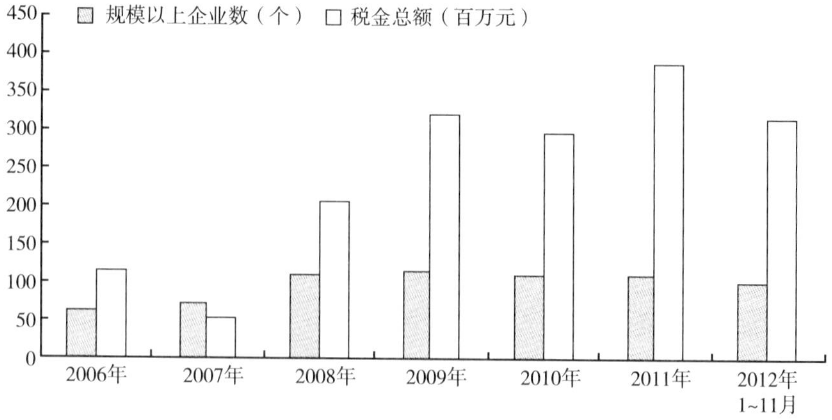

图10－1　顺义区历年文化创意产业发展情况

2. 产业结构调整逐步优化

目前，全区文化创意产业单位基本涉及第二产业和第三产业，规模以上文化创意企业中第二、第三产业实现比例1∶5。

顺义区文化创意产业九大领域，广告会展以绝对优势占据主导产业地位，2012年1～11月，广告会展营业收入占全部文化创意产业营业收入的49%；其次为其他辅助服务，旅游、休闲娱乐和新闻出版（见图10－2）。

3. 龙头企业拉动作用明显

2012年1～12月，全区133家规模以上文化创意企业，实现收入94亿元，资产达到131亿元，上缴税金5亿元，利润总额达到7.3亿元。

（二）顺义区发展文化创意产业四大优势

1. 政策优势

2006年，顺义区《政府工作报告》中明确提出，“把发展文化创意产业作

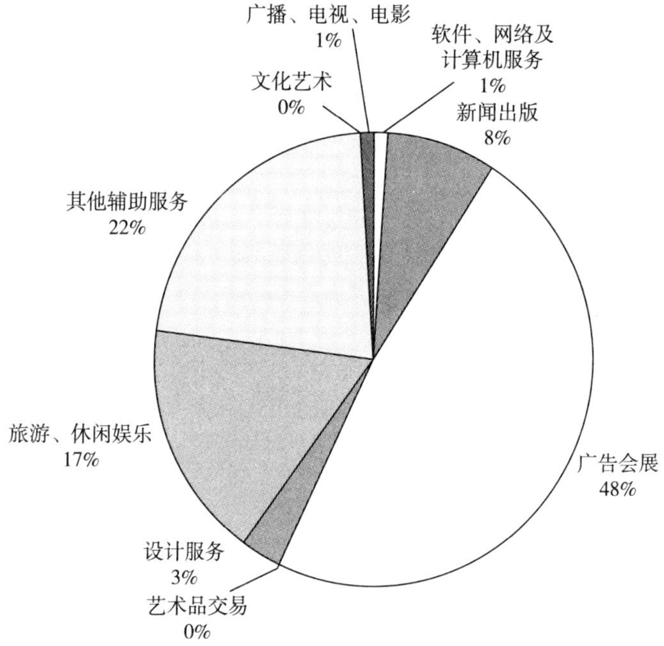

图 10－2 2012 年 1～12 月各行业营业收入比例情况

为推进区域经济发展的重要举措”。2011 年，顺义区党代会及《政府工作报告》中提出要推动文化产业大区建设，提升文化的支撑功能，加快文化创意产业发展。先后出台实施了《促进文化创意产业发展的若干意见》及《实施细则》，在原有实施细则及配套政策的基础上，先后制定了《顺义区文化创意产业发展专项资金管理办法（试行）》、《顺义区文化创意产业发展专项资金支持项目审计验收工作规范》等政策，出台了《顺义区文化创意产业政策汇编》，为顺义区文化创意产业的健康快速发展提供了有力的政策依据。设立了支持文化创意产业发展专项资金，两年来已累计扶持重点项目 51 个，累计拨付区级专项资金 3000 万元。全区文化创意产业发展的政策体系日益健全，发展氛围日益浓厚。

2. 产业基础优势

作为首都重点发展的新城和临空产业中心、现代制造业基地、首都国际航空中心的核心区，顺义区拥有雄厚的产业基础优势。初步形成以首都机场为核心，以6大功能组团（北京天竺综合保税区、空港经济开发区、林河经济开发区、空港物流基地、北京汽车生产基地、国门商务区）和6个重点镇（天竺、后沙峪、南法信、仁和、李桥、高丽营）为依托，以航空、高新技术、现代物流、会展等为代表的临空产业集群。截至目前，临空经济区汇集了世界500强企业30余家、跨国公司80余家、外商投资企业660家。经济总量占全区总量的70%、财政收入的85%，成为推动区域经济发展的“发动机”。金融产业、战略性新兴产业等也实现了快速聚集，这些都为文化创意产业发展提供了重要基础。

3. 环境优势

良好的生态环境是吸引高端要素聚集的重要条件，在这方面顺义区也有很好的条件。顺义区拥有总面积6.3万亩的潮白河森林公园，是国家卫生区、全国生态示范区和全国绿化模范城市。引进区外人口以发展亟须的高层次、高素质、贡献大的人才，有效调控流动人口总量和结构，促进人口与区域发展相协调。城市功能日益完善。近年来，完成了机场轻轨、京承、京平等一批高速路和260公里城市主管道路建设，全区路网密度达到2.56公里/平方公里；M15号线顺义段全线通车。教育、文化、医疗、体育、行政、商业等六大中心建设全面启动，城市综合服务功能不断提升。

4. 服务优势

2006年年初，顺义区成立了区长任组长的文化创意产业发展领导小组及办公室。2009年底，又专门成立了区政府部门管理机构——顺义区文化创意产业促进办公室。持续开展了“十佳文化创意企业”评选表彰活动，开通“顺义文化创意网”，编发《顺义区文化创意产业工作简报》《顺义区文化创意产业参阅信息》等宣传平台，组织企业培训、开展创意设计人才培训大讲堂，成立文化创意产业联盟，通过北京文博会和海峡两岸文化创意产业展，推动文化与产业融合、资源与产业融合，深入推介区域发展环境和发展机遇。加强产业投融资渠道和法律服务方面的研究探索，为文化产业发展营造了良好的服务环境。

（三）产业发展特点

近几年，顺义区的文化创意产业主要呈现出以下四个方面的特点。

1. 文化产业发展得到高度重视

当前，全区各级党委、政府更加自觉地重视文化工作，逐步形成了推动文化大发展、大繁荣的战略共识。基于对文化产业战略地位和战略前景的充分认识，编制了《顺义区“十二五”时期文化发展规划》，将文化产业放在国民经济支柱型产业的战略定位加以谋划和推进，明确提出在“十二五”期间做大做强会展广告、设计服务、出版印刷、时尚文体休闲四大优势产业，形成“4+X”重点文化产业发展格局，为文化产业发展提供了强有力的政策支持。一个重视文化产业发展的浓厚氛围正在形成。

2. 主导行业和骨干企业不断壮大

（1）会展广告产业始终保持领先

新国展自开馆以来，已累计举办大型展会90余场，参会展商及观众820余万人次，吸引了中展投资、时代龙马、临空酒店管理等150余家企业注册落户。

（2）设计服务产业实现较大跨越

随着顺义区制造业转型升级，形成了以北汽研究总院、长城华冠、朗姿服装、曲美家具、江河幕墙等为龙头的工业设计企业集群发展的良好格局。目前，全区从事和具有设计能力的企业已有283家，其中规模以上92家，拥有市级以上企业技术中心23家，其中国家级技术中心5家，国家级实验室5家。

（3）出版印刷产业日益集聚

全区现有出版印刷企业137家，从业人员近5000人，固定资产总额100多亿元。吸引了雅昌彩印、中国出版集团、奇良海德、云城唱盘、化工出版社印刷厂等众多国内外知名的印刷复制企业入区发展。其中，雅昌彩印为文化部文化产业示范基地、国家印刷复制示范企业、国家级高新技术企业，荣获美国、德国、香港等国际大奖300余项。

（4）时尚文体休闲产业进一步释放

连续承办、举办北京市端午文化节、北京市郁金香文化节、北京市菊花文化节，促进文化与旅游融合发展，打造时尚体育休闲产业链。奥林匹克水上公园、国际鲜花港、乡村高尔夫、乔波滑雪馆、汉石桥湿地等一批高端体育休闲旅游景点，吸引了大量游客来顺义观光游览，旅游接待人次和综合收入等指标以每年30%的速度递增。

3. 文化项目招商引资工作成效显著

2006年以来，全区共引进总投资在500万元以上的文化创意类项目142个，其中，引进实体项目108个，楼宇、总部经济类项目34个。亿元以上文化创意类实体项目29个，累计投资额627亿元，占投资总额的97.3%。同时，建立了文化产业项目库，加大市级政策资金争取力度，累计争取市级支持项目58个，争取资金共计2.35亿元。

4. 产业发展后劲逐步增强

随着天竺兴业、华道数据等企业的快速发展，国家信息地理产业园、金蝶软件、中航信等优质项目不断积聚，全区软件和信息服务业逐步壮大，对区内整体文化产业的发展带来了积极作用。目前，顺义区文化创意产业总投资过亿元的在建重大项目共7个，包括累计投资65.7亿元，建设面积84.8万平方米。2012年上半年，顺义区意向签约投资1000万元以上文化创意企业13家。

（四）重点项目情况

1. 国家对外文化贸易基地项目

天竺综保区管委会与歌华集团合作建设的国内首个、亚洲最大的“文化保税区”——国家对外文化贸易基地暨北京国际文化贸易服务中心现已奠基，包括国际文化商品展示交易中心、国际文化贸易企业集聚中心、国际文化仓储物流中心等三个功能区，总投资超过50亿元，建筑面积51万平方米。2015年全部建成并正常运营后，每年将为北京市贡献产业增加值100亿元。

2. 新华联合物流中心项目

由中国出版集团公司和江西新华发行集团有限公司共同投资兴建，总占地面积340亩，建筑面积约20万平方米，计划分两期建设，一期建设的图书物流中心年发货设计能力为80亿码洋。物流中心建成后，将不仅满足中国出版集团下属各出版机构的图书仓储物流服务，还将向行业内外提供第三方仓储物流服务，从而成为中国最大的出版物流通中心。

3. 胡萝卜文化艺术产业中心项目

位于高丽营镇火寺路东，由北京恒昌祥投资管理公司投资建设，占地约

48亩，建筑面积约1.3万平方米，涵盖艺术品专业展览、展示空间、艺术品专业储藏保存空间、小酒店等配套服务设施，总投资8000万元。将形成以艺术品为核心的展览、展示、存储、交易空间，实现与北京市其他文化创意产业集聚区之间的差异化互补，填补顺义区文化创意产业发展的空白。

4. 华江“奥林匹克体育文化园”项目

位于高丽营金马工业区，由北京华江文化发展有限公司投资建造，占地约45亩，总投资1.2亿元。预计年产值1亿元，预计税收800万元，将集研发创作、产品发布、交流推广、艺术品展示、商务、办公等功能于一体，成为弘扬奥运文化、联系中国乃至世界体育艺术家的桥梁和纽带。

5. 北京雅昌文化发展有限公司印刷文化发展基地项目

位于金马工业区，总占地75亩，建筑面积3.3万平方米，包括生产车间、设计中心、办公楼等。总投资1.5亿元，预计年产值2.5亿元，预计税收2000万元。

6. 五彩浅山项目

浅山区位于顺义区东北部，包括5个镇，总面积308平方公里。将以浅山绿道为纽带，以山体、水系、景区、田园为载体，构建5种色系主体景观。“五彩浅山”开发包括“一带、五区”：“一带”，即浅山绿道旅游带，包括五彩大道和五彩浅山国家登山健身步道；“五区”，包括商务文化休闲旅游区、国际会议度假旅游区、高端山地度假与红色旅游区、时尚运动休闲旅游区、国际田园休闲度假旅游区。

二　促进产业发展的措施

顺义区以建设“文化强区”为目标，以打造“北京文化创意产业新基地”为方向，出台了《顺义区关于进一步优化临空经济区发展政策环境的若干意见》、《顺义区促进文化创意产业发展若干意见》等一系列政策措施促进产业发展。完善政策体系，强化项目引领。依据《顺义区促进文化创意产业发展的若干意见》（顺政发〔2010〕44号），在原有的实施细则及配套政策的基础上，制定《顺义区文化创意产业发展专项资金管理办法》、《顺义区文化创意产业专项资金支持项目审计验收工作规范》等政策。

支持企业项目落地，充分挖掘利用存量资源，鼓励文化创意企业入区发展，从土地、办公用房租赁、购买及项目建设上给予奖励、补助。

统筹产业专项资金，每年安排2000万元的区级文化创意产业发展专项资金，对优质文化创意企业和项目给予补贴、贴息、奖励等不同方式和额度的支持。

打造优质人才环境，积极帮助企业解决高管和员工住房问题，并对高管人员给予资金奖励；落实人才政策，为高级人才提供子女入学、社会保障、医疗健康等优质服务。

三　产业发展过程中的问题与下一步思路

（一）产业发展过程中存在的问题

顺义区文化创意产业在发展中还存在许多问题，文化创意产业发展质量有待进一步提升。文化产业结构和布局还需进一步调整，重大文化产业项目中动漫游戏、新媒体等新兴业态占比不高；文化产业在内容、科技、服务等方面创新能力不足，缺乏高科技含量的精品力作和知名文化品牌；文化产业人才结构亟待优化，缺少新兴行业专业人才和既懂文化艺术发展规律又懂市场规律的复合型人才，缺乏产业文化领军人物等，影响和制约了全区文化产业的持续健康快速发展。

（二）未来发展目标与发展对策

顺义区基于对文化产业战略地位和战略前景的充分认识，制定了《顺义区“十二五”时期文化发展规划》，在充分对接北京市文化产业发展重点的基础上，紧密结合顺义区文化资源条件、经济发展水平、产业发展基础等实际，明确提出在“十二五”期间做大做强会展广告、设计服务、出版印刷、时尚文体休闲产业，形成“4 + X”重点文化创意产业发展格局；并规划力争到2015年文化产业收入达到120亿元以上，年均增长15%以上。

1. 确立产业发展的总体目标

紧紧抓住顺义区“打造临空经济区，建设世界空港城”以及文化创意产业大发展的历史机遇，推动文化与现代制造业、现代服务业、现代农业的融合。力争到2015年，以会展广告、设计服务等优势行业为主导的具有较强国际、国内竞争力的区域文化创意产业集群初步形成；建设1~2个市级文化创意产业集聚区或文化经济功能区，重点打造2~3家文化创意产业上市公司，培育一批在国内外具有较高知名度的文化创意品牌企业。

2. 坚持产业发展的基本原则

坚持政府引导、市场主导；坚持突出特色、错位发展；坚持整合资源、集群发展；坚持效益优先、注重实效；坚持品牌经营、龙头带动。

3. 优化产业发展空间布局

以“四大主导行业”为重点，积极拓展新兴文化创意产业园区，重点抓好“一核、两带、多基地”建设，逐步形成布局合理、特色鲜明、开放灵动的文化创意产业新格局。“一核”：以国展产业园为核心，着力发展会展产业园区。“两带”：一是构建以潮白河森林公园、奥运水上场馆、乔波滑雪馆、北京乡村高尔夫球场、顺鑫绿色度假村等为一体的“一河两岸”休闲娱乐产业带；二是建设以浅山绿道为纽带，以山体、水系、景区、田园为载体的“一带五区，主题小镇”的“五彩浅山”旅游休闲产业带。“多基地”：一是以天竺综保区国家对外文化贸易基地为中心，推动文化产品和服务出口；二是以国门商务区为中心，建设高端信息产业基地；三是以北京汽车生产基地为中心，打造现代制造业和创新创意高度集成的“北京顺义创意设计集聚区”；四是以北小营中国出版集团创意产业园为中心，建设中国最大的出版物流通基地；五是继续推进新辉印刷产业基地、板桥创意天承产业基地等建设，打造各具特色的文化创意产业集聚区。

4. 确立产业发展的主要任务

第一，推进新国际展览中心建设，延伸会展产业链。加快新国展二、三期项目建设进度，完善配套设施建设，促进场馆高效利用。加大会展招商力度，催生新国展的顺义区文化创意产业“名片”效应，形成与国际惯例接轨的产业发展新格局。第二，加快创意工业设计集聚区培育，提升设计服务产业的竞争力。依托区域内丰厚的工业基础优势，建立集中的工业设计企业培育区域，构建创意工业设计共享技术服务平台，加快设计成果的市场化、产业化进程，扩大专业设计服务产业规模。以北汽研究总院、顺美服饰、江河幕墙、北一数控等研发机构和骨干企业为依托，加快中航、北京现代、萨博等重点项目建设，提升顺义区设计服务产业竞争力。第三，整合区内时尚休闲资源，推进京郊时尚休闲度假产业带建设。加快国家水上运动中心训练基地、奥运水上公园等后期项目的建设，积极引进有影响的大型体育竞赛、休闲娱乐项目。依据北京市《潮白河绿色生态发展带综合规划》，加快推动“一河两岸”的综合开发利用。依托区内水利设施、农业生态、浅山区资源等优势，推进五彩浅山“国家步道公园”和“一带五区空间结构，主题小镇创意发展”的进程。整合乔波滑雪馆、汉石桥、国际鲜花港等一批中高档文体休闲娱乐设施，办好冰雪嘉年华、郁金香和菊花文化节等一批具有一定社会影响力的文体休闲活动。第四，坚持政府引导和扶持，强化产业服务平台建设。将文化发展指标纳入区域发展水平和领导干部工作实绩考核评价体系。树立和强化服务意识，积极搭建产业服务平台，建立文化创意产业重点项目库和项目动态管理机制，做好项目的引进、建设、跟踪和监管，促进文化、创意、科技、金融、制造、旅游等多产业融合发展，不断拓展文化创意产业发展的空间。

（张建国，顺义区文化创意产业办公室主任）

B.11
昌平区：全力打造特色文化创意产业品牌

一 区域概况和发展环境

昌平区位于北京市西北部，是首都的城市发展新区，面积1343.5平方公里，下辖15个镇、5个街道办事处。常住人口173.8万，其中户籍人口54.8万。

（一）区域主要特点

1. 昌平地处上风上水，生态环境良好

60%的面积是山区，有大杨山、蟒山2个国家级森林公园和长达百里的山前暖带，林木绿化率、森林覆盖率分别为61.8%和40.3%。北京的母亲河——温榆河发源于昌平区。近年来，有多起国际赛事，特别是2008年北京奥运会铁人三项和公路自行车赛在昌平区举行。

2. 昌平历史悠久、人文荟萃

自西汉开始设县，到明代设立昌平州，筑永安城、巩华城，被誉为“京师之枕”；有明十三陵、居庸关2处世界文化遗产，银山塔林、和平寺、白浮泉等10处国家级和市级文物保护单位；历史上曾有虎峪辉金、居庸霁雪、银山铁壁等“燕平八景”；小汤山更是“中国温泉之乡”。

3. 昌平智力资源密集，科技创新活跃

区内有中国政法大学、中国石油大学等4所高校和中央财经大学、北京邮电大学、外交学院等10所高校的分校区。有18个国家级科研机构、12个重点实验室、28个国家和市级企业技术中心，近2万名科技人员，其中入选中央“千人计划”的高层次人才160名。近年来，社会研发投入、专利授权总量和技术交易总额一直位居北京市前列。35%的常住人口具有大专以上学历。2008～2012年，专利授权量年均增长50%以上。

（二）区域经济社会发展主要情况

近年来，昌平区经济社会持续健康发展，综合经济实力全面提升，城市化进程快速推进，居民生活质量显著改善，先后获得了全国科技进步示范区、普法先进区“五连冠”、双拥模范城“七连冠”等荣誉称号。2012年，昌平区实现地区生产总值500亿元，规模以上工业总产值突破千亿元，地方公共财政收入达到52.2亿元，城镇居民人均可支配收入和农民人均纯收入分别达到29938元和14967元。

1. 经济发展方面

以高技术产业和生产性服务业为主导，加快调整产业结构，昌平区已经形成能源科技、生物医药、高端现代制造三大支柱产业，占工业产值的比重80%以上。2010～2012年，中关村国家自主创新示范区昌平园的产业收入实现翻两番，突破2200亿元，高技术产业和生产性服务业占GDP的比重分别达12%和21%。大型央企在昌平区设立的法人企业和分支机构达到了126家，央企板块对地区财税收入的贡献翻了一番。科技型中小企业达到1600家，先后有9家企业在国内外上市，区内上市企业达到了19家。预计到“十二五”期末，能够形成以服务经济为主导的“三二一”产业发展格局，高技术产业、生产性服务业在昌平区经济中所占的比重将分别达到20%和30%，中关村昌平园的产业收入将突破4000亿元。

2. 城市建设方面

昌平区自1999年撤县设区以来，人口总量增长了100万，翻了一倍多；城市化率提高了20个百分点，达到64.5%，城市化进程明显加快。特别是2010年昌平区南部地区200平方公里被纳入中关村国家自主创新示范区核心区范围，成为北京市北部研发服务与高新技术产业带的重要组成部分，给昌平区的发展带来了前所未有的发展机遇。目前，昌平区基本形成了“两轴、两带、三城、多点”的总体空间布局（“两轴”即西部沿京藏高速路的科技商务和高新技术产业发展轴，东部沿立汤路的研发服务和旅游会展发展轴；“两带”即北部依托百里山前暖带形成的文化休闲产业带，南部七北路沿线形成的研发服务和高新技术产业带；“三城”即未来科技城、沙河大学城和昌平新城；“多点”即沿两轴两带分布的重点产业功能区）。

3. 社会建设方面

昌平区已建成189个社区，其中天通苑、回龙观是北京市最大的居住区，总人口达到70万，已纳入中心城区管理范围。昌平区正在探索建立对实有人口和出租房屋的服务管理全覆盖体系，对流动人口实施同城化、市民化服务。基本形成了城乡一体的创业就业服务体系，2012年荣获“国家创业型城市”称号。围绕打造首都教育发展新兴区，实施“名师名校”“名医名院”工程，建设北师大附中、清华附中等名校分校区和北大国际医院、北京清华医院等优质医疗机构，推动公共服务均等化、优质化发展。到“十二五”期末，昌平区将拥有8所名校校区和10所三甲医院。

4. 生态建设方面

“十一五”期间，昌平区成功创建了国家卫生城区和国家生态示范区，万元GDP能耗下降了31.2%，总用水量减少了3400万立方米，垃圾无害化处理率达到了95%。从2011年开始大规模平原造林，当年投入6亿多元，造林2万多亩，2012年造林3.5万亩，形成了首都文化林、志愿林、将军林、青年林等一批生态景观亮点。2013年投入9.7亿元，造林4.5万亩，到“十二五”期末，昌平区将新增平原绿地100平方公里，占平原总面积的近20%。目前，正在制定城乡风貌与大地景观规划，系统治理大气污染、污水、垃圾、违法建设等突出问题，同时，强化都市型现代农业的生态价值和景观功能，推动大地园林化、生态景观化，努力把昌平区建成天蓝、地绿、水清，城乡风貌秀美的魅力之区。

根据北京市委、市政府关于后奥运时期首都经济发展的总体部署，昌平区充分发挥区域特色和资源优势，将文化创意产业确定为全区重点发展的特色产业之一，成立了文化创意产业领导小组，设立了文化创意产业促进中心，出台了相关优惠扶持政策，吸引着越来越多的国内外文化创意企业到昌平区投资发展。

二　文化创意产业发展历程

昌平区文化创意产业促进中心自2009年成立以来，在区文化创意产业领导小组的正确领导下，深入贯彻落实科学发展观，依据北京市文化创意产业发展规划的总体要求，联系昌平区实际，坚持全面“打基础、谋发展、求突破”的工作思路，各项工作稳步推进，努力实现文创产业与城市建设融合发展，促进文化与相关产业的融合，形成多领域、多业态的特色文化创意产业发展格局。按照北京市和昌平区紧紧抓住文化大发展大繁荣的方针部署和大好形势，加快产业结构调整和优化升级步伐，坚持“文化立区”，着力促进文化要素集聚、创意人才汇聚、产业服务完善，使文化创意产业成为激发经济活力、彰显地区魅力、提升城市竞争力的重要助推器，大幅提高了“创意昌平”的知名度和美誉度。根据昌平区统计局统计数字，2012年1～12月，全区规模以上文化创意产业单位176家，各项统计指标，年平均增速达10%以上。资产总计140.11亿元，实现收入合计102.82亿元，实现利润总额75.96亿元，缴纳税金5.51亿元，从业人员突破2万，4家文创企业成功上市。

三　产业发展政策措施及成效

2012年，昌平区深入贯彻落实党的十七届六中全会、市委第十一次代表大会精神，抢抓国家、北京市加快发展文化创意产业的机遇，着力提升昌平区文化创意产业内涵，为不断提高区域软实力、打造“京北创新中心，国际科教新城”奠定了良好基础。

（一）出台促进文化创意产业发展相关政策

自2009年组建区文化创意产业促进中心以来，每年安排了大量专项资金，先后出台了一系列政策，发展和扶持了一大批文创企业，全区文化创意产业发展呈现良好态势。2012年，昌平区继续落实“1+5”文化创意产业政策体系，即在《昌平区促进文化创意产业发展的若干政策》基础上落实《昌平区文化创意产业发展专项资金管理办法》、《昌平区文化创意产业集聚区认定和管理办法（试行）》、《昌平区文化创意产业集聚区基础设施资金管理办法（试行）》、《昌平区文化创意产业贷款贴息管理办法（试行）》、《昌平区文化创意产业担保资金管理办法（试行）》等5项政策。

（二）2012年昌平区文创产业发展形势

2012年，昌平区文创呈现出“起步晚，潜力大；规模小，亮点多”的特点。一是规模上升趋势明显。据2012年1～12月统计数字，全区规模以上文化创意产业单位176家，各项统计指标，年平均增速达10%以上。资产总计140.11亿元，实现收入合计1028179.5万元，实现利润总额75962.8万元，缴纳税金55153万元，各项统计指标，平均增速达10%左右。二是产业门类逐步走向齐全。目前，软件、网络及计算机服务类和其他辅助服务类优势明显，分别占产业总收入的43.5%和19.2%；设计服务，旅游、休闲娱乐，文化艺术门类增速较快，年均达20%；广告会展、广播影视、新闻出版和艺术品交易门类出现快速增长势头。三是文化产业园格局正在形成。目前，已有宝隆艺园、宝贵石艺园、十三陵国际艺术园、昌平工艺美术园、东小口动漫网游基地、草莓博览园等多个专业园区，以及上苑、瓦窑、香堂等文化创意村落。

（三）昌平区重大文创项目建设和推进情况

2012年，昌平区全力推进重大文创项目建设。一是成功举办“第七届世界草莓大会”，并组织了“第七届世界草莓大会艺术精品展”。组织全国艺术家高水准参展，以草莓为主题，在长约300米的展示区域中，展出了包括雕塑、油画、书画、摄影等各种艺术品。二是整合资源搭建平台，成立博展创新基地。8月15日，由中国博物馆协会纪念馆专业委员会、北京天图设计工程有限公司等16家单位共同发起的北京博展创意产业联盟，在昌平区沙河地区成立。该联盟创新基地以文博产业为核心，是集创意孵化、艺术创作、科技研发、展览展示、人才培养、成果转化、教育实训于一体的产业发展及综合服务平台。目前，吸引了10家企业以及近20家工作室入驻。三是成功举办首届中国北京国际魔术大会。由文化部、中国文联和北京市人民政府共同主办的首届中国北京国际魔术大会，于11月30日至12月2日在昌平区举行，来自22个国家和地区的50多名知名魔术大师上演了为期三天的世界顶级魔术盛宴。以大会带项目，以项目带产业，促进不同魔术产业环节长期入驻，运用现代信息科技手段，积极编辑、制作魔术图书、动漫、影像等衍生产品，推进旅游业、服务业、动漫产业等其他行业联动发展，不断培育文化产业新的增长点。

四　存在的问题

昌平区文化创意工作取得了一定的成绩，但随着产业的深入发展，一些矛盾正在凸显，一些问题还亟待解决，主要表现为：

第一，规划先导作用发挥得不够，尚未从土地空间、产业分布、发展重点等方面给予科学合理的规划。

第二，总量还相对较小，在全市还没有有影响力的集聚区，与昌平区在首都总体发展格局中的地位不匹配。

第三，政策助推作用还不明显，现有政策对推动文化创意产业的大发展略显乏力，在专项资金使用上存在着撒“芝麻盐”的状况。

第四，龙头企业和品牌项目还需进一步培育。产业缺乏龙头骨干文创企业的支撑，缺少知名文化品牌，迫切需要培育壮大一批基础好、竞争力强、成长性优良、具有良好的产业链带动作用的骨干文创企业，增强昌平区文创产业的整体实力和核心竞争力。

第五，产业环境需进一步优化。文化创意产业在投融资、知识产权、市场准入、政府采购、人才引进等环节仍存在障碍，中介服务组织的作用有待进一步显现，企业间相互合作、相互促进的良好产业环境尚待继续优化。

第六，缺乏产业发展空间。产业用地紧缺，引进项目困难，同时一些现有项目在土地方面也存在各种问题，制约企业发展。

五　文化创意产业发展思路和展望

（一）加快编制有关规划，发挥规划引领作用

当前，昌平区文化创意产业促进中心正在与有关单位一道，加快编制未来文化城、明十三陵历史文化创意产业集聚区、昌平新城文化创意产业新区等重点功能区的详细规划，其中，汤泉古镇旅游文化产业功能区的规划已上报市规委等待批复。要通过加强规划，进一步明确各区域的功能定位、发展重点、突出特色，从规划上引导产业集群化、差异化、有序化发展，努力塑造昌平区的特色品牌。

（二）整合各方面资源，积极引进重大项目

加强资源统筹和整体性运作，大力整合镇村和园区的土地、人文、生态等资源，强化项目策划包装，加大招商选资力度，积极吸引高端发展要素，着力引进一批符合产业发展方向、辐射带动力强的重大项目。目前，昌平区文促中心正在与京能集团积极协调推动昌平区旅游综合体的规划与建设，郑各庄水城文化广场的规划与内容设定，国家大马戏院、北京魔术城及京北数码港新兴文化创意产业项目的引进。

（三）健全完善政策体系，提高资金使用效率

加强对文化创意产业促进工作的统筹协调，健全完善支持重点领域、重要区域、重大项目的政策体系。加大政府资金投入，提高政府扶持资金，并推动政府资金扶持从“分散资助”向“重点倾斜”转变，主要向功能区域基础设施建设、公共服务平台建设和重大产业项目建设倾斜。

（四）扩大宣传推广，组织大型活动，提高服务水平

组织区内外新闻媒体开辟专版、专栏对文化创意产业发展情况进行深度报道；不定期召开区内文化创意重点企业推介会，宣传推广重点企业；组织大型

论坛和活动，打造创意昌平品牌；加强市以上媒体宣传，扩大昌平区的品牌力和影响力。

（五）高水平参展北京文博会

精心组织、周密策划、亮点突出、高水平参展第八届北京文博会，推介昌平区优势资源和产业环境，增强国际参与度，促进对外贸易，吸引企业和人才入驻，不断提高昌平区的知名度。

（六）推进文创人才培养工程

举办区文化创意产业经营管理人员培训班，组织赴外学习考察活动，加深领导干部和工作者对文化创意产业工作紧迫性和重要性的认识，理清产业发展思路，熟悉文化市场运作规律，提高工作水平；加强企业与院校的合作，实施“校企”合作人才培养计划，强化技术开发人才实训基地；结合区人才工作，在住房、教育等方面给予一定的政策倾斜，吸引高端文化创意人才聚集昌平区。

（昌平区文化创意产业促进中心）

B.12

大兴区：优化发展环境，推进区域文化创意产业跨越式发展

大兴区作为“首都二产主阵地”，承担着“做大做强首都二产，建设南部高技术制造业和战略性新兴产业聚集区”的重要职能。文化创意产业作为大兴区大力发展的三大新兴产业的重要组成部分，区委、区政府高度重视，经过7年时间的培育，已经粗具规模。本文从产业基本发展情况、重点发展行业及项目、产业发展面临的问题和“十二五”后期产业发展展望等几个方面介绍大兴区文化创意产业发展情况。

一　产业基本发展情况

大兴，史称“天下首邑”，有着得天独厚的文化底蕴和区位优势。近年来，在区委、区政府的领导下，大兴区文化创意产业发展取得了很大进步，产业规模不断壮大，实力不断增强。2012年大兴区和北京经济技术开发区文化创意产业规模以上企业213家，实现收入175.9亿元，同比增长16.5%；税金总额8.9亿元，同比增长10.7%；利润总额1.3亿元，同比增长-86%；从业人员3万。其中，大兴区文创产业规模以上企业106家，实现收入56亿元，同比增长26.2%；税金总额2.1亿元，同比增长12.5%；利润总额1.97亿元，同比增长11%；从业人员1.18万。亦庄开发区文化创意产业规模以上企业107家，实现收入119.8亿元，同比增长12.4%；税金总额6.8亿元，同比增长10.1%；利润总额-5837亿元，同比增长-107.2%；从业人员1.9万。新华网产业园区及中国政府网、中国平安网、中国能源网等国家网站集群，盘古搜索、卡酷动画、中国电视体育联播平台CSPN、央广购物、凤凰卫视、黑龙江卫视等一批全国有影响力的知名文化企业已入驻

大兴区。文创产业已成为大兴区经济发展新的增长点和产业结构调整升级的重要推动力。

“十二五”期间，大兴区文化创意产业发展的重点行业主要集中在新媒体产业、设计创意业、影视制作产业、出版印刷业和文化休闲业。并依据文化创意产业空间布局规划思路，确立了“一轴、一区、两带”。其中，“一轴”为“南中轴”产业核心发展轴；“一区”为国家新媒体产业基地核心发展区；“两带”包括“黄亦”联动产业重点发展带、永定河水岸产业潜力发展带。

“十二五”期间，大兴区文化创意产业将围绕新媒体产业、影视制作业、创意设计业、出版印刷业、文化休闲业“四大板块”，以国家新媒体产业基地为依托，着力抓好“三个一”，打造北京市新的文化创意产业增长极：一是“发挥一个优势”，目前，大兴区与北京经济技术开发区已经深度融合，新媒体产业基地已于2012年10月整体纳入“中关村国家自主创新示范区”范围，同时享受“双政策”覆盖的优势；二是“抓好一个契机”，充分利用新机场建设的重大契机，以“新媒体　新机场　新北京”为发展理念，带动高端新兴文化产业聚集发展，借新机场建设之机乘势而上；三是“搭好一个平台”，充分挖掘新媒体产业的发展潜能，建设具有示范引领性的国家级新媒体产业园区，发挥服务平台功能，引导重大项目入区。

二　重点发展行业及项目

（一）重点发展行业

1. 新媒体产业

《大兴文创》中提出，要“将新媒体产业作为大兴区文化创意产业发展的核心产业，以国家新媒体产业基地为基本发展平台，建设成为国内外新媒体产业总部集聚区”。

作为大兴区着力建设的文化创意产业核心园区，新媒体基地占地面积约10平方公里，拥有以新华网（即将于主板上市）、中国政府网、中国文明网等为代表的国家级网站集群，以及盘古搜索、卡酷卫视、央广购物、香港卫视、中国电视体育联播平台 CSPN、金日新技术公司等知名新媒体企业数十家，产业特色显著。2012 年，国家新媒体产业基地技工贸总收入 180 亿元，工业总产值 50 亿元，纳税总额 5 亿元，超额完成全年经济任务。

2. 设计创意业

《大兴文创》中提出，设计创意业要“大力推动大兴区设计创意业发展，提升现代制造业产品附加值，迅速成长为北京知名、国内领先的综合设计创意产业集群”。

2013 年中国设计节暨第二届中国设计发展年会举办期间，将举行“中国设计瑰谷”揭牌及共建仪式，届时“中国设计瑰谷”将正式落地大兴区。“中国设计瑰谷”根据已有产业基础、市场条件，主要沿京开高速，紧靠制造业产业集群进行布局，重点建设“一谷五园”。“五园”分别为设计企业创意园（CDD 创意港）、建筑工程设计产业园、服装文化创意产业园、博洛尼都市设计园和亦庄西曼设计园，总规划面积 400 万平方米。同时，《关于促进新区设计产业发展的若干意见》及配套实施细节也随之发布，该政策主要聚焦设计企业及设计产业园区，支持奖励内容涵盖范围广泛，主要支持内容包含 14 个方面，包括鼓励设计大企业、大项目进驻新区、鼓励设计企业集聚发展、对设计企业在上市、贷款融资等方面进行金融支持等，该政策立足企业发展的现实需求，力争发挥政策资金的引导和撬动效应，推动区域设计产业规模化、集约化、专业化发展。

3. 影视制作产业

《大兴文创》中提出，要“立足中国北京星光电视节目制作基地，积极吸引全国各省市电视台驻京机构等入驻，力争到‘十二五’期末，成为国内综合电视制作中心总部”。

大兴区拥有国内唯一的国家级电视节目制作基地——星光影视园（与全国 54 家电视台签约合作，《星光大道》、《非常 6 +1》、《综艺盛典》等众多明星节目均在此录制），2012 年，星光影视园“中国影视大乐园”开园迎宾，作为中国首家影视深度体验主题乐园，“中国影视大乐园”实现影视制作与文化体验的深度融合，进一步延伸了产业链条。同时，星光影视园新区项目也在建设中。新区总占地面积200亩，将围绕“中国北京星光电视节目制作基地”，建设纯粹的全媒体生态园，打造国际交流平台，吸引国际大型活动在园区落地、国际传媒巨头入驻。

4. 出版印刷业

《大兴文创》中提出，出版印刷业要“积极支持北京国际印刷包装产业基地建设，加速基地从传统出版印刷向数字出版印刷产业转型，提升大兴出版印刷产业整体实力和知名度”。

截至2012年底，文化创意产业的九大行业中，大兴区大部分领域处于收入增长状态，其中新闻出版领域实现收入31亿元，同比增长11.3%。新闻出版单位共有44家，单位数量在九大领域中仅少于软件、网络及计算机服务，位居第二，所占比重为20.6%。

5. 文化休闲业

《大兴文创》中提出，“以文化旅游休闲业和文化体育休闲业为突破口，在现有生态旅游基础上，重点发展‘文化引领、创意带动、科技保障、体验旅游’的文化旅游项目，力争打造成为北京知名的文化休闲产业示范区”。

截至2012年底，大兴区旅游、休闲营业收入11.4亿元，同比增长43.5%；上缴税金4152万元，同比增长60.7%。从现有进展情况上看，文化休闲业将为“十二五”期间文化创意产业发展注入新的活力。

（二）重点发展项目

1. 基础性项目

国家新媒体产业基地（CNM）文化体验提升项目。该项目预计投入资金3亿元，通过增加小型艺术景观群、雕塑，增设道旗、艺术围挡、夜景照明等设施，创造鲜明、完整、一致的视觉形象。作为市级重点集聚区基础设施建设项目，申请市级财政资金支持。项目建成后，对整体提升园区环境和形象具有重要作用，将进一步提高园区对项目的承载力。

目前项目已完成了前期策划、立项审批等工作，文化内涵整合提升工程也已经基本完成，正在进行景观优化改造，形象元素的衍生应用正在设计开发中。

2. 已实施项目

中国影视大乐园旅游设施提升改造项目。该项目总投资9500万元，作为文化创意产业与旅游产业融合的示范项目，在影视产业中加入旅游体验内涵，将延长影视业态的产业链，为游客提供一个集休闲娱乐、体验教育、个性发挥和特长挖掘的影视体验基地，并已于2012年亮丽开园。

3. 在建实施项目

（1）南海子公园项目

南海子公园是《北京城市总体规划（2004～2020年）》和《北京市绿地系统规划（2006～2020年）》确定的北京四大郊野公园之一，是首都建设“世界城市”的重点生态项目。总体规划面积11.65平方公里，其中公园占地面积8.01平方公里。南海子是辽、金、元、明、清五代皇家御猎场，公园建设以恢复湿地生态为基础，传承文化为灵魂，打造北京市政府的惠民工程，建成以湿地和文化为两大特色的多功能、可持续发展的综合性公园。项目计划总投资100亿元，以“一线、两点、三宫、九台、一寺、一庙、一阁、五区、一戏”作为南海子公园整体建设思路，形成“九台环碧，南海兴荣”的湿地文化景观区。

（2）CDD创意港项目

项目由北京春光集团投资26亿元，打造自主设计研发的工业设计产品实物展示和以信息发布为主题的设计与产品展示交流区，还具有孵化青年创业、中小企业的功能。

（3）北普陀改造项目

项目方盛达集团股份有限公司是以矿业为主业的股份制实业集团。该项目计划引进以敦煌文化元素为主的学术研究、数字展演、实景演绎等项目，完善各项服务功能及软硬件设施，打造独一无二的“盛世敦煌文化产业基地”。

（4）威克多时尚创意中心项目

项目建设规模约11万平方米，其中包括为自身及引进企业的总部及研发中心，项目总投资11亿元，拟落户于新媒体基地北区。建成后，预计实现年销售收入达到8～10亿元。

4. 储备项目

（1）北京市文化创意产业投资基金及产业园项目

项目母基金由北京市国有文化资产监督管理办公室出资设立，首期募集规模为20亿元，并将通过政府资金的引导放大作用，与其他社会资本共同发起设立若干规模10亿元左右的子基金，投资于北京市的文化产业领域。项目拟在国家新媒体产业基地建立北京市文化创意产业投资产业园，吸纳基金公司及其投资企业入驻产业园，形成区域集群效应，优化全市文化金融产业格局，促进文化创意产业快速发展。

（2）星光影视园新区项目

总占地面积200亩，围绕“中国北京星光电视节目制作基地”，建设纯粹的全媒体生态园，吸引国际大型活动落地、国际传媒巨头入驻。项目总建筑规模56万平方米。项目总投资约人民币70亿元，建成后将带动GDP 200亿元。

（3）中国新媒体之都项目

项目方为新华都市传媒，是国内最具实力的传媒产业运营公司，计划建设占地200亩，前期投资20亿元的中国数字多媒体、互联网、视觉特效等新媒体产业聚集区，力求打造中国新媒体产业园区中的“标杆”，预计成熟运营期将产生200亿元年产值，实现纳税20亿元。

（4）聚宝盆项目

项目计划在国家新媒体产业基地筹建中国创新产品展示交易中心，总面积25万平方米，建成后目标实现300亿元的年交易额；建设中国工业设计产业服务基地，预计可实现20亿元的设计产值，间接带动地方产业1000亿元；建立中国电子商务产业服务基地，引进200家传统品牌企业电商总部入驻大兴区，实现300亿元年销售额，带动电商服务业50亿元。

三　产业发展面临的问题

（一）产业发展基础设施建设有待进一步提升

大兴区文化创意产业整体处于从培育期向成长期转型提升的关键阶段。产业基地基础设施建设相对滞后，园区文化环境尚需提升，产业综合配套服务需要进一步提高。虽然在“十二五”前半阶段，大兴区新媒体基地以折子工程为抓手，平稳推进基础设施建设，但是在道路交通、信息网络和电力设施等基本配套设施方面还需要加强。另外，公共基础性软服务平台类项目建设尚不到位。因此，产业发展软、硬件建设水平亟待提高，需要优惠政策及资金支持。

（二）产业结构调整亟须进一步升级

目前，大兴区文化创意产业总体处在产业链中下游区域。从内部结构看，具有核心知识产权的产业缺乏，自主创新能力不足。同时，在规模以上文化创意产业中，现代服务业比重明显不足。目前，虽然有200多家文化单位入驻，产业集聚规模也在不断扩大，文化创意产业集聚发展的格局也已经基本确立，但是文化资源与相关行业融合不够，具有较强辐射带动作用的文化品牌企业和龙头企业缺乏，并存在单位数量少、企业规模小、抵御风险能力差等问题。尤其是近两年外部经济形势不稳定，对产业发展形成较大压力。文化创意产业单位数量有所减少，总体呈下降趋势，并且多行业出现经营疲软状态，产业竞争力较弱，产业吸纳就业和创造税收能力尚未充分显现。

（三）需要进一步发挥重大项目的带动作用

从目前的发展阶段来看，需要有效利用重大项目的影响力，吸引更多的大型项目和世界500强企业进驻大兴区，依靠重大项目带动文化创意相关产业上下游集聚发展，构建完整产业链，将是有效的发展途径。对于具有发展前景的重大项目，如南海子公园项目、星光影视园新区项目、CDD创意港项目、北普陀改造项目、北京新媒体产业园项目、北京星牌·龙熙文化体育休闲度假区项目等。因此，需要加大对重大项目的扶植力度，加快项目落地、开工、投产速度，尽快发挥大项目的带动作用，为推动区域文化创意产业大发展、大繁荣贡献力量。

（四）产业行业存在发展不均衡的问题

截至2012年底，在新区文化创意九大行业中，大兴区仅有新闻出版，软件、网络及计算机服务，旅游、休闲娱乐，其他辅助服务出现亏损，然而从利润的同比增幅来看，在有盈利的领域里，仅文化艺术，广播、电视、电影，广告会展，艺术品交易，设计服务实现了利润的正增长。当然，由于企业经营的特殊因素，如确认收入方式的不同，会对利润总额的确定产生影响，但是盈利能力的不稳定以及受外部经济条件影响明显的特征，仍不利于产业整体又好又快地发展。

（五）亟须加快复合型文化人才队伍培养

从文化人才队伍建设情况看，大兴区在文化人才建设方面，文化创意专业人才总量储备较少，且从业人口比例较低。目前，大兴区文化创意产业从业人口3万，距“十二五”规划中7万从业人员的目标还有相当一段差距。同时，文化创意专业人才尤其是高端创意人才相对缺乏，还没形成培养、引进和使用高端人才的良好运营机制。

文化创意产业作为大兴区重点发展产业，目前正经历发展的初期阶段，行业起步晚、单位数量少、企业基础相对薄弱等事实客观存在，经济发展环境、物价等各方因素左右其发展进程，致使企业应对市场经济波动能力较差，经营发展不稳定。

四 “十二五”后期产业发展展望

（一）强化功能区定位与引导，激发文化创意产业发展动力

在“十二五”后期，一是结合各区县产业园区发展现状及资源禀赋，进行差别定位，鼓励引导产业园区进行产业基础设施建设和平台建设。目前，南城网络环境整体水平有限，不能满足文化企业的网络使用要求，建议能够协调基础运营商，加强南城有线及无线网络基础设施建设，提高网络速度和服务水平；二是对项目资源进行宏观调控，根据各功能区的特色进行项目调配，将具有新媒体特征的项目向大兴区集聚，引导特色产业做大做强。通过强化产业目标，加大引导力度，进一步激发产业发展的动力。

（二）提升功能区的地位与权限，完善产业投融资体系

在“十二五”后期，鉴于文化产业的特殊性，建议在功能区规划建设中能够给予功能区管理机构在行政序列中特殊的地位，在人、财、物等方面给予自主权，在税收、土地、投资等方面给予有别于实体经济的优惠措施。特别是在加快文化创意产业投融资体制改革方面，要积极促进文化和金融的融合发展；并积极吸引社会资本，放宽市场准入条件和领域，鼓励社会资本参与本区域文化创意产业的投融资，努力构建“市级资金、区级财政投入、市场融资投入、社会投入”四位一体的文化创意产业投融资模式；积极帮助对区域内有发展潜力的文化创意产业优质项目争取国家和北京市政策支持，多渠道筹措资金等，完善文化创意产业投融资体系建设。

（三）推进产业集聚园区建设，促进文化创意产业集聚发展

文化创意产业园区是一系列与文化创意有关系的，产业规模集聚在特定区域内，具有鲜明文化创意形象，是发展文化创意产业最有效的途径。当前，大兴区已经建立起诸如国家新媒体产业基地、中国北京星光电视节目制作基地、中国工业设计基地等。今后大兴区高端创意文化区重在突出亮点特色。在“十二五”后期，大兴区将依托区内文化创意产业基础，推动文化创意产业亮点项目集聚发展。一是建设国家新媒体产业区；二是打造国家电视综艺节目创意区；三是打造国家工业设计示范区；四是打造国家文化休闲功能区。

（四）打造文化企业品牌，扶植实力型企业发展

在“十二五”后期，随着文化创意产业园区建设的完善，引进企业的步伐不断加快，新华网等一批高端科技企业进驻园区。强大动力的注入，必将带动大兴区文化创意产业的良性发展。通过打造具有竞争实力的大型龙头企业和大力支持文化企业加强品牌建设，辐射带动相关产业发展，加快行业发展总体进程，进而提升文化创意产业整体的经济地位和影响力。此外，要将培育企业品牌和打造区域品牌结合起来：一方面，文化创意产业集聚区依托区域内著名

企业加强宣传，提高影响力，提升集聚区品牌价值；另一方面，文化企业通过在集聚区加强宣传推广，提升企业的知名度。

（五）加强功能区人才政策研究，加大对文化创意产业专业人才的培养

发展文化创意产业，关键要靠人才，要重视文化创意产业人才的培养和引进，深化功能区人才政策的进一步研究。在“十二五”后期，一是建议搭建功能区与首都高校间的创新人才交流平台，为功能区管理机构、入区企业提供智力支持和人才保障；二是建议制定针对高级文化创新人才的专项扶持政策，对功能区管理机构及入区企业在文化创新人才落户、《北京市工作居住证》办理等方面给予优先支持，帮助功能区特别是区域禀赋较弱的区域加强对人才的吸引力度；三是积极开展优秀创意人才评选、创意大赛、创意设计大赛等活动，挖掘、展示文化创意产业的优秀人才，拓宽思路，提高能力。同时，加大对企业创意人员的培训，促进创意人员素质的提高，为企业自主创新提供智力支持。

（奚大龙，北京嘉乐世纪科技有限公司总经理；李德刚，国家新媒体产业基地副总经理；刘峰，国家新媒体产业基地项目科科长）

B.13

怀柔区：文化创意引领怀柔新区转型升级

发展文化创意产业是推进首都产业结构优化升级和经济发展方式转变的重要途径，是落实北京市城市功能定位的重要手段。近年来，怀柔区围绕建设“文化科技高端产业新区”的战略目标，文化创意产业从区域先导产业渐成支柱产业，已经形成以影视产业为核心，以广告会展、文化旅游、原创艺术等为支撑的产业格局，在北京的文创产业发展版图中形成了鲜明的特色布局。

一　概况和历程

怀柔区地处北京市东北部，区域面积2122.6平方公里，地势南北狭长，林木覆盖率75.1%，98%以上地区属北京市饮用水源保护区，优越的生态环境使其成为“首都的后花园”。怀柔全区共12个镇、2个满族乡、2个街道办事处，284个行政村和30个社区，常住人口37.3万。2012年，怀柔区实现地区生产总值184亿元，三次产业比为4∶61∶35，地方财政收入23.5亿元。

二　核心产业发展历程

影视产业是怀柔区文化创意产业发展的核心产业，创造的收入长期占据全区文化创意产业总收入的一半以上。中国（怀柔）影视基地是北京唯一的影视产业集聚区，也是北京影视之都的重要承载地。怀柔区影视产业发展起步于1995年落户杨宋镇的飞腾影视城（现已变更为星美今晟影视城）；2005年底开工建设、2008年7月底正式投用的国家中影数字制作基地，使怀柔区的影视发展有了引领全国电影产业发展的核心资源。2006年12月，中国（怀柔）

影视基地被认定为北京市首批10个文化创意产业集聚区之一。2007年编制了《中国（怀柔）影视基地实施方案研究》和《影视基地发展规划》。2011年12月，市委十届十次全会把“中国（怀柔）影视基地”列为重点建设的文化产业集聚区。2013年1月，《市政府工作报告》把“中国（怀柔）影视基地”建设列入重大项目。截至2012年底，影视基地核心区累计实现固定资产投资45亿元；集聚中影、星美等影视企业360家，拍摄或制作影视作品超过1300部，近年来票房过亿元的国产大片近半数出自怀柔区，该区被誉为“中国影都”。

三　文化创意产业发展与成效

（一）影视产业核心引领，重大项目加快集聚

国家中影数字制作基地已跻身亚洲第一，拥有世界一流水平，拥有国内顶尖技术人员和专业研发人员300余人，设备、技术可媲美好莱坞，制作数量不断增加，仅2012年就超过200部。以中影股份为代表的中影体系23家企业落户怀柔区，涵盖了制片、营销策划、发行、演员经纪等各个产业环节，中影洗印分公司已涉足国际后期加工制作市场；中影数字巨幕公司研发生产的电影巨幕市场占有率快速增加；中影环球（北京）科技公司正在研发电影院线全国控制运营中心。

星美今晟影视城是北方最大的明清风格外景地，接待剧组数量逐年递增，仅2012年达80个，拍摄了《大宅门》、《京华烟云》等600余部影视作品，并投资3000万元，建设了星美酒店、雅香阁餐厅等配套服务设施，现正向集拍摄、制作、培训、旅游、新媒体于一体的多元化方向发展。

此外，五星级国际影人酒店占地99亩，总投资9亿元，一期酒店部分已于2012年8月正式运营，经营状况良好，为来怀柔区拍摄的各界人士提供了良好的居住环境；制片人总部基地占地436亩，总投资20亿元，总建筑面积31万平方米，具备企业集聚、产业孵化等功能；北侧11万平方米工作室2013年下半年开工；中影洗印分公司总投资为1.67亿元，占地总面积58亩，已进

行试生产；中影二期项目位于一期的南部，占地249亩。以影视科技为主，已完成总体规划方案设计，正在办理征地手续。辉煌百代数码影城项目将建设医院、监狱、公安局等特殊拍摄影棚，引进国际先进置景工艺，现正进行规划方案审定。同时，核心区已有5条改造或新建道路相继竣工通车，基本形成棋盘式道路格局；投资4500万元建成110千伏城东变电站，保障影视新城大发展电力需求，供水、通信等市政条件也实现同步配套。

（二）高端会展蓄势待发，国际会都即将发力

1995年，第四次世界妇女大会非政府组织（NGO）论坛让怀柔区这个小城蜚声海内外。10年后，接连举办的世界小姐、国际小姐赛事、汽车拉力赛、东亚商务论坛等国际会展活动让怀柔区这座明珠城再次走到世界面前。

一两年之后，以雁栖湖生态发展示范区为支撑的国际会都将成为北京市建设中国特色世界城市的重要组成部分。依托雁栖湖周边的青山碧水，未来的国际会都将以政治、经济会议为主要内容，具备接待G20首脑会议等大型国际会议和开展大型高端商务会展活动的能力。

“国际会都”规划总面积31平方公里，其中建设面积8.4平方公里，项目主体包括国际会都核心岛、日出东方酒店、松秀园酒店群、雁栖小镇等配套项目建设以及环湖景观整治与改造工程。岛上的国际会议会展中心可容纳5000人同时参会，而整个“国际会都”最多可容纳2万人进行各种会议。岛上规划的直升机停机坪，将打开一条使会议中心与外界直通的空中走廊。

在国家有关部门和北京市的支持下，整个雁栖湖地区还开通了外联络线通道，驱车从京承高速14号出口可直达“国际会都”。联络线设了6对出口，将与京承高速公路共同组成连接城市中心区和首都机场的快速联络通道。目前，怀柔区正在举全区之力加紧建设，确保“国际会都”尽早投用。届时，这里不但会成为国际一流的生态发展示范区，更是首都国际交往职能的重要窗口。

（三）文化旅游异军突起，产业融合逐步深入

青山秀水，虹鳟美食，引游客走进农家乐；长城古寺，民俗风情，让贵宾

流连影视城。京郊旅游，首数怀柔。

2013 年初，怀柔区区委、区政府出台了《怀柔区加快旅游产业发展实施意见》，明确了“要发挥文化对旅游业发展的引领带动作用，推动文化产业与旅游产业深度融合，实现文化提升旅游，旅游传播文化的新模式”的指导意见。

目前，怀柔全区已建成开放了以山水和人文景观为主的景区、景点 26 个，基本形成了以自然风光游为基础，以休闲度假游、乡村美食游为特色，以影视体验游、商务会展游、竞技赛事游为时尚的多元化的旅游产品格局。今后，文化对怀柔区旅游提升及文化与旅游的融合，主要体现在三个方面：

第一，以长城、古寺、满族民俗风情为特点的人文旅游。怀柔区内长城 65 公里，从东边的河防口、箭扣到中部的慕田峪，再到最西边的黄花城水长城，或神奇险峻，或独特秀美，集中了中国万里长城诸多之最。这三个节点长城的修缮保护工作还得到了北京市的高度重视，游客有望在有效保护和合理开发下享受更多的长城文化和风光。

第二，以影视基地核心资源和外景地风光为主的影视文化游。目前推出的“基地游”，将国家中影数字制作基地、星美今晟影视城、老爷车博物馆、鹿世界、花世界五大产业资源进行整合，已打造出一条具有影视文化特色的精品旅游线路；“外景地游”以寻找剧组拍摄轨迹为乐趣，位于桥梓镇的鹅和鸭农庄，接待过《铁梨花》、《新还珠格格》、《拯救女兵司徒慧》等60 多部电视剧剧组，外景拍摄与自然风光和谐一体，叫好卖座的贺岁大戏《让子弹飞》、夺人眼泪的幸福家庭剧《家的 N 次方》的外景拍摄地青石岭，也已经形成以外景地游为主的重要的旅游线路。

第三，节庆文化游已成为文化旅游新热点。“敛巧饭满族民俗风情节”、虹鳟鱼美食节、全国汽车场地越野锦标赛（COC）精彩落幕等系列文化活动的成功举办，有效提升了怀柔区文化旅游产业的知名度，也成为怀柔区民俗文化的重要特征。

（四）原创艺术华丽起步，艺术剧目推陈出新

原创艺术是怀柔区文化创意产业发展的又一亮点，目前，以艺汇家国际手

工村为代表的原创艺术园区建设已正式起步。该园区旨在打造世界第一、规模最大的手工生活艺术品集散地，总占地面积10万平方米，项目总投资近7亿元，主体包括“五馆一场”和功能配套“一店、两街、三中心”。

事实上，原创艺术已经在怀柔区遍地开花。中国红陶瓷声名鹊起，并为新版电视剧《红楼梦》提供道具，釉上粉彩瓷器被选为“北京礼物”并荣获银奖；和合局漆雕被数次选为“国礼”赠予国内外知名人士，并为奥运会制作特别勋章；布糊画、景泰蓝、秸秆画等创意产品受到越来越多的关注。全区还集聚了书法、绘画、雕塑、摄影、工艺美术、民间艺术品制作等门类的艺术家，工艺美术大师刘忠英、布糊画传承人滕天欣、浮雕艺术家范秀龙等。

依托丰富的原创艺术资源，怀柔区不断尝试原创音乐剧目的创编、演出，首部百老汇原创音乐剧《何处寻爱》成功巡演；昆曲《红楼梦》（上、下本）完成在国家大剧院首演，昆曲电影《红楼梦》拍摄完成并在北京大学首映；新引进的北京人艺艺术创作中心项目，将承担舞美制作、道具仓库、艺术创作和影视拍摄等功能，进一步丰富怀柔区文化演绎产业资源。

（五）专业村落各具特色，产业富民作用显现

为带动农村地区文化创意产业发展，怀柔区出台了《怀柔区培育农村文化创意产业发展的若干扶持政策》，为农村文化产业专业村发展提供了有力支持。

目前，全区认定了首批三个文化创意产业专业村，即红庙北京红灯笼第一村、庙上红色文化村、项栅子正蓝旗满族民俗旅游专业村，逐步形成了“以文促农”的产业发展模式，产业富民战略不断深入，还涌现了慕田峪长城国际文化村、杨宋仙台影视拍摄村、新王峪陶艺村等一批新的文化创意产业专业村。

其中，位于九渡河镇的红庙灯笼村作为专业村发展典范，其制作的灯笼远销美国、英国、日本、新加坡等20余个国家。为进一步完善灯笼制作产业链条，该镇专门聘请技师开展灯笼穗编制培训，降低成本的同时增加村民就业率。截至目前，九渡河镇已发展二道关、九渡河、黄花城等灯笼村5个，研发

各种灯笼新品种400多种，灯笼产业年销售收入达500多万元，吸纳劳动力就业300余人。

长城国际文化村项目建设实施以来，已逐步形成了“长城文化、乡土文化、国际文化”相结合的乡村旅游示范新区。目前，入住长城国际文化村的国际友人近百人，带动了国际文化村周边文化旅游产业的发展。

四　文化创意产业发展机遇和挑战

（一）存在的问题

从总体上看，怀柔区文化创意产业还存在着一些突出问题。一是有规模的实体项目落户少。主要原因是外省市政策力度大，竞争激烈，前来洽商的企业对比过去中影项目和外地政策反差大、要价高。此外，影视功能区各级政府手中没有掌握可直接供应土地资源，文化和影视公司无力进行一级开发。二是规模企业和实地经营企业所占比重较小。全区4000多家文化创意企业、300多家影视企业中，重点文创企业仅115家；新增的企业基本都是注册类经营企业，影视及相关配套服务企业在怀柔区实地经营数量不足10%。主要原因是：制片人总部基地、影人酒店二期等影视配套项目尚未投入使用，缺少为中小企业提供支持的公共服务平台；相比城区和近郊区，怀柔区交通不便，商务环境、生活服务、基础设施有较大差距；相比外地，产业政策对入驻企业实地经营支持力度尚有所欠缺。三是中影二期等重点项目推进速度较慢。

（二）发展机遇

怀柔区文化创意产业面临着很好的发展机遇，主要体现为：

第一，首都优势。北京市是全国的政治、文化、经济中心，是历史名城，并提出了打造世界城市的战略目标。同时，云集全国80%的制作机构，技术装备、影视人才数量与水平在全国领先。2012年，北京市电影票房达16.12亿元，居全国城市榜首；影院数、银幕数、人均银幕数均居全国首位。此外，北京市在制定并落实政策、集成文化资源、深化机制体制改革等方面也具有显著优势。

第二，影都优势。怀柔区影视产业发展正逢其时，产业发展规划和分步实施方案明确，并按照规划和方案在核心资源、企业入驻、项目落地、市政建设等方面得到较好落实。在全国近千家影视基地和20家重点基地中，以后期制作为核心的怀柔影视城特色突出，排名前列，影响力大。怀柔区拥有唯一的、不可复制的、中国电影产业完整链条的核心资源——中影基地和中影体系大部分企业；编制了高水平的产业规划和实施方案；已有影人酒店、制片人总部基地等功能性项目；核心区拥有较完善的市政条件，影都品牌影响力在全国领先。

第三，影都、会都、科技城融合发展优势。融合互动格局初步形成，众多资源成为影视产业有力支撑。中国（怀柔）影视基地、中国科学院怀柔科教产业园和雁栖湖生态发展示范区同步建设，形成融合互动格局。超级云计算等技术，能够在图形处理、数据储存传输等方面提供高科技服务，充分满足大电影制作需求；以会议会展为主要功能的“国际会都”将有效承载更多、更高规格的影视活动举办。生态环境建设、新农村建设和丰富的自然人文景观形成了若干影视外景地，成为影视产业重要组成部分。同时，影视产业对科技、会展、旅游等各项建设也形成了有效拉动。

五　发展思路展望

发展文化创意产业，是推进首都产业结构优化升级和经济发展方式转变的重要途径，是落实北京市城市功能定位的重要手段。围绕建设“文化科技高端产业新区”的战略目标，下一步，怀柔区将从建设“北京影视之都”的重要承载地、首都国际化窗口的高度出发，全面推进中国（怀柔）影视基地建设，加快以影视产业为核心，以广告会展、文化旅游、原创艺术等为支撑的文化创意产业发展。

（一）产业布局有效落实，优化完善空间规划

根据《文化科技高端产业新区发展规划》并结合影视产业发展规划，怀柔区正在对《北京怀柔新城07、08街区控制性详细规划》进行修改完善，按

照影视产业全链条发展布局，怀柔影视产业功能区将实现土地、城市规划和产业规划密切衔接，融为一体。通过引进大型综合地产企业国奥集团对影视基地核心区进行整体土地一级开发、改善民生，将更多土地用于发展影视产业；拓展区沿杨雁路延伸扩展到18平方公里，为影视产业预留空间。在全区范围内，鼓励各镇乡在发展沟域经济和旧村改造等新农村建设中，增加影视文化元素，兼顾满足影视拍摄外景地需要。在配套产业中，做好学校、医院、餐饮、住宿、商业、娱乐等设施的规划。

（二）产业格局加快转型，促进产业融合发展

目前，怀柔区正在同步建设中国（怀柔）影视基地、雁栖湖生态示范区和以中国科学院为核心的“科技新城”。这些项目得到了北京市领导的高度重视，能为北京市建设影视之都和会展之都、实现文化科技融合发展提供有力支撑，也将彻底打破怀柔区文化创意产业以影视产业为绝对龙头的发展格局。随着产业融合趋势的不断深入，文化、科技、会展等产业将有机地形成一体。已竣工的北京超级云计算中心将文化创意产业作为八大重点服务领域之一，能充分满足大电影制作需求；影视产业的发展也将更好地促进科研成果的转化。以会议会展为主要功能的“国际会都”则会有效承载更多、更高规格的影视活动举办，让世界注目怀柔。

（三）加快完善工作机制，研究产业招商政策

整合完善工作机制，促进以影视产业为核心的全区文化创意产业发展。加强影视产业推进力量，更加科学统筹影视产业和全区文化创意产业发展。同时，抓紧研究制定《促进影视产业发展的扶持政策》，主要从专项资金、财政支持、土地供给、包装项目、绿色通道等方面，加大对影视核心环节的重点企业和项目的支持力度。加强与工商银行北京分行怀柔支行等金融机构对接，推出影视金融产品，打造影视特色银行，助推产业发展。

（四）全力争取中央部委和市级支持

怀柔区正在争取成立由市领导挂帅的怀柔影视基地建设领导小组，并将重

大产业项目列入市级审批绿色通道；争取重点项目、重要活动落户怀柔区；争取市区共同出台影视产业专项政策设立专项资金；争取创建国家级影视产业示范区。

（吕晓国，怀柔区文化产业发展促进中心主任；张迪，怀柔区文化产业发展促进中心产业信息部副部长）

B.14

密云县：大力发展文创产业，助推绿色国际休闲之都建设

密云县紧紧围绕生态涵养发展区工作方略、“三个走在前列”奋斗目标、建设“绿色国际休闲之都”和树立“红色密云、绿色密云、金色密云”形象，以充分发掘区域文化创意产业资源优势、提升文化与创意含量、带动区域整体发展为根本出发点，紧抓项目建设，优化区域发展环境，加快推进文化创意产业集聚发展。

一　发展文化创意产业优势

近年来，密云县深入实施“生态涵养发展区”的工作方略，为促进文化创意产业发展奠定了良好的基础。

（一）生态优势

密云县“有山有水，又大又美”。经过长期水源保护，密云县形成了得天独厚的生态环境，全县林木生态覆盖率72%；空气质量达到二级和好于二级的天数占全年的80%以上。密云是国家生态县，并成为全国首批6个生态文明建设试点地区之一，全县17个镇全部成为全国环境优美乡镇，文明生态村实现全覆盖，为文化创意产业发展创造了无与伦比的生态环境基础。

（二）文化优势

密云县文化资源丰富，历史文化、边塞文化、红色文化、民俗文化等构成了华美的文化乐章。从距今40万年以前旧石器时代人类活动的足迹，到距今

4200年的北京第一古城共工城，到抗日战争时期重要的根据地，再到五音大鼓、九曲黄河阵、鱼王美食节、农耕文化节、民俗文化节等非物质文化遗产和特色文化节庆活动，为文化创意产业奠定了良好的文化资源基础。

（三）旅游优势

密云县县域内有华北物种基因库——雾灵山、北国黄山——云蒙山、京师锁钥——古北口，华北地区规模最大、设备最先进的南山滑雪场，以及黑龙潭、白龙潭、桃源仙谷、紫海香堤香草艺术庄园等，特别是被路透社评为"全球最不容错过风景"榜单首位的世界文化遗产司马台长城，这些极其丰富的旅游资源为文化创意产业提供了良好的载体。

二　文化创意产业实现平稳增长

2012年，密云县文化创意产业实现稳定增长，主要指标中除资产总计外，均呈增长态势（见表1）。其中，规模以上文化创意产业收入合计累计14.8亿元，比上年增长6.6%；营业利润累计达到1.03亿元，比上年增长19.9%；从业人员平均数达到2982，比上年增长0.8%。

表14－1　2012年密云县规模以上文化创意产业分类汇总表

	2012年累计	2011年累计	增幅(%)
收入合计(万元)	147660.6	138520.7	6.6
税金合计(万元)	7618.6	5846	30.3
营业利润(万元)	10310.7	8596	19.9
利润总额(万元)	5831.6	2132	173.5
资产总计(万元)	110721.9	144546	－23.4
从业人员平均数(人)	2982	2956	0.8

三　密云县文化创意产业取得的成果

（一）形成了一批文化创意产业集聚新区

通过招大引强、做大做强，成功引进张裕爱斐堡国际酒庄、港中旅房车营地、中青旅古北水镇、华润希望小镇、北新建材、北汽福田等大企业、大项目，为推动文化创意产业发展注入了新动力，带动了相关产业的集聚发展和经济增长。在这些大项目和文化企业的带动下，形成市级文化创意产业园区 2 个，即北京古北口国际休闲谷产业集聚区、北京数字信息产业基地；县级文化创意产业集聚区 4 个，即密云县潮河红酒产业基地、隆源印刷产业园区、东方神韵产业园区、华润希望小镇（含天福号农庄）。

（二）发展了一批文化创意产业发展新业态

在深度挖掘产业功能的同时，将文化创意元素融入产业发展中，延伸产业发展链条，推进第一、第二、第三产业与文化创意的融合互动发展，形成产业融合较强的文化创意发展业态。例如推动第一、第三产业融合型创意产业发展，着力打造以区域特色鱼文化为主题的鱼王美食一条街。在保护水源环境的前提下，沿密云县水库南岸公路，统一规划建筑风格和景观，建设形成以鱼饮食文化为主要内容的集餐饮、娱乐、休闲于一体的鱼王美食一条街，促进了一产与三产的融合发展，增加了当地渔民收入，被评为北京市旅游新八种业态之一。

（三）培育了一批文化创意新产业

在积极引进重大项目的同时，注重引进和培育特色文化创意产业项目，丰富产业发展内涵，打造具有浓郁特色的文化创意产业基地。例如北京（密云）影视动漫数字制作基地、北京三浦灵狐动漫产业基地相继落户密云县，填补了密云县动漫产业的空白。被确定为北京市文化创意产业先导基地的北京紫海香堤香草艺术庄园，以薰衣草种植为主，配套建设香草城堡、香草会所、画房、婚礼广场等景观，营造出法国普罗旺斯风情，与古长城景观相辉映，成为集中外风情于一身的文化创意产业基地，通过采取“公司 + 合作社 + 农户”的形式，发展形成具有 1200 亩种植面积的香草产业。此外，还有以梨文化产业为主的 365 日梨园，以铁文化为主题的首云铁矿工业旅游基地，以植物景观为主题的太师屯人间花海、北庄油菜花、新城子彩葵观赏园等新生文化创意产业。

（四）挖掘了一批文化创意新产品

根据市场需求，结合休闲旅游产业发展实际，将传统民间手工艺与现代工艺品制作相融合，开发外观独特精美，集观赏性、实用性于一体的创意产品和旅游商品，形成了石城草编、溪翁庄柳编、太师屯十字绣、古北口宫灯、北庄风筝以及木节画、瞎掰凳、剪纸等一批密云特色文化创意产品。新产品的培育也带动了相关产业的发展，例如石城镇石塘路村民俗旅游合作社，建立了山草艺术馆，制作草编制品，促进了草编产业的发展，带动周边 30 户农户通过制作草编产品年户均增收 2000 元。

（五）建立了一批文化创意产业发展新机制

为推动文化创意产业发展，建立健全相关组织、规划、政策等服务保障机制，促进产业的可持续健康发展，成立了以县长为组长，有关县委常委、副县长为副组长，相关部门为成员的密云县文化创意产业领导小组，负责统筹协调全县文化创意产业发展工作。领导小组下设办公室，办公室主任由县委宣传部部长兼任，办公室配备专职副主任和工作人员，负责具体工作。编制《密云县文化创意产业“十二五”发展规划》，推进文化创意产业可持续健康发展。认真落实《北京市促进文化创意产业发展的若干政策》，积极申报特色文化创意产业项目，推动项目建设和发展。县委、县政府将文化事业费用列入年度财政预算，建立稳定的文化投入机制，逐年增加城乡文化基础设施建设投入。同时，加强文化创意产业知识产权保护，建立品牌扶持奖励机制，为促进文化创意产业发展提供有力的政策保障。

四　密云县推动文化创意产业发展的经验

（一）建立良好的组织保障

2012 年，密云县文化创意产业领导小组办公室认真贯彻执行《密云县文化创意产业“十二五”发展规划》，落到实处，取得了良好的效果。

密云县文化创意产业领导小组办公室紧密联系相关单位，不断获取密云县文化创意产业发展的最新数据，并对数据进行分析，及时掌握和了解全县文化创意产业发展情况。

（二）加强对基层企业的服务和指导工作

多次深入基层对全县文化创意产业重点项目进行摸排走访，共确定 32 个重点企业。经过密云县文化创意产业领导小组办公会讨论决定，挑选出重点支持项目和重点培育企业，将符合密云县绿色国际休闲之都定位并具有较强创新性和竞争力的项目申报 2012 年度北京市文化创新发展专项资金。

（三）帮助企业获得资金支持

圆满完成密云县 2012 年度北京市文化创新发展专项资金申报项目的初审工作。共接收项目申报材料 20 份，经过密云县文化创意产业领导小组初审会讨论决定，其中 14 个项目符合密云县文化创意产业发展定位，并且申报材料准备齐全，作为申报 2012 年度北京市文化创新发展专项资金的重点项目，报送至北京市国有文化资产监督管理办公室。最终确定 3 个项目——密云“绿色国际休闲之都”文化体验精品旅游项目、渔阳三烧系列民俗文化创意产业开发、港中旅（密云南山）房车文化体验，共获得北京市文化创新发展专项支持资金 700 万元。

（四）利用各种平台推介本县文化创意产业

密云县“创意礼物”亮相香港，成功签约 6 亿元大单。2012 年 11 月 5 日在香港会展中心举办的第十六届京港洽谈会上，市级非物质文化遗产“瞎掰”、民间传统小吃“密云三烧”、张裕顶级红酒、薰衣草精油化妆品等密云特色创意礼品悉数亮相，充分展示了密云县文化创意与旅游业充分融合的成果。中国科学院古脊椎动物与古人类研究所、通用地产有限公司与密云县政府签约，共同打造“中国恐龙谷”项目。项目总投资 6 亿元，总占地面积 150 亩。将建设 1 个中国恐龙文化创意产业园、1 个国家古脊椎动物化石标本库、1 个国家古脊椎动物与古人类学科研与科学传播中心以及 1 个古生物学国际学术交流中心，还包括一系列的博物馆、动漫、模型等与恐龙相关的文化创意产品。该项目将推动密云县文化创意旅游产业的优化升级，促进密云县文化软实力的跨越，充分展示密云县文化创意与旅游业充分融合的成果。

参加 2012 年 12 月 19 ~21 日在北京市举办的第七届中国（北京）国际文化创意产业博览会，在文博会上参加了礼品展览展示、项目推介和文化创意产业发展论坛等几大主题板块，宣传展示密云县文化创意产业的发展成果，提升了密云县的国际知名度与影响力。

五　推进文化创意产业的重点工作

（一）完善北京古北口国际休闲谷

依托古北水镇项目，结合司马台、雾灵山国际休闲度假区建设，进一步整合古北口地区戍边文化、长城文化、民俗文化、边贸文化、多民族融合文化以及香草、汤泉、古镇等新生文化资源，突出地域文化特色，打造古北口国际休闲谷文化创意产业集聚区。在完善餐饮、住宿、娱乐服务等相关配套设施的同时，与知名影视公司合作，建设影视基地，拍摄以司马台长城、古庙宇群落、古御道等文化景观为背景的军事、古装、长城题材影视剧；以密云县水库、汤泉香谷为主要背景的保水、护水和爱情题材偶像剧。

（二）建设北京数字信息产业基地

继续引进数字信息产业项目和企业落户，培育人保财险电子商务北方运营中心、中国联通中融信息服务、远洋央企产业园等已入驻企业。制定扩大到数字信息产业相关细分领域的扶持政策，不断完善人才、交通、教育等方面的配套设施，培育和吸纳更多的优秀信息与会展服务人才聚集密云县，推动三网合一，推动影视、动漫等多媒体融合，打造北京市最大的科技数字信息产业基地。

（三）建立密云县文化创意产业总部基地

加快推进密云生态商务区（总部基地）建设，形成与北京城市中心 CBD、金融街、丽泽金融商务区等区域的错位经营和差异化发展。在产业发展上，重点引进世界五百强及知名企业总部，大力发展绿色环保产业、健康医疗产业、休闲旅游产业、设计创意产业、高端金融服务业和商务服务业。建成后，将成为北京市唯一的一个有水系贯通的现代商务园区。结合商务区建设，将着力引进文化创意产业经营企业、广告、影视、动漫等文化传媒总部，完善文化产业商务服务设施和功能，建设密云县文化创意产业总部基地。

（四）提升文化创意产业融合发展体系

充分发挥文化的经济功能，将文化产业、创意产业与三次产业深度融合，加快推动文化创意产业融合发展，培育新的经济增长点，提高产业附加值。在区域特色文化产业发展方面，重点发展红酒文化休闲产业、观光休闲农业、生态文化旅游业。在文化传媒产业发展方面，重点发展民俗演艺业、动漫产业、包装印刷、文化创作及影视制作等文化创意产业。在商务休闲文化创意产业方面，重点发展健康休闲、拓展培训、商务交流、户外体验等。同时，巩固和提升初步形成的创意农业园区、工业文化旅游园区、原生态文化旅游园区等融合发展产业区，推动文化创意产业多元化、融合化发展。

（五）培育文化创意产业品牌和产品体系

深入挖掘“红色密云、绿色密云、金色密云”的“三色密云”品牌形象，积极培育文化创意产业品牌，重点培育生态文化旅游、红酒文化、鱼文化、水文化等特色品牌。聘请高级手工艺术品研发设计人才，对区域民间文艺、特色文化、民俗资源进行深入、系统、全面的挖掘和整理，研发、设计体现密云县区域文化底蕴的手工艺术品、特色旅游商品，推动文化创意产业品牌化、商品化发展。

（六）强化文化创意产业服务体系

围绕文化创意产业发展的战略需求，加强行政审批、公共技术、社会中介等公共技术平台和公共服务平台建设，提升政府公共服务水平，营造良好的文化创意产业发展环境。在加快推进文化体制改革的同时，加大文化创意产业发展政策、金融支持，鼓励非公有资本投入文化创意领域，拓宽文化创意企业融资渠道，为文化创意产业发展提供融资服务。积极发展文化创意产业协会，建立文化创意人才引进和培养机制，大力吸引外部人才，提升现有人才，培育乡土人才，同时加大培训和交流力度，培育一支稳定的、高素质的人才队伍，为推动文化创意产业发展提供智力支持和人才支撑。

（密云县文化创意产业领导小组办公室）

B.15 延庆县：推动文化和旅游融合发展，加快建设美丽延庆

延庆县位于北京市西北部，距市区74公里，全县总面积近2000平方公里，常住人口31.7万，被市委、市政府定位为“首都生态涵养重地、国际旅游休闲名区、现代生态宜居新城”。2012年，延庆县围绕全面建设绿色北京示范区和努力建设美丽延庆的发展目标，加大工作力度，完善管理机制，加快推进项目，着力发展文化旅游产业，促进全县文化创意产业实现了健康发展。

一 延庆县发展文化旅游产业优势明显

延庆县是首都生态涵养发展区，始终坚持生态文明发展战略，拥有丰富的生态资源、旅游资源和人文资源，为文化旅游产业发展奠定了坚实基础。

（一）生态环境优势明显

延庆县自然气候条件独特、生态环境优良，是著名的避暑胜地，素有北京“夏都”之美誉。县域内有12个国家和市县级自然保护区，有近100平方公里的湿地，自然保护区面积占县域总面积的26%，全县林木绿化率达到73.5%，空气质量连续多年保持全市领先水平，是名副其实的首都后花园和森林大氧吧，先后被授予国家园林县城和国家生态县称号，目前正在全面建设绿色北京示范区。

（二）旅游资源十分丰富

全县拥有包括国家5A级景区八达岭长城以及百里山水画廊、龙庆峡、

古崖居、松山、玉渡山、野鸭湖、康西草原等在内的30余处景区景点，全县有星级饭店19家、旅行社14家、民俗村48个（其中市级民俗村27个）、北京礼物店3家。目前，形成了踏青赏花季、消夏避暑季、金秋采摘节、冰雪欢乐节等一批贯穿四季、富有特色的旅游节庆活动品牌和北京长城森林音乐节、国际马球公开赛、国际自行车骑游大会等赛事活动品牌；形成了百里山水画廊、四季花海、珍珠山水等沟域经济和乡村旅游品牌；形成了柳沟“火盆锅”、玉皇庙“水豆腐”、水磨“炸糕”等十大特色餐饮品牌。2012年，全县共接待游人1801.1万人次，同比增长3.7%，实现旅游综合收入47.36亿元，同比增长13%，2012年被确定为全国旅游综合改革示范县。

（三）历史文化底蕴深厚

延庆县具有悠久的历史文化，是草原文化和农耕文化的交汇处。“妫”是中国最古老的文字之一，延庆县的母亲河——妫河即得名于此。延庆县因其特殊的战略地位，自古就是兵家必争之地，素有“北门锁钥”之称的八达岭长城即为最好的印证。据考证，延庆县境内的上阪泉和下阪泉一带属于5000年前炎帝和黄帝“阪泉之战”的古战场。另外，“千古之谜”古崖居和春秋时期山戎文化遗存，成为延庆县浓厚文化底蕴的佐证。另外，全县有188项值得保护和开发的非物质文化遗产，延庆旱船、永宁竹马是其中的典型代表。每年举办的正月十五花会展演、端午文化节等传统节庆活动已成为北京市具有广泛影响力的品牌文化活动。

二　2012年延庆县文化创意产业保持健康稳步发展

2012年，延庆县文化创意产业稳步发展，全县文化创意产业呈现出鲜明的发展特点。

（一）产业规模稳步增长

延庆县文化创意产业起步较晚、规模较小，在全市所占的比重很小。2012

年，全县规模以上文化创意企业共51家，比上年增加3家；从业人员3331人，比上年增加135人；企业资产总额20.3亿元，比上年增加1.4亿元，增长7.4%；业务收入总额12.3亿元，比上年增加0.6亿元，增长5.1%；上缴税金4807万元，比上年增加425万元，增长9.7%。从行业来看，旅游休闲娱乐行业在全县文化创意产业中所占的比重最大，共有企业40家，占总数的78.4%；业务收入7.8亿元，占总量的63%。其次是其他辅助行业，共4家企业，业务收入3.1亿元，占总量的25.5%（见图15-1）。

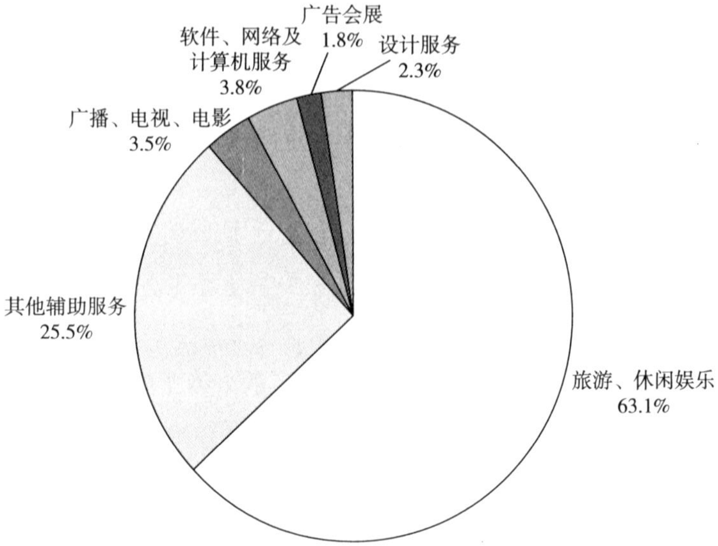

图15-1　延庆县文化创意产业行业结构

（二）文化旅游成为全县文化创意产业重点发展方向

延庆县生态、文化、自然资源丰富，发展文化旅游产业特色鲜明、优势明显，符合延庆县生态涵养的功能定位，符合全县“十二五”发展规划，从全市文化创意产业空间布局来看，具备了差异化竞争优势。八达岭长城文化旅游产业集聚区作为30个市级集聚区之一，对全县文化创意产业发展起到了重要的支撑和带动作用，在全市文化创意产业功能区建设中占有十分重要的地位。八达岭长城全年游客数量超过800万人次，旅游收入超过3.5亿元，是全县旅游产业的“王牌”，百里山水画廊、四季花海、珍珠山水等沟域经济内涵逐渐丰富，山水资源逐渐转化为山水产业，正在成为新的经济增长点。

（三）重点文化创意产业项目加快推进

八达岭长城文化旅游产业集聚区是文化和生态旅游休闲功能区的重要组成部分，集聚区总面积约55平方公里，长城文化主题公园、长城之声艺术园区、长城文化艺术中心、北京国际马球中心等项目先后落地。长城之声艺术园区是由北京探戈坞旅游开发有限公司投资建设，总投资43亿元，园区位于八达岭长城脚下，主要建设项目包括：森林温泉酒店、森林大剧院、高端企业会所、国际音乐展览中心和探戈坞乐府等，2012年获得了1325.1万元市级专项补贴资金，2013年8月底成功举办了北京·延庆·长城之声森林音乐节。长城文化主题公园项目位于八达岭镇岔道古城，已经与北大青鸟集团所属的传奇旅游投资有限公司签署框架协议，初步确定了项目总体设计思路，拟共同开发长城演艺灯光秀、岔道古城等项目。长城文化艺术中心项目是由八达岭旅游总公司和歌华文化集团共同打造的文创项目，目前建设方案初步确定，相关手续基本办理完毕，一期工程已经申报并获批了2012年的市级文化创意产业专项资金。

（四）“休闲延庆”旅游品牌得到有效培育

“十二五”时期，延庆县围绕着力打造“县景合一”国际旅游休闲名区的目标，重点培育“休闲延庆”这一极具特色的文化创意品牌。立足长城之声艺术园区，以长城历史文化为依托，成功举办了三届长城之声森林音乐节，成功打造出“休闲延庆·音乐生活”高端户外音乐品牌。依托县域内较为完善的骑游设施和自然环境，连续举办国际自行车骑游大会、环北京职业公路自行车赛，使“休闲延庆·骑乐无穷”旅游品牌影响越来越广泛。以举办世界葡萄大会为契机，大力培育葡萄及葡萄酒文化，组织举办丰富多彩的国际葡萄文化节，为“休闲延庆·乐享葡园”品牌打造奠定了坚实基础。利用康西草原和延庆县独特的马文化资源，连续举办四届国际马球公开赛，逐步确立了“休闲延庆·策马康西”旅游品牌。目前，“休闲延庆”已经成为北京市文化旅游最具影响力和竞争力的创意品牌。

三　加快文化创意产业发展的政策措施

延庆县县委、县政府高度重视文化创意产业发展，在管理与服务方面采取了一系列有效措施，切实加快产业发展步伐。

（一）进一步完善政策体系

2011 年，延庆县出台了《延庆县文化创意产业发展专项资金及体育产业发展引导资金管理办法》，县财政每年设立 1000 万元专项资金，用于文化和体育产业发展。2012 年制定了该办法的实施细则，对专项资金管理使用进行了明确规定。此外，针对市级文化创新专项资金，制定了《延庆县市级文化创新发展专项资金管理使用办法》，对市级专项资金拨付使用和绩效考评明确了要求。

（二）积极进行项目推介，寻求战略合作

2012 年，先后与北京歌华文化发展集团、国家大剧院、中青旅集团以及港澳台文创企业进行多次接洽，重点推介延庆县文化旅游产业项目。2012 年初，与北京歌华文化发展集团签署战略合作协议，歌华文化集团将投资建设长城文化艺术中心巨幕影院项目，并利用集团资源全方位支持延庆县文化创意产业发展。

（三）积极策划包装项目，争取市级资金支持

按照北京市文化创新发展专项资金支持项目征集公告，认真组织项目征集，结合延庆县资源优势，重点筛选了 8 个文创项目进行申报，其中，中国长城文化艺术中心和经典名著动画《西游记的故事》2 个项目通过评审，获得了专项补贴。

四　延庆县文化创意产业的发展机遇

党的十八大后，延庆县结合实际，在北京市率先提出了努力建设山更绿、

水更净、天更蓝、空气更清新、人民更幸福的“美丽延庆”的长远目标，而文化旅游是建设“美丽延庆”的重要产业支撑。未来延庆县有四件绿色发展大事将助推全县文化创意产业，特别是文化旅游产业发展，分别是：建设全国旅游综合改革示范县、2013 年接受联合国世界地质公园验收、举办 2014 年世界葡萄大会、筹备 2019 年世界园艺博览会。围绕这四件大事，紧抓机遇，延庆县将坚持“生态优先、高端一流、开放创新”的原则，积极引进企业，培育项目，进一步提升文化创意产业发展水平。

（一）建设全国旅游综合改革示范县

2012 年 11 月 6 日，国家旅游局正式批复，延庆县成为全国首个旅游综合改革示范县。下一步将在旅游管理机制、服务体系、政策创新等方面做好示范，促进文化与旅游融合，努力将延庆县打造成为国家旅游综合改革新基地、中国特色世界城市新窗口、国际一流旅游城市新亮点以及绿色产业惠民富民新典范。

（二）2013 年迎接联合国世界地质公园验收

2011 年，延庆县正式启动中国延庆世界公园创建工作，2012 年初通过国土部审批，作为 2013 年度中国向联合国申报世界地质公园的推荐单位，上报联合国教科文组织。延庆世界地质博物馆、恐龙文化公园以及与地质文化相关联的产业项目都是重点扶持和推介的对象。

（三）举办 2014 年世界葡萄大会

2014 年第 11 届世界葡萄大会将在延庆县举行，这是北京市打造世界城市、发展都市型现代农业的重大契机。延庆县正在打造全长 50 公里的葡萄与葡萄酒文化产业带，其间分布有葡萄文化博览园、葡萄酒交易中心及 48 个各具特色的葡萄酒庄，将着力打造延庆县葡萄及葡萄酒文化创意品牌。

（四）筹备 2019 年世界园艺博览会

世界园艺博览会（A1 级）将来到长城脚下，主会址选定在延庆县的母亲河——妫河两岸，下一步延庆县将继续加大工作力度，争取顺利通过国际展览局认可。围绕世园会的规划设计、场馆建设、园艺展示和文化交流等都是延庆县未来文化创意产业的重点发展方向。

五　进一步发展文化创意产业的组织保障

延庆县文化创意产业主管部门在文化创意产业管理与服务方面，下一步将重点抓好三项工作。

第一，正式发布《延庆县文化创意产业中长期规划（2013～2020 年）》，明确今后全县文化创意产业发展的主题理念、目标原则、产业定位、空间布局等。未来，延庆县将重点打造“一核、五区、多线”的产业空间布局，目标是打造“国际文化创意生态区”。

第二，完善文化创意产业促进政策。下一步，将结合延庆县实际情况，综合财政、税务、招商引资等现有政策，制定《延庆县促进文化创意产业发展的若干意见》，对市级项目申报、专项资金使用、税收激励政策、招商奖励政策、中小企业担保等进一步明确，切实强化对文化创意产业的服务和扶持。

第三，加快推进重点项目建设。加快推进长城之声艺术园区、长城文化艺术中心、长城驻场实景演出、北京国际马球中心等项目建设。集中力量培育“低空旅游”“马文化”“自行车骑游”“养老养生”等特色旅游休闲项目。坚持“生态优先、高端一流、开放创新”的原则，广泛进行项目推介，重点培育一批有特色、有潜力、有明显带动作用的优势项目。

（石森，延庆县委宣传部常务副部长；宋树东，延庆县文化创意产业促进中心主任）

行业发展篇

Industries Development

B.16
北京市传媒业发展报告

北京市的传媒业经过多年的改革与发展，实力迅速壮大，业绩也有明显的提升，并在行业改革和经营模式创新等方面走在全国前列。但同时也存在着体制制约明显、资源配置和产业结构不合理等问题。

随着全球化进程的加快，传媒业作为文化产业的重要组成部分，在增强国家软实力方面的作用日益凸显。对于首都北京而言，传媒业的发展有助于增强其文化话语权，从而有助于推动实现建设中国特色世界城市的目标。本文在对北京市传媒业发展现状、存在问题进行系统分析的基础上，有针对性地提出进一步发展的对策建议。

一　北京市传媒业发展现状分析

（一）传媒产业快速发展，规模和产值都位于全国前列

1996 年，北京市颁布了《关于加快北京文化产业发展的若干意见》，该意见指出，北京市的文化产业要着重开拓和发展出版、影视、音像与演出等行

业，同时大力推动现代信息业、电子出版业等具有前瞻性的现代文化产业。在这一改革意见的指导下，北京市增强了对传媒业的财政支持力度，2006 年北京市财政支出中文化体育与传媒支出为 40.51 亿元，至 2012 年这一数字已达到了 93.6 亿元[①]（见图 16－1）。

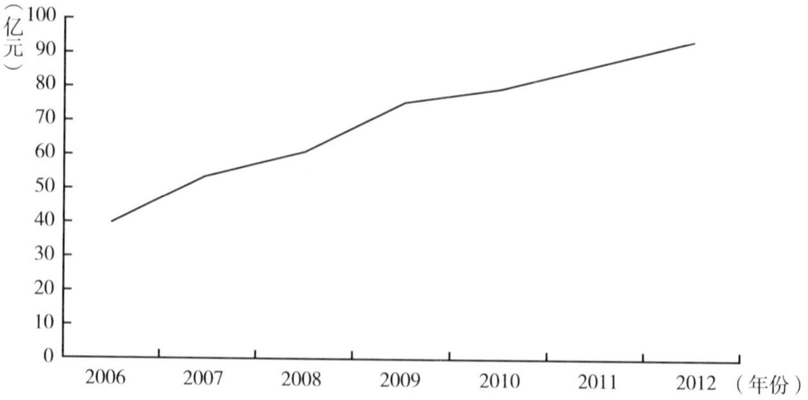

图 16－1　2006～2012 年北京市文化体育与传媒支出

在相关政策引导和财政支持下，北京市传媒业有了长足的发展，在产业发展速度、规模等方面都位居全国前列。2011 年，北京市广告经营额已突破 800 亿元，占全国广告经营总额的 20%，并连续五年位居中国内地第一，全市共有广告经营单位 1.8 万余户，从业人员约 12 万人，规模以上广告行业营业额约为 750 亿元。广告营业额由 1991 年的 5.51 亿元增长到 2011 年的 809 亿元，增长了 145.8 倍，1992～2011 年年均增速达 28%。北京广告行业增长大致可分为三个阶段：1996 年以前，广告行业处于高速增长阶段，年均增速超过 60%；1997～2004 年为快速增长阶段，年均增速达到 19.2%，仍明显高于 GDP 增速；2004 年以后的增速则明显下降，但近年来由于文化产业大发展等刺激因素，相对于全国而言仍保持了较高的增速（1992～2012 年全国广告经营额年均增速已超过 25%）。据统计，2012 年我国广告营业额突破 4000 亿元，其中，有两成广告额源自北京，北京市已经成为我国最大的广告媒体中心和广

① 《北京市统计年鉴（2012）》，北京市财政局网站。

告市场①。以传统媒体中保持最大市场份额的广播影视市场为例，截止到2012年11月底，北京市广播影视累计创造总收入为173.05亿元，其中，广告收入为71.97亿元，占总收入比重的41.59%，同比增长10.00%（见表16-1、图16-2）②。

表16-1　2011~2012年北京市广播影视累计收入情况

项目	1~11月累计创造收入			占创造收入比重	
	2012年(亿元)	2011年(亿元)	增速(%)	2012年(%)	2011年(%)
实际创造收入	173.05	135.45	27.71	100	100
广告收入	71.97	63.13	10.00	41.59	46.59
有线广播电视收视费收入	8.97	8.74	2.63	5.18	6.45
付费数字电视收入	0.56	0.39	43.59	0.32	0.29
电影票房收入	13.33	11.52	15.21	7.70	8.54
其他创收收入	78.22	66.37	51.38	45.20	38.13

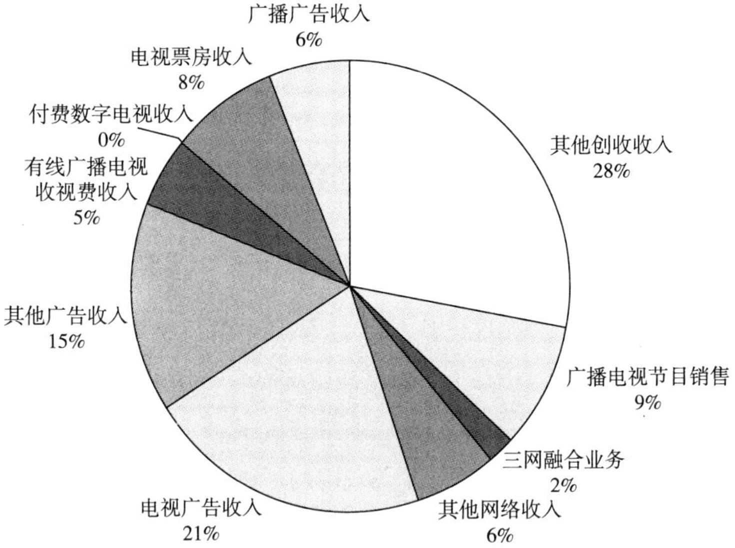

图16-2　2012年1~11月北京市广播影视累计创收收入构成

① 中国经济网，《中国成全球第二大广告市场　北京经营额已突破800亿》，http：//www.ce.cn/cysc/newmain/yc/jsxw/201205/29/t20120529_21169810.shtml，2012年5月29日。

② 北京市广播电影电视局网站。

（二）产品差异化明显，市场集中度不断提高

根据我国证监会颁布的《上市公司行业分类指引》，传媒业被定为13个产业基本门类之一，其体系结构分为17个子行业，如新闻、影视、网络等（见表16－2）。北京市传媒业基本上涵盖了我国传媒产业的所有行业分支，而随着网络及数字技术的迅速发展，北京市的传媒市场也逐步从传统的报刊、广电、户外“三分天下”的传媒业发展格局转变为报刊、广电、户外和渠道、网络媒体以及移动互联网“五强竞争”的新格局。相应的，北京市传媒业已经推出了覆盖电影、电视、话剧、广播、网络和移动互联在内的多种媒介形式的传媒产品，产品的差异化在逐步增大。

表16－2　中国传媒业分类明细表

大类	出版业	声像业	广播、电视、电影业	艺术业	信息传播业	其他
细类	书、报纸、杂志、资料出版业、软件出版业、其他出版业	声乐制品业、影像制品业	广播、电影、电视	剧团	数据处理业	网络

此外，随着北京市各家媒体之间的互动合作日益频繁，北京市传媒业市场集中度不断提高，并形成了国内最具实力的传媒产业集聚圈。2009年，北京市乃至全国最大的传媒业集聚区CBD－定福庄国际传媒走廊诞生，集聚了中央电视台、北京电视台、凤凰卫视等大型传媒企业，形成了强大的辐射效应，其产业链上下游企业迅速聚集，仅东方梅地亚中心就有60多家传媒企业入驻；此外，还集聚了华尔街日报、美国之音（VOA）、时代华纳电通广告等169家国际传媒机构，占北京市国际传媒机构的90%以上。2009年，该走廊传媒产业总产值为694亿元，到2012年产值已翻番，达到了1400亿元。①

（三）在行业改革、经营模式创新等方面走在全国前列

北京市传媒产业的快速发展，不仅表现在规模和产值上，还体现在其行业

① 新华网：《北京CBD国际传媒走廊成全国首家年产值过千亿元文创基地》，http://news.xinhuanet.com/fortune/2012－12/21/c_114114778.htm。

改革和经营模式创新等方面。2001 年开始，我国传媒业开始了自上而下的行业整合，北京市走在了全国的前列。2001 年 5 月，由北京电视台、北京歌华网络股份有限公司、紫禁城影业公司组建的北京广播影视集团正式成立，从而成功打造了北京市传媒产业的巨舰。随后，北京市的报业、网络等行业也纷纷开始了行业整合，一批传媒集团浮出水面，为北京市传媒产业结构优化，甚至北京市产业结构的优化提供了条件。2011 年初，中央强调文化体制改革工作要加大力度、加快进度、巩固提高、重点突破、全面推进，并且明确要求在 2012 年 9 月底前全面完成转企改制任务。而早在 2009 年，文化部直属的中国文化报社就开始了整体转企改制，并组建了中国文化传媒集团有限公司，成为我国首家整体改制的部委主管报社。在其示范效应下，北京市内中央各部门、单位所属的都市类和财经类报刊等出版单位，也纷纷开始进行转企改制，使北京市再一次成为传媒业行业改革的率先垂范者。

在经营模式创新方面，北京市顺应媒介融合、数字化转型创新等的发展方向，进行了积极的探索，媒介内容产品的生产、数字化发展、跨媒体经营等方面，都走在了全国的前列。以《北京青年报》为例，早在 1994 年就开始了网络媒体的探索，并在国内报纸中率先推出了网络版；之后北青传媒又通过参股《休闲时尚》，填补了报社在 DM（Direct Mail）直投杂志领域的空白；2011 年，北青报社成功地推出了新媒体终端平板电脑“北青 Pad”①。而北京人民广播电台则在全国率先开播 DBA 视频频道和上线手机 WAP 网站；2010 年，又开通了问城网，并在实现北京市全境广播数字化的基础上推出推送式广播服务，使终端产品大大丰富。光明日报社则通过自主研发，于 2010 年推出了新媒体“光明云媒”，并于国内首次在手机等移动终端上实现了传统纸媒的版面设计②。

二　北京市传媒业发展存在的问题

北京市传媒业经过多年的改革与发展，实力迅速壮大，业绩也有明显的提

① 姚瑶：《从北青 Pad 出发探索新媒体转型模式》，《中国记者》2012 年第 2 期，第 17 ~ 18 页。

② 陆先高：《光明云媒：光明日报发力移动新媒体》，《中国报业》2010 年第 12 期，第 31 ~ 32 页。

升，并在行业改革和经营模式创新等方面走在全国前列。但在传媒产业取得可喜成绩的同时，明显的体制制约、不合理的传媒资源配置和传媒产业结构等问题也日益突出。

（一）体制制约明显，产业市场化程度不高，发展粗放

政治属性是传媒产业存在的前提，也正是得益于这种行政力量的推动，在北京市传媒业在发展的早期阶段，才得以发展和繁荣。然而，随着传媒业的进一步发展，市场逻辑的逐渐明晰，市场力量和行政力量之间的矛盾开始凸显。

一方面，传媒产业二元属性导致其产权归属不清。目前，北京市的传媒企业基本上是国有性质的单位，其创办者、投资者基本是党政部门或国有企业，普遍存在着产权不清的状况。虽然一些传媒实行了集团经营，但是这种传媒集团仍实行党委领导下的管委会负责制，属于独立的事业法人实体而不是企业法人实体，其市场、经营与效益意识都很薄弱，缺乏灵活的市场反应机制，无法正常地按市场规律办事，导致北京市传媒产业发展徘徊在市场力量和行政力量之间，难以迈开腿脚快速发展，市场化程度低，产业综合竞争力较弱。另一方面，由于我国不同领域中的现行文化管理与产业政策主要由政府不同主管部门制定，因此，行业和部门利益保护色彩比较浓厚，导致北京市传媒产业多头管理、行业所属、部门所有、条块分割严重，横向联系松散，低水平重复建设，无序竞争严重，这种政策与体制严重制约着传媒业的规模化经营。

由于传媒产业政策限制明显，市场化程度不高，行政力量主导传媒资源的配置，过分强调布局和分配的均衡性，传媒资源无法完全按照市场规律进行合理的配置，造成资源浪费。传媒资源主要集中在国有性质的单位，其创办者、投资者基本是党政部门或国有企业，而一些实行了集团化经营的传媒单位也大多保留了事业身份，它们凭借着“出身”优势，占有大量资源，但其市场、经营与创新意识很薄弱。因此，“高资源投入，低效益产出”的粗放型发展模式在传媒产业中表现得也较为明显。

（二）产业结构不合理，区域结构不均衡

北京市传媒产业结构不合理，主要表现为以下三个方面：

（1）以报纸、期刊、广播等为主的传统传媒产业发展较快，而以现代信息技术为基础，以网络为依托的手机电视、数字电视、IPTV 等新兴传媒产业发展较为缓慢；有的传统产业如出版业亟须用信息化、数字化进行改造，提高现代化程度。

（2）大部分传媒企业除了主业之外，辅业较少，产业功能和产品结构还比较单一，缺乏多元化发展的路子。以新闻业为例，除广告外，大部分的产业功能没有得到有效开发，在新闻媒介的全部收入中，广告收入占 70%，发行或节目收入占 21%，多元经营占 8%，其他占 2%。而美国的许多媒介集团的广告、发行或节目收入往往只占其全部经营收入的 1/3 左右，约有 2/3 是多元经营收入。

（3）从传媒企业经营的主业来看，其结构也很不合理。以出版业为例，教材教辅与一般图书的利润比例悬殊，说明北京市的出版业严重依赖教材教辅这一垄断性经营业务，缺乏新的利润增长点，也使企业经营遭受了较大的风险。2012 年以来，中央部委颁布和印发的《关于加强中小学教辅教材使用管理工作的通知》、《关于加强中小学教辅材料价格监管的通知》等教材教辅新政的出台，使得严重依赖该业务的传媒企业陷入了困境。

此外，北京市传媒产业区域发展不均衡，主要表现在主城区传媒产业发展较快，郊区发展较慢。

（三）产业链条较短，衍生产品开发不足

完整的传媒产业链应从报纸、期刊、图书出版开始，到影视制作和音像、电子游戏、教育软件产品的开发，再到玩具、文具、包装、服装等衍生品的开发生产。[①] 其中，传媒衍生产品的开发不仅延续传统的传媒产业链，还丰富了传媒产业的营利方式。传媒业中的电影业衍生产品开发表现得最为明显。在许多发达国家，影片本身具有“火车头”效应，大约 70% 的收入可能来自电影衍生产品的开发，包括音像制品、原创音乐、文学作品、玩具、电子游戏、邮

① 敖永春、陈纯柱：《基于 SWOT 对重庆传媒产业的分析》，《重庆邮电大学学报》（社会科学版）2008 年第 6 期，第 86～89 页。

票、纪念品、主题公园等。以《爱丽丝梦游仙境》为例，电影上映后，欧美时装界为这部电影推出的服装和配饰设计有 20 多种。在电影工业发达的好莱坞，电影衍生品的收入可以高达影片总收入的 73%，远高于电影本身的票房收入。[①]

相比之下，目前北京市传媒产业尚未形成完整的产业链和产业价值链，市场营运机制不够完善和健全，限制了转化和产出更多、更丰富的衍生品。以电影业为例，由于近年来北京市的电影产业市场化刚刚兴起，产业链还没有完善，一部电影 90% 以上的收入来自票房，电影衍生品市场发展极为滞后；而在不成气候的电影衍生品市场中，盗版产品占 80%，主要来自粗劣的手工作坊和批发市场。2008 年，《长江七号》上映以后，“七仔”备受追捧，而片方委托制作的正版玩偶在影片上映约一周后才上市，而且数量不多，导致北京市场断货近半个月。

三　北京市传媒业发展的对策建议

（一）加大传媒产业的体制改革力度

传媒产业具有的二元性决定了其“事业单位企业经营”的体制，并导致了其面临身份认同、产权不明晰等一系列问题。

解决这些问题的关键，在于加快传媒产业的体制改革力度，要把政治的宣传与经济的经营分开，革除政事企“三合一”的体制障碍，使传媒产业改革做到产权明晰、权责明确、政企分开，宣传与经营分开，形成传媒业合理的治理结构，实现传媒企业的自主经营、自负盈亏。[②] 政府仅控制少量的全国性的传媒机构，政府对传媒产业的管理模式要由资产管理向资本管理转变，允许大量的社会资本、国外资本进入传媒产业，部分传媒机构实现直接上市融资。要不断完善与创新传媒产业政策，促进文化、财政、工商、税务等多个部门间的

① 宋华：《水浒人物系列的市场化运作分析》，《当代电影》2010 年第 3 期，第 63 ~ 66 页。

② 高冰妍、潘岳平：《我国传媒产业集团化发展过程中的问题及对策分析》，《大观周刊》2011 年第 20 期，第 88 页。

相互协调与配合，以冲破进入传媒市场的壁垒。

要推动传媒业的整合并购，通过这种方式来优化市场结构，形成良性的传媒产业，创造一个健康的发展空间。其中的关键是纵向整合，因为纵向整合更能消除行政化结构导致的重复设置。而单靠市场的力量是无法实现整合的，必须依托行政主导、市场推动的方式。只有在行政力量的主导下，充分尊重传媒市场的规律，发挥市场的推动作用，努力创新和探索，才能使北京市传媒业向规模化、集约化的现代发展之路迈出更大的步伐。

（二）实施传媒整合战略，转变发展方式

传媒业是文化产业的重要部分，它是一个“赢家通吃”的产业，是一种高投入、高垄断、高利润与高竞争并存的特殊行业，它的一个重要特征就是具有规模经济效应。因此，北京市传媒产业必须克服整体实力不强、竞争力弱的被动局面，克服小而全、弱而散的传媒格局，从单纯依赖数量的粗放型发展方式向大力提高质量、效益的集约化经营转变，培育出传媒产业的“巨无霸”。而要实现传媒产业的集团化发展，必须要有明确的战略目标，实施传媒整合战略。通过观念整合，打破各个经营实体各自为政的经营观念，以集团的整体利益为最终目标，优化配置各种资源；通过结构整合，推动媒介组织由单一组织向多元化、网络化的组织结构形态演变；通过资源整合，从广告、印刷、发行、有线网络经营等方面进行资本化运作，开展同类异质化并购，也就是说把传媒作为资源整合的平台，围绕传媒相关的领域战略性地整合各种优质资源，相互依托，相互支持，做强做大北京市的传媒产业。

（三）促进产业融合，优化传媒产业结构

20 世纪 70 年代末 80 年代初，产业融合开始成为一种国际性的产业发展趋势。随着科技进步的突飞猛进，推动信息产业和传媒产业的结合已成为世界性潮流。数字技术的崛起为与信息技术有关的一切产业提供了一个统一的平台，传媒、通信（电话与无线通信）以及信息业（计算机与网络）相互融合和渗透，使得西方发达国家解除了诸如传媒业与通信、信息等产业之间传统的

行业管理壁垒，并形成了大型的传媒集团，提升了传媒产业的整体竞争力。[1]目前，美国最大的25家媒介集团，都是包括广播、有线电视、卫星广播电视、报纸、杂志、出版、电影、唱片、娱乐、电话、互联网、体育、零售、广告等多种产业在内的超级信息传播集团。

顺应国际传媒业的这种发展趋势，北京市传媒产业也应当加快其融合发展的步伐。这包括两个方面的融合，一个是宏观层面的各类传媒之间的融合，另一个是电信网、广播电视网和互联网之间的“三网融合”。目前，我国从“三网融合”入手，打开了同国际传媒接轨的大门，为北京市传媒经济的发展准备好了宏观环境条件。各传媒机构要借“三网融合”之机，坚持由浅入深，由局部到整体，由业务到所有权、组织结构的渐进式融合原则，在降低传媒产品成本的基础上，实现传播媒介的社会效益和经济效益的双赢。

（四）鼓励创新驱动，提升产业发展活力

党的十七届六中全会指出：“文化引领时代风气之先，是最需要创新的领域。”在强调文化创新发展的大背景下，作为文化产业核心领域的传媒产业更需要把创新放在突出的位置，通过创新为其发展注入源源不断的活力。

对于传媒企业来说，创新的内容具体包括制度创新、运营创新和技术创新。其中，制度创新是传媒产业发展的根本，它解决的是传媒产业所面临的生存问题。运营创新主要解决传媒产业发展的问题，只有实现制度层面的创新，才能进一步推动运营层面的创新。技术创新在很大程度上决定了传媒产业发展的走向。而目前最大的技术创新就是互联网引发的革命性变化。北京市传媒业应当适应数字化环境，摆脱原来以自我为中心的发展观念，积极地吸收和消化互联网的内容资源和文化特性，提升传媒影响力；传统媒体要凭借自身优势转化为数字内容的提供者，为各种形式的终端，如互联网、手机、车载电视、电

① 周对葵、邬义钧：《产业结构高级化：传媒业的现实选择》，《传媒》2008年第4期，第66～67页。

子书阅读器等提供符合其传播规律的优质内容产品；要把握新技术、新变化，通过资本运作直接进入新技术领域，充分利用数字技术革命的新成果，为传媒产业的持续发展增加动力。

（郭万超，北京市社会科学院首都文化发展研究中心主任、北京文化创意产业研究中心主任、副研究员，中国社会科学院经济研究所博士后；赵雅萍，北京市社会科学院首都文化发展研究中心、中国传媒大学博士后）

B.17 北京市艺术市场发展报告

一　全球背景下的中国艺术市场

据欧洲艺术基金会委托撰写的《2013TEFAF 全球艺术品市场报告——聚焦中国与巴西市场》[①] 显示，2012 年，全球艺术品市场的总营业额为 430 亿欧元，相较前一年减少 7%。造成销售下降的原因，除去全球经济持续低迷不振外，关键问题是中国市场出现萎缩。2012 年，中国艺术品市场的营业额为 106 亿欧元，同比下降了 24%。

中国自 2007 年以来不断赶超美、英、法艺术品交易大国。2011 年，中国艺术市场的销售额占全球的 30%，首次列第一位；2012 年，由于中国市场需求略有下降，尤其是拍卖市场的萎缩，中国在全球的销售份额下滑至 25%。美国则逆势增长，重新占据第一的位置，为 33%，英国仍是欧洲艺术市场的核心，占全球份额的 23%，如图 17－1 所示。

2012 年全球拍卖交易额同比降低 8%，成交主要集中在中国、美国和英国。值得注意的是，中国创造了 69 亿欧元的价值，占全球拍卖成交额的 33%，名列首位。在纯艺术品[②]拍卖交易中，美、中各占 20% 的份额，其次是法国（12%）、英国（8%）（见表 17－1）。位列全球前四位的拍卖行——佳士得、苏富比、保利国际、中国嘉德的总成交额占到全球拍卖市场的 42%。

---

① *TEFAF Art Market Report 2013*: *The global art market*, *with a focus on China and Brazil*, 欧洲艺术基金会委托艺术经济学家 Clare McAndrew 博士撰写。

② 在西方，纯艺术品（fine arts）是指以审美为目的创作的艺术品，区别于具有功能性和应用性的艺术品。包括：油画、雕塑、装置、素描、摄影、版画、水彩画等。中国的纯艺术品的分类有其特殊性，代表了传统和现代、东方和西方的相对独立的审美观和中外不同的媒材和创作手段。包括中国书画（包括古代书画、近现代书画和当代书画）和油画及当代艺术（包括油画、雕塑、版画、摄影、装置等）。但是这种分类是否会随着中国当代水墨艺术家实验性作品的出现而打破，有待观察。

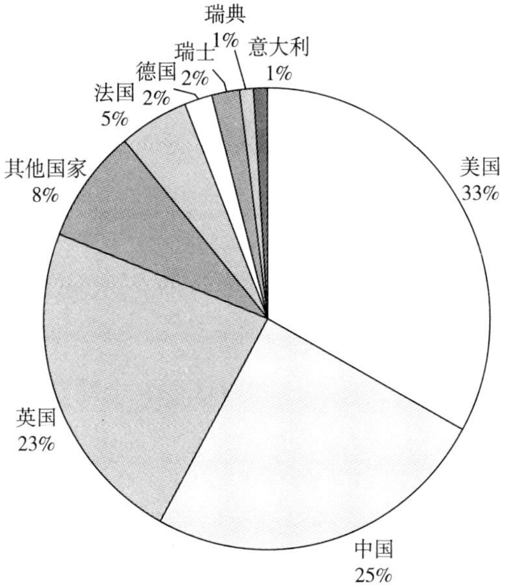

图 17－1　2012 年全球艺术品市场销售份额

资料来源：《2013TEFAF 全球艺术品市场报告》。

其中，保利的成交额为 61 亿元（7.32 亿欧元），嘉德为 52 亿元（6.25 亿欧元）。但是，两家拍卖行的成交额都比 2011 年下滑 50% 左右。

近年，中国各种规模的拍卖行成长迅速，并主导了中国艺术品市场的销售。2009～2011 年，中国艺术品和古董的拍卖额增长了 350%，2012 年，拍卖额占到整个中国艺术品市场销售的 70%。在拍卖交易中，书画作品创造 48% 的市场价值，瓷器和其他装饰艺术品占 27%，油画和当代艺术作品占 9%。在中国艺术市场的零售行业中，有超过 42000 家从事艺术、古董和收藏业务，包括约 6000 家经销商专门销售艺术品和古董。在中国艺术品市场，拍卖行占据主导地位，画廊等的销售只占 28% 的市场份额，艺术家的直接交易为 2%。

2012 年，纯艺术品交易仍主导全球艺术市场的销售。按照西方艺术品市场的惯例，拍卖行和艺术品经销商一般根据创作者的出生日期，将艺术品分为早期绘画大师（1250～1820 年）、印象和后印象派（1821～1874 年）、现代艺术（1875～1910 年）、战后和当代艺术（1910 年以后）四大板块。在近年的拍卖市场中，战后和当代艺术作品所占份额最高，其次是现代艺术作品，两个板块无论在价值和数量上都占据70%左右的市场份额。2012年，以李可染等艺术家为代表的中国现代作品的销售，继续提升中国市场在全球现代艺术板块中的份额，高达37%，位列第一。近年，在增长最快的“战后和当代艺术”板块中，美国一直占据首位，其次是中国。2012年，两国在这一板块的销售份额分别为41%和25%（见表17－2）。

表17－1 2012年“现代艺术”市场份额和平均价格

国家	价值(%)	数量(%)	平均价格(欧元)
中国	36.9	20.4	63246
美国	26.8	20.8	45082
英国	18.7	8.4	77637
法国	5.5	11.8	16417
瑞士	2.3	3.5	22865
德国	1.9	7.3	9111
瑞典	0.9	2.5	11842
日本	0.8	2.8	10554
意大利	0.7	3.7	6340
奥地利	0.5	1.8	10358
其他国家	5.0	17.1	10138
世界	100.00	100.00	34965

资料来源：《2013TEFAF全球艺术品市场报告》。

表17－2 2012年“战后和当代艺术市场”份额和平均价格

国家	价值(%)	数量(%)	平均价格(欧元)
美国	40.8	19.2	70706
中国	24.9	23.4	35547
英国	18.4	7.3	84692
法国	4.2	9.2	15042
德国	1.1	5.3	6846
意大利	1.1	6.6	5298
中国台湾	1.0	0.5	69617
日本	0.7	2.5	9030
瑞典	0.5	1.9	9152
奥地利	0.5	1.6	9968
其他国家	6.8	22.5	10148
世界	100.00	100.00	33333

资料来源：《2013TEFAF全球艺术品市场报告》。

2012 年，在纯艺术品市场中，无论价值还是数量，90% 以上的中国艺术家的作品是在国内市场销售的。这与 2007 年形成巨大反差，当时，有 1/3 的中国艺术家作品是在伦敦、巴黎和纽约这类国际艺术品交易中心售出的。在过去的 10 年中，中国已经成长为世界第四大艺术品进口国，2011 年艺术品进口超 10 亿欧元。从图 17－2 中我们发现，中国艺术品进口的增长速度大大超出了出口增长。并且，90% 以上的中国艺术品进口的首个目的地是在中国香港而非中国大陆，这得益于香港艺术品自由港的政策优势和地理优势。

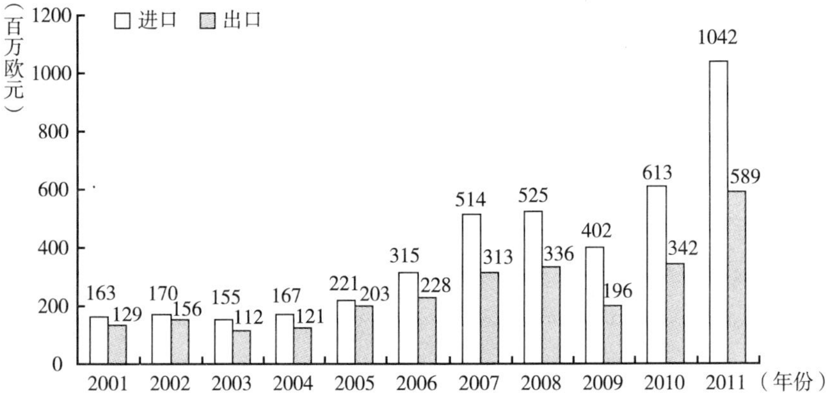

图 17－2 2001～2011 年中国艺术品进出口

资料来源：《2013TEFAF 全球艺术品市场报告》。

根据《2013TEFAF 全球艺术品市场报告》提供的数据和信息可以断言，随着中国经济的快速增长，高收入消费群体和收藏热的形成，中国艺术品市场和中国买家已经构成全球艺术品市场的重要拉动力；北京和香港两地正在形成亚洲和中国艺术品交易的全球中心。但是，中国艺术品在创作、收藏和交易多方面具有极强的地域性，这意味着，无论是具有中国传统审美内涵的作品还是当代作品并没有获得全球市场的广泛认知和认可。因此，2012 年中国拍卖市场大幅缩水，虽然拉低了全球艺术品市场的总销售，但并未构成对西方艺术品市场的实质性影响；这与西方藏家和投资者在 2006 年和 2007 年热捧和投机中国当代艺术，之后在 2009 年经济危机后纷纷离场，导致中国艺术品市场的剧烈震荡形成巨大反差。

二　北京艺术品行业整体情况

（一）画廊业的生存现状与困境

北京市作为中国的艺术中心，形成多处画廊产业的集聚区，包括具有较长历史传统的“琉璃厂画廊区”，自发集聚的“798 艺术区”“草场地艺术区”“宋庄艺术区”，以及由政府主导规划的“望京酒厂艺术区”“观音堂艺术区”等。

《2011 中国艺术品市场年度报告》的数据显示，2011 年我国画廊行业规模进一步放大，画廊总数量达到 1649 家，同比增长 9%，主要分布于大中型城市之中。北京、上海、香港、台北是我国画廊业的主要聚集区，北京地区的画廊有 721 家，占比 44%；上海地区有 256 家画廊，占比 16%；港澳台地区有 143 家画廊，占比 9%。2012 年画廊的业绩与 2011 年或者 2006 年、2007 年相比下滑幅度很大。北京画廊协会主席、国际策展人程昕东在一次采访中透露，2012 年中国盈利的画廊也许不到 7%。为促进艺术品市场健康发展，维护和树立诚信画廊的社会公信力，2004 年以来，文化部开始评选“中国诚信画廊”（不含港澳台地区）。2012 年，文化部又评选出北京、上海、江苏、浙江等 12 个省（区、市）的 45 家诚信画廊。同时，对之前三批诚信画廊的资格进行重新审核。截至目前，全国诚信画廊总数达到 94 家，其中北京有 21 家。

从全球艺术市场的历史和现状来看，艺术市场由一级和二级市场构成。在一级市场，艺术家通常透过画廊和经纪人完成他们新作品的首次销售。在这个市场中，云集着大量的年轻艺术家、新艺术家和新作品。一级市场中艺术品价格通常低于二级市场，在一级市场中，艺术家和作品经历较长时间的展览、评价和筛选，以确立自身更真实和稳定的艺术价值和市场价值。二级市场由拍卖行和经销商组成，无论是交易数量还是交易额，都大于一级市场。通常，二级市场完成艺术品的再次销售，拍品从藏家、画廊等处征集，这样构成了一级市场和二级市场之间的合理关系。但在中国市场，拍卖行迅猛发展侵占了画廊的成长空间。画廊业的困境成因比较复杂，主要体现在以下几个方面：（1）大型拍卖行依托自身的经营特性和资本实力，能够在相对较短的时间内累积大规模和多样质优的拍品，并吸引了更大范围的藏家和投资者，使得中国市场中的艺术品交易跳过了尚在成长初期的画廊；（2）艺术家、买家、投机者本身缺乏市场规范和经验，短期逐利的动机促使他们纷纷投入二级市场；（3）由于政府在文化政策和税收政策方面的缺失与滞后，社会中没有形成欣赏和参与艺术的普遍意识，艺术消费的基础薄弱，且趋于功利化和实用性，一、二级市场的关系未能得到有效协调，画廊业的发展未获得实质性的鼓励与支持；（4）除去外部环境严峻外，画廊业内部确实存在缺乏整体发展的意识，市场力量分散，难以抵御二级市场的影响。

2011 年，中国画廊业为“抱团”应对外部动荡环境而成立了北京画廊协会。2012 年，协会联合文化部文化市场司、北京市文化局共同主办，北京艾特菲尔文化有限公司和雅昌艺术网联合承办了北京画廊周活动，以“走近艺术　走进画廊”为活动主旨。此次活动在 798 艺术区、草场地艺术区、雍和艺术区、22 院街、三里屯、云起时等北京市六大艺术区同时展开，倡导人们在闲暇之余走进画廊。借助北京市几大艺术区的积聚力量，协会力图通过培养和扩大中国的艺术欣赏和消费群体，将边缘化的画廊业推向大众生活，推动一级市场的健康发展。

艺术博览会也是一级市场的重要销售渠道，是艺术家工作室、画廊、经纪人和经销商获得更多销售机会和建立客户关系的平台。《TEFAF 全球艺术品市场报告》显示，参与调查的经销商普遍反映，2012 年大约 36% 的销售来自国际、国内和地方的博览会，比 2011 年增长 5%。中国的画廊和经销商在博览会的销售只占 15%。2012“艺术北京”汇集了海内外近 200 家画廊、艺术经纪机构及媒体参展，总体展出面积近 2 万平方米，这样规模的艺博会在亚洲地区是史无前例的。近两年，“艺术北京”也从专注于中国当代艺术，开始增加经典艺术和影像作品的板块，同时，拍卖行也涉足艺博会。“艺术北京”在策略上的调整也反映出二级市场对中国艺术品市场的主导作用。

（二）艺术品拍卖市场中的新格局

据中国拍卖行业协会公布，2012 年，全国文物艺术品成交额总计 279.28

亿元，较2011年成交额下滑51.53%。表17－3为2012年纯艺术品拍卖成交额前十位的拍卖行，与前一年相比皆有大幅度下滑。

表17－3　2012年TOP10中国拍卖行纯艺术品成交总额排名

排名	拍卖行	成交额(百万美元)	同比2011年下降(%)
1	北京保利	54964	48.39
2	中国嘉德	50270	53.15
3	香港佳士得	27813	24.14
4	香港苏富比	21037	49.38
5	北京匡时	20571	51.89
6	上海朵云轩	15087	7.95
7	北京翰海	12105	75.89
8	西泠拍卖	11998	48.82
9	荣宝斋(上海)	10255	11.93
10	中贸圣佳	8908	57.11

资料来源：《2012年度艺术市场报告：东西方之间的对话》，雅昌网。

相比于2011年，2012年中国艺术品市场遭遇整体调整的情况下，成交价过亿元的拍品数量急速减少，从2011年的20余件下降为5件。其中，李可染的两件作品《韶山》和《万山红遍》，一年内都以过亿元的价格拍出，其市场价值和影响力不让齐白石和张大千。另外，从表17－4和表17－5中亦可看到中国市场对中国书画作品的青睐，继中国古代书画之后，中国近现代书画家和他们的作品也成为高端市场中的翘楚。

表17－4　2012年拍卖亿元作品

排名	拍品名称	成交价(元)	拍卖公司	拍卖日期
1	李可染1964年作 万山红遍 镜心	293250000	北京保利	2012－6－3
2	过云楼藏古籍善本一百七十九种	216200000	北京匡时	2012－6－4
3	北宋汝窑天青釉葵花洗	168990180	香港佳士得	2012－4－4
4	李可染1974年作 韶山 革命圣地毛主席旧居 镜心	124200000	中国嘉德	2012－5－12
5	王振鹏1323年作江山胜览图 手卷	101200000	北京保利	2012－12－4

资料来源：新浪收藏，新浪网。

表 17-5 2012 年中国十大艺术家总成交额排名

排名	姓　名	总销售额（美元）	2012 年最高成交价（万美元）	拍品名称	拍卖行
1	张大千	2.872 亿	784.875	烟江叠嶂图	上海朵云轩
2	齐白石	2.702 亿	1242	祖国颂	北京保利
3	徐悲鸿	1.758 亿	483	七喜图	北京保利
4	李可染	1.668 亿	4398.75	万山红遍	北京保利
5	傅抱石	1.521 亿	1380	杜甫九日蓝耕会饮诗意图	北京保利
6	陆俨少	1.121 亿	347.59	井冈山朱砂冲哨口	上海崇源
7	黄　胄	1.057 亿	125.925	于阗歌舞	北京保利
8	黄宾虹	8300.87 万	215.625	天都松影图	中国嘉德
9	吴昌硕	7710.35 万	301.875	敝帚自珍册册页	中国嘉德
10	吴冠中	6218.97 万	276	香港中环	北京保利

资料来源：《2012 年度艺术市场报告：东西方之间的对话》，雅昌网。

国内拍卖市场的格局正在发生变化。京津塘地区纯艺术品市场份额由上年度的 58.90% 下降至 52.44%，拍卖总额为 26.58 亿美元，相比 2011 年减少 26.96 亿美元。近几年，珠三角地区和长三角地区一直利用自身的优势，逐渐形成以上海和杭州为中心的长三角地区及广东为中心的珠三角地区拍卖市场。

油画和当代艺术版块的成交额整体提升，较 2011 年提高 0.84%。其中，港澳台地区总成交额为 3.34 亿美元，占该板块总成交额的 44.72%（见图 17-3）。香港地区作为亚洲艺术交易中心，在地理、经济、税收等方面都享有优势。另外，作为国际语言的油画及当代艺术，相较中国书画，更易吸引庞大的国际买家群体。因此，这一板块逐渐成为港澳台地区的优势拍卖品类。京津地区所占市场份额为 33.8%，位列第二。

2012 年 9 月，苏富比和北京歌华集团合资成立苏富比（北京）有限公司，注册资金为 1000 万元，其中，歌华美术公司占 20% 的股份，苏富比集团占 80% 股份。由于中国艺术品市场的高税率和外资公司不能在国内拍卖文物艺术品的法律条文，曾一度把外国拍卖公司拒之内地之外。天竺文化保税区的成立，给苏富比的进驻提供了良好的契机。此次合作的推动力之一正是国内拍卖市场竞争格局不断调整的结果。北京作为中国艺术品交易中心的地位，越来越受到上海、中国香港、新加坡等地的直接威胁。2013 年，佳士得也获得上海

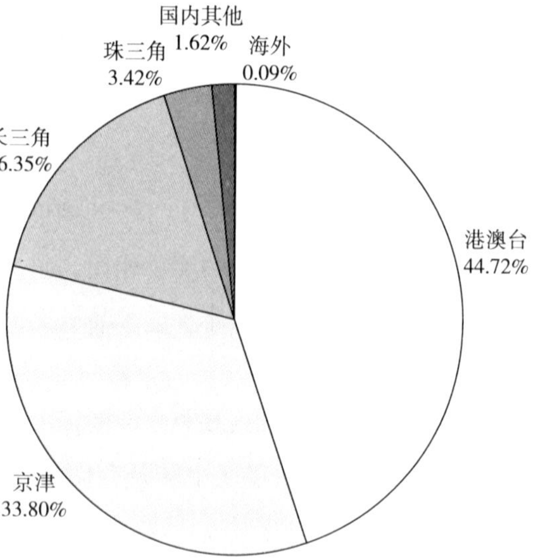

图 17－3　2012 年中国油画和当代艺术拍卖交易份额

资料来源：《2012 年度艺术市场报告：东西方之间的对话》，雅昌网。

市批准，在中国成立外商独资企业，可从事拍卖、拍品的进出口、展览展示、艺术顾问咨询、培训和其他相关服务。2012 年，中国嘉德和保利也进军香港拍卖市场，并成功举办拍卖会。香港依托优越的地理位置，成熟完善的艺术品一、二级市场，艺术品免税政策，国际化和规范化的运营和管理标准，成为与北京并立的亚洲和中国的艺术品交易中心。

由于长三角、珠三角两个新的艺术市场的成长，全球最大的两家拍卖行陆续进入中国市场。同时，中国嘉德、保利和国内多家优质画廊进军香港，意味着中国艺术市场新的竞争格局正在形成。

（三）艺术品税收政策之争

有关中国画廊生存，中国艺术品贸易和新的市场竞争格局的争论，往往都会指向国内现有艺术品税收政策的弊端。直到 2011 年，国务院下发《关于 2012 年关税方案的通知》，将油画、粉画及其他手绘画原件，雕版画、印制画、石印画的原件，各种材料制的雕塑品原件的进口关税税率由 12% 降至 6%

（暂定 1 年）。但在艺术品实际交易过程中，除了 6% 的进口税以外，还需要缴纳 17% 的增值税，因此，进口艺术品的实际征税额度高达 23%。再加上营业税或滞纳金等其他费用，税率突破 30%。这与美国等艺术品贸易繁荣的国家（例如，美国罗德岛为了鼓励艺术家和创作留在本地，吸引国内和国外的藏家及游客，不但扩大艺术品免税区，还停止征收 7% 的销后税），以及中国香港地区、新加坡自由港对艺术品实施的零进口关税相比，非常缺乏竞争力。高税收直接提高了相关企业的生存成本，导致不少艺术品机构选择各种途径逃避税收，或者走出大陆在香港设立分支机构。

在这一背景下，一个在国家税收和市场要求间的折中方案出台，即建立艺术品保税区。实现国外艺术品进入保税区中转及存储免证、保税、交易免税等。但保税并不代表免税，一旦完成艺术品交易，将艺术品提取进入海关内，依旧要缴纳 17% 的增值税。保税区真正优势在于为国内外艺术机构提供了艺术交流、运作流程和资金周转方面的便利，帮助境外卖方省去了如批文、进口、税收等很多程序，并且在国际贸易中不收增值税。目前，内地有 3 个文化保税园区，分别在北京天竺综合保税区、上海外高桥保税区、厦门湖里象屿保税区开展业务。北京的文化保税园是在政府支持下，由北京歌华自主投资的项目，分为国际文化商品展示交易中心、国际文化物流中心和国际文化贸易企业集聚中心，预计 2015 年全部建成并形成完整园区业态，其中，与艺术品仓储与保税相关的是占地 8.3 万平方米、建筑面积 20 万平方米的国际文化物流中心。上海的文化保税园以空港一体化为特色，使通关、清关、税费保护和申请等更加快速便捷，依托外高桥保税区优势打造上海国际艺术品交易中心。厦门则通过港口城市的地理优势，通过保税和拍卖发展为区域性的两岸文化交流与艺术品交易中心。

另外一项被认为可以有效拉动中国艺术品交易的政策是艺术品抵税政策。英、美等国都有相似的抵税政策，当收藏者将艺术品捐赠给非营利博物馆或文化机构时，可以免除销售该艺术品应支付的所得税或个人应缴纳的遗产税。这种抵税政策鼓励了私人收藏、慈善捐赠和博物馆研究与公共教育间的良性循环。欧美国家还设立艺术品消费免征个人所得税的激励政策，鼓励收藏本国艺术家的原创作品。英国艺术委员会还联合境内的多家画廊，为本国公民的艺术品收藏提供免息贷款和分期付款的服务。而我国现行《税法》中并无相关条目，私人或企业捐赠者不能获得国际通行的免税鼓励，也难以通过收藏艺术和捐赠艺术获得公益形象和社会价值。

（四）艺术品收藏与投资

1993 年，上海朵云轩艺术品拍卖公司举办首次古玩书画艺术品拍卖会，标志着当代中国艺术收藏热潮的开始。但是，与中国历史过往的收藏热不同，新的收藏热展现出全民参与，既有工薪阶层、知识分子，还有新兴企业家等高收入群体。

目前，后者构成了收藏界的主流消费群体。2012 年，胡润百富与兴业银行在上海联合发布了《2012 中国高净值人群消费需求白皮书》。这里的“高净值人群”是指个人资产在 600 万元以上。这份白皮书显示，目前中国高净值人群已达到 270 万人，平均年龄仅为 39 岁，与国际同类人群相比更加年轻。继房地产和股票成为高净值人群第一、二位投资选择（分别占 76% 和 65%）之后，另类投资已经成为高净值人群投资方向的第三位，投资比例达到 56%。在另类投资中，最受欢迎的是艺术品，目前国内资产在 600 万元以上的高净值人群有艺术品投资的占到 64%，未来有意向投资艺术品的达到 78%。

作为资产投资外，艺术品同时作为奢侈品具有极强的社会属性，象征着拥有者的财富和社会地位，因而受到高收入人群的偏爱。2012 年，苏富比在香港市场推出的法国当代艺术家的作品经历了截然不同的命运。一个装饰了金色银杏树叶的茶几受到热捧，以 23000 美元成交；而另一件在国际市场价值更高，特别向亚洲致敬的摄影作品（奈良寺庙的内景）却流拍了。可见，中国买家对艺术品的地域性、装饰性、实用性等外在指标更为重视。中国艺术品贸易的数据也反映了上述特征，2011 年，中国出口纯艺术比例达 70%，装饰艺术 30%；而两类艺术品进口数量和价值的比例则几乎相反。

随着近年拍卖市场的起伏降温以及收藏经验的不断累积，买家逐渐慎重对待那些反复上拍、估价偏高的拍品，转而关注存量多、市场认同度高的近现代书画，或者是价格相对较低的新生代艺术家和实验水墨作品，反映出买家正在回归理性收藏与投资。近 20 年，中国艺术市场也历练出更专业、更具实力和野心的收藏家。2012年6月，美国权威艺术杂志ARTNEWS公布全球200位顶级收藏家榜单，中国藏家刘益谦、王薇夫妇入选。夫妇二人分别专注收藏古代书画、红色经典和当代艺术。2012年底，他们以创建中国的古根海姆为目标，共同创办私人博物馆“龙美术馆”。刘益谦称：“除了故宫、上海博物馆和辽宁省博物馆之外，我的古代书画是其他博物馆没办法比的。”

在高端市场之外，艺术品的大众时代正在开启。随着艺术品电子商务、艺术品高仿真复制、艺术衍生品等经营方式的出现，使得中低价位的艺术品和仿制品可以进入中等收入家庭。在北京798举办的“买得起的艺术节”，通过提供免费的展出场地、免费的物流、免费的宣传，以及低廉的售后佣金，吸引了年轻艺术家的参与；同时，由于销售的艺术品价格较低，促进了艺术爱好者的收藏。随着国内电子商务的热潮，各种艺术机构也参与其中。除嘉德在线、盛世收藏网、博宝网等著名电商企业外，雅昌、艺术国际等艺术类门户网站也拥有电商平台，综合类电商企业如淘宝、易趣也有艺术品频道。一些老字号也开始试水电商，如西泠印社于2009年上线、琉璃厂于2010年上线，许多画廊、美术馆则开通了电商平台。但原创艺术品，尤其是价格较高的作品是否适宜网上销售仍有待观察。

我们应该意识到，在中国的艺术生态圈中，一级市场生存境遇的关键问题是供大于求，国内没有一个成熟的艺术收藏和消费群体，艺术市场中尤其缺少以审美为基础的欣赏和消费行为。艺术品供大于求造成画廊生存率低，不合规范行为和短期行为的滋生。二级市场的挤压也多源于艺术投资和投机的动力。而这一问题的根源是中国人文素质教育和艺术教育的普遍缺失。虽然有数据显示，随着人均收入的提高，文化和精神产品的消费会相应增加。但其前提是经济和文化水平同步发展。国外艺术社会学和市场营销学的研究提示我们，童年丰富的艺术体验更可能培养出一个长期的艺术爱好者和消费者；即便中国消费者的收入在不断提高，但经济资本并不能直接兑换为文化资本，即艺术欣赏的能力，这些能力都需要长期积累。

三　北京艺术品行业的影响

第一，北京的艺术品行业直接创造经济价值，并推动城市经济结构的转型。据统计，2012 年全年文化创意产业实现增加值 2189.2 亿元，比上年增长 10%；占地区生产总值的 12.3%，比上年提高 0.1 个百分点。作为文化创意产业内容之一的艺术品市场是其中重要的贡献者。

第二，艺术市场带动相关产业发展。北京艺术集聚区的出现，不但有利于我国画廊业的规模化发展，同时带动了设计、演艺、文化旅游等相关产业，扩大城市的文化消费。随着文物艺术品交易业的快速发展，拍卖活动也带动文物艺术品鉴赏、讲座、拍卖品展示、图录出版发行等相关产业链的规模化发展。此外，艺术产业也极大地带动着北京金融、旅游、物流、餐饮、酒店等服务产业的发展。

第三，品牌与美誉度。北京市作为中国的政治、文化、教育和传媒中心，聚集了最多的艺术家、经纪公司、传媒人、外国使馆、大型企业总部以及高收入人群，具有在全国的号召力和辐射力。

第四，参与社会文化传承与发展。艺术品兼具文化和商业的双重属性，因此，在艺术作品的展览和交易的过程中，自然而然地完成了文化推广与交流的功能，尤其是在国际性的展览、拍卖、博览会中，艺术品积极体现了国家的文化软实力。艺术市场的发展，将支持北京发展文化产品原创中心以及建立世界城市的战略目标。同时，艺术市场也间接地培养和提升了公众的文化趣味与修养，是文化事业发展的重要补充，对推动整个社会的创造性和开放性具有积极意义。

四　艺术品行业发展建议

北京市若想形成对全国和全球艺术品市场的影响，需要市场中的所有者共同努力，在相互竞争中，更需协调和完善各自的优势和职责。艺术家回归创作，在全球化的背景下，立足本土的审美与当代精神，创造出具有艺术性、多样性和国际视野的当代作品；提升画廊业的专业性和市场力量，筛选和推出真正具有艺术价值和市场号召力的艺术家及作品，奠定中国艺术品市场的理性基础；拍卖业在海内外扩张、追逐利润的同时，需意识到一级市场的蓬勃发展才是二级市场长期繁荣的前提，积极建立两者间的协调和合理关系；作为中国的先富阶层，除去满足财富增值的需求外，对中国社会和文化的关注与贡献才是确立和稳固社会地位，获得社会广泛认可的根本途径；政府文化政策则应从多角度鼓励、引导、规范和约束艺术品市场中所有参与者的行为，大刀阔斧地进行文艺政策和艺术品税收政策的改革，推动艺术品行业生态的可持续性发展。

系统性地看待艺术品行业与其他文化事业和艺术教育机构间的关系。学校和博物馆是人文素质教育和艺术教育的重要场所。对素质和艺术教育长期和无条件的投资才可能培养出艺术欣赏和消费群体，才可能发展出一个真正繁荣的、可以抵抗外部环境剧烈变化的艺术市场。艺术品的核心价值是其中蕴含的艺术和审美价值，只有当这一价值获得艺术界内部，如博物馆、艺术史学家和批评家、教育机构的认可，以及与观众达成精神契合之后，才可能在市场中实现其经济价值。炒作固然在短时间内可以创造升值的假象，但艺术市场已经证明，虚高的价格终将回落，最后接盘的买家是最大的受害者。艺术品的收藏者和投资者，为了捍卫自己的资产必然回归理性。

北京市的艺术集聚区、博览会和拍卖行已经构成了中国重要的文化景观，吸引了海内外艺术界人士，同时具有潜力发展为重要的文化旅游的观光目的地和旅游产品。新加坡旅游局在这方面是一个很好的示范。它将新加坡艺博会纳入其宣传重点，同时，为了刺激更多国内游客参观还承担起审美教育的功能。北京市可以此为借鉴，将艺术和其他文化产业和文化事业系统性地嫁接在一起，形成一个多赢的共生局面。

“仓廪实而知礼节”，这对建立中国艺术市场中的规则也很有启发性。但充沛的储藏不仅仅是指令所有参与者生存无忧的物质财富和经济资本，更包括创造、评价和欣赏艺术的文化资本。

（刘永孜，北京工业大学文化创意产业研究所）

B.18
北京市工艺美术行业发展报告

作为文化创意产业的重要组成部分，北京市工艺美术行业近年来在政府相关政策的保护和支持下取得了较快发展。行业总体规模不断扩大，市场机制不断完善，行业领军人才也逐渐增加，然而在工艺美术行业发展的过程中，也存在行业税负较重、创意人才和管理人才缺乏、行业管理理念有待创新等一系列问题。

工艺美术行业具备典型的经济和文化双重属性特征，既具有独立的行业性特点，又具有鲜明的文化符号价值，是优秀文化传承、展示的重要载体。北京市工艺美术作为祖先留给我们的一份珍贵的优秀传统文化遗产，反映着中华民族深厚的文化底蕴，在大力推进文化大发展、大繁荣的背景下，加快发展这一行业具有重要意义。

一　北京市工艺美术行业发展现状分析

（一）我国工艺美术行业发展的主要背景和总体现状

根据 1997 年 5 月国务院发布的《传统工艺美术保护条例》，工艺美术业是指："采用天然材料制作，有完整的工艺流程，具有鲜明的民族风格和地方特色，历史悠久，技艺精湛，世代相传，在国内外享有盛誉的手工艺品种和技艺。"

近年来，随着《传统工艺美术保护条例》等一系列政策文件的贯彻落实，我国工艺美术行业环境不断优化，呈现快速发展的态势，从事工艺美术行业的企业数量逐步增加，产业规模不断扩大（见表 18－1）。

表 18-1　中国 2009~2011 年工艺美术主要行业企业数及产品产值统计

产品名称	2009 年		2010 年		2011 年	
	企业数(家)	产值(亿元)	企业数(家)	产值(亿元)	企业数(家)	产值(亿元)
雕塑工艺品	660	260	758	343	369	396
金属工艺品	558	232	616	340	286	360
漆器工艺品	154	53.8	187	92	94	101
花画工艺品	291	120	305	159	173	178
天然植物纤维编制工艺品	620	284	636	351	376	344
抽纱刺绣工艺品	720	370	754	437	399	382
地毯挂毯	365	243	372	308	259	339
珠宝首饰及有关物品	515	945	541	1421	370	2038
其他工艺品	1404	614	1422	746	741	860
园林陈设艺术及其他陶瓷制品	336	126	390	165	192	184

数据来源：摘编自 2009~2011 年《中国轻工业年鉴》。

从表 18-1 可以看出，工艺美术各个行业的企业数量以及年产值逐年递增，正是因为工艺美术行业所具有的蓬勃生命力。

在文化部 2012 年发布的《文化部“十二五”时期文化产业倍增计划》中，工艺美术成为所确定的十一大重点门类之一。该计划制定的全国工艺美术行业发展目标是：到 2015 年，全国工艺美术业增加值超过 6000 亿元，出口额超过 200 亿美元。建设一批工艺美术特色产业集聚区和工艺美术研发、设计、创意基地。挖掘丰富的民族文化内涵，提升产品附加值，增强市场竞争力，打造一批具有广泛影响力的工艺美术品牌，带动工艺美术产业全面发展。

北京市作为举世闻名的文化古都，在全国工艺美术行业大力发展的大环境下，北京市工艺美术业取得了举世瞩目的成绩，同时也为首都经济的发展作出了重要贡献。

（二）北京市工艺美术行业发展现状

千年古都北京拥有着宫廷风格浓郁的北京市工艺美术。北京市工艺美术以世界闻名的“燕京八绝”，即玉器、象牙雕刻、景泰蓝、金漆镶嵌、雕漆、花丝镶嵌、宫毯、宫绣为代表，共有 60 多类、上千个品种、上万个花色，是祖先为我们留下来的优秀的传统文化遗产。新中国成立以后，北京市工艺美术为社会主义建设，为党和政府对外友好往来和文化交流作出过突出的贡献。

首先，从行业规模来看，北京市工艺美术行业呈现快速发展态势，总体行业规模不断扩大。据中商情报网数据显示，2000～2010年，北京市工艺美术行业工业增加值年均增速达到17.14%，利税总额年均增速达28.32%；2011年，北京市工艺美术行业实现总产值125亿元，增速达到40.36%；2012年，北京市工艺美术品行业共计实现销售收入达83.42亿元，同比增长－2.35%；利润总额1.39亿元，同比增长－53.85%。2012年末，北京市规模以上工艺美术品行业企业达22家，总资产达70.88亿元，同比增长－4.52%（见图18－1）。[①]

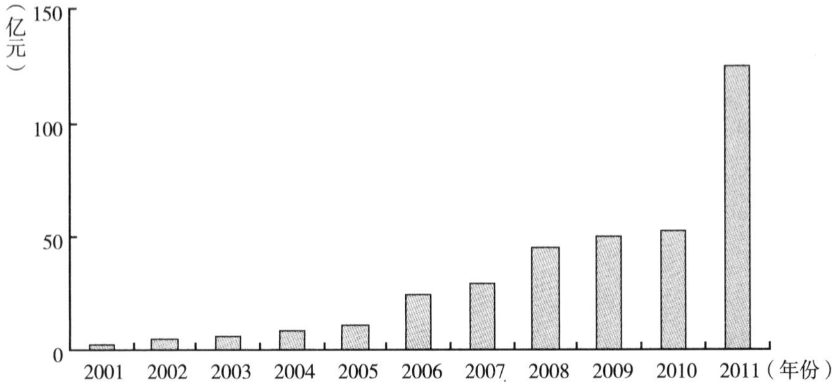

图18－1　2001～2011年北京市工艺美术行业总产值

数据来源：《北京工艺美术行业发展战略研究——基于人力资本培育与品牌价值提升》。

其次，从行业市场体制机制方面来看，北京市工艺美术行业市场经济体制逐步健全。行业主体构成主要有以下几类：一是国有及国有转制企业，如北京工美集团、北京珐琅厂等企业纷纷实行改制并取得了明显成效，成为本行业的龙头企业；二是北京本地原有以及外地进京的民营企业逐渐成为行业构成的主体；三是大师工作室以及依托工艺美术专业高校形成的校资企业等，如张同禄大师工作室等。不同的行业构成主体为工艺美术行业增添了活力，有利于引导

① 中商情报网，http：//www.askci.com/news/201303/01/0115502363629.shtml。

行业健康有序发展。

再次，从行业发展政策环境来看，政府部门对工艺美术技艺的保护力度逐步加大。2002年以来，北京市先后出台了《北京市传统工艺美术保护办法》《北京市传统工艺美术保护发展资金管理办法》等一系列政策文件，对工艺美术行业的快速发展提供了强有力的支持和保障。

最后，从工艺美术行业的从业人员来看，人才队伍不断扩大，高端领军人才也逐步增多。截至2012年①，北京市工艺美术行业拥有北京市级以上工艺大师160人左右，其中全国工艺美术大师30多人，玉雕、牙雕、景泰蓝、雕漆、花丝镶嵌、风筝等多个工艺美术类别的技艺水平和创新水平处于全国领先地位。

二　北京市工艺美术行业发展存在的主要问题

（一）行业管理理念滞后于市场发展，有待创新

当前，北京市工艺美术业既迎来了蓬勃发展的大好机遇，同时也面临激烈的市场竞争和成本上涨、创意不强、空间不足等方面的挑战。这就要求政府相关部门根据实际情况制定适应当前行业发展的规章制度，保障行业市场的健康稳步发展。目前，工艺美术业市场管理规章制度仍是依据2004年文化部修改的《美术品经营管理办法》（文化部令第29号）。据调查，多数工艺美术行业主管部门反映，该规章已不太适应新形势下的市场需求。另外，各工艺美术企业自身缺乏具备开拓能力和创新能力的管理人才，致使企业的经营管理理念滞后，市场化运作能力不强，致使北京市工艺美术区域品牌缺失，知名企业和知名产品品牌较少。

（二）行业规模总体不强，有待提高

北京市工艺美术业近年取得快速发展，但在全国范围内横向相比行业规

① 中国新闻网，http：//www.chinanews.com/cul/2012/01－17/3610283.shtml。

模相对偏小，年利润总额排名不前。2001 年，全国工艺美术总产值 727.3 亿元，其中江苏 77.22 亿元，占全国的 10.6%；上海 27.47 亿元，占全国的 3.8%；广东 178.25 亿元，占全国的 24.5%；北京仅 3.2 亿元，占全国的 0.44%。2011 年，北京市工艺美术行业年产值达到 125 亿元，但仍然仅占全国行业产值的 1.3%，行业年利润总额低于广东、山东、浙江、福建等地区，排名第十一位，这与北京市文化创意产业发展整体水平在全国的地位不匹配①（见表 18－2）。

表 18－2　中国 2011 年工艺美术行业规模以上工业企业主要经济效益统计（分地区）

地区	全部从业人员平均人数		利税总额		利润总额	
	数值(人)	同比增长(%)	全年累计(万元)	同比增长(%)	全年累计(万元)	同比增长(%)
广　东	240884	2.4	800000.8	27.25	587803.2	29.71
山　东	120036	3.57	814859	21.25	495205.5	23.33
河　南	69770	20.79	644383.1	54.23	474162.1	69.47
福　建	124656	3.94	351361.6	43.08	257191.8	48.67
浙　江	81134	－0.33	290473.3	10.75	192310.1	8.65
上　海	7430	－6.12	127926.8	67.74	107594	87.6
河　北	20547	42.36	132980.4	39.2	95969.4	36.61
江　苏	43419	1.08	163542	24.14	93948.1	26.83
内蒙古	2137	42.47	79975.4	68.19	72893.8	71.73
辽　宁	14131	9.14	104444.9	60.75	72006	73.09
北　京	3083	2.09	29674.2	12.42	26544.6	19.11
全　国	841389	6.85	4021517.6	34.74	2795001.7	39.95

数据来源：摘编自《中国轻工业年鉴 2012》。

（三）行业发展税收负担较重，有待减轻

多年来，工艺美术品一直和一般工业品制造一样执行工业的税收政策，制约了工艺美术的发展，特别是 1993 年税制改革实行增值税后，工艺美术品的生产和销售税负更加增重。因为在执行增值税时不考虑工艺美术品制作中的艺术价值（无法出具原材料增值税票）的特殊因素，迫使企业只有通过提高价

① 博宝艺术网，http：//news.artxun.com/liuyadong－1219－6091331.shtml。

格来完税，但提高价格又造成产品不好卖的后果，使很多企业处于两难境地。

据北京市工艺美术行业协会对20家企业的调查，在税制改革前，工美企业的纳税负担在2%～4%，税改以后缴纳增值税平均税率增长到12%。如北京市金漆镶嵌厂税率高达14%，北京市玉器厂不算应在消费环节缴纳的10%的消费税，税率高达13%，北京市雕漆工厂的税率也达12%。而据原北京市崇文区、西城区的有关部门测算，一般工业品生产企业税改后，税率水平只在4%左右。因此，增值税的问题仍然严重制约着工艺美术行业的发展。

（四）行业人才队伍体系不健全，有待强化

北京市工美行业的从业人员数量增加很快，但在全国范围内较其他省市相比，北京市工美行业从业人员总体数量偏少。2011年，工美行业从业平均人数浙江省8万多人、河南6万多人，而北京则不足万人。另外，创意型、设计型高级人才仍然缺乏，青年人才进入意愿不强，行业基础人才队伍规模也有待提高。

目前，工艺美术行业从业人员年龄在30岁以下的不超过10%，年龄分布呈倒金字塔形。如北京全市有市级工美大师160人左右，获得中国工艺美术大师的有37人，其中年龄在60岁以上的占78.4%。工艺美术行业从业人员属于手工艺人，受工作环境、收入、社会地位等综合因素的影响，使得年轻人不愿意从事此类工作。目前，北京市仅有的一所工美专业的全国重点技校——工美技师学校，由于生源不足，长期靠租地办学。

三　加快北京市工艺美术行业发展的对策建议

（一）政府层面：完善政策配套，搭建工美行业发展平台

1. 立法推动工美行业保护与发展

首先，北京市政府可以利用财政的杠杆作用，对行业内税收贡献较大的企业给予奖励。统筹使用好工艺美术保护法发展资金，支持工艺美术产业发展。

其次，进一步完善促进工美行业产品出口的相关政策，鼓励传统工艺美术品走出国门，促进工美行业产品出口。最后，加大版权执法力度，促进知识产权保护。建立行业部门与市知识产权局、市工商局等有关部门的协调对接机制，加大知识产权保护的执法力度、监督强度，对工艺美术品市场的侵权案件予以公示，规范消费型市场，营造良好的产权环境与市场秩序。

2. 加强人才政策出台，建立完善的人才制度

针对北京市工美行业目前高端创意和管理人才的缺乏，坚持内部挖掘、外部引入并重，多方位提升行业设计人才队伍水平。推动高端人才进京优惠政策的出台，例如针对特殊人才采取放宽住房、进京指标等措施。同时，积极鼓励企业在市场中培养人才，出资支持龙头企业开办行业性研讨会、系列大师级高端论坛、艺术技艺学习班等。建立结构优化的人才体系，实现传统工艺美术高、中、初三级人才的梯队配置，其中，高级人才所占比例要达到5%以上，专业人才占从业人员比例达到50%以上。

3. 创新行业投资政策，引导金融资本进入工艺美术产品市场

工艺美术品的发展离不开资本市场的支持，随着国内工美行业市场的逐步成熟，工艺美术产品的资产属性进一步加强。首先，可鼓励国内银行、信托公司、私募基金等参与工艺美术品市场，增强行业资金后盾，发展市场基石。其次，规范国内市场文化产权交易所，促进工艺美术品市场的规范和流通。

4. 政府应该进一步在税收上给予扶持

工艺美术品制造和经营不应该和一般工业品生产采取同一个政策，应采用减免增值税，或一律以小规模纳税人的税率纳税，或重新核定一个适应工艺美术综合税种纳税的方式，解决工艺美术行业税负过重的问题，使这一古老的行业早日振兴。

5. 搭建综合性工美行业信息服务平台

在行业主管部门的指导下，搭建综合性信息服务平台，使其成为面向政府、企业、社会各方主体的政策宣讲、行业促进、企业宣传、信息交流等综合性服务窗口。平台的搭建可加强政府与企业、企业与企业之间的信息交流，提高工作效率。

（二）企业层面：注重创新，推动企业跨行业融合发展

1. 加强文化、科技与工艺美术的结合，提升产品层次

工艺美术品作为文化产品，如何提升其文化价值以提高工艺美术品的内在价值，已经成为各个企业发展的重中之重。因此，工艺美术企业必须从根本上转变生产理念，补上文化修养这一课，从而增强产品的文化竞争力。同时，为了适应现代市场需求，企业需要不时地在产品功能、产品材料运用、设计理念及制作工艺方面进行创新，推动产品功能多元化，这离不开现代科技的力量。例如，艺术品的材料、材质的创新可以依靠大学和研究机构建立工艺美术品的材质检测中心；设计创新可以依靠软件。建议在大学设立艺术品设计系，专门从事艺术品设计的研发与教学，集天下艺术品之美来创造新的艺术品；运用高科技的设备手段还可以大大降低产品的不合格率。

2. 创新发展模式，促进工艺美术行业与其他行业融合发展

面对国际、国内经济结构深度调整的新形势和国家支持文化产业发展的新机遇，工艺美术行业企业要深入研究艺术与经济、工艺美术品与市场和产业、工艺美术行业与其他产业间的关系，拓展其应用领域和范围。大力改造提升家庭作坊式的发展模式，加快产业发展进程，建立现代工艺美术产业体系，促进工艺美术产业发展壮大。例如，日本漆器及其工艺除了用于艺术陈设品、建筑装饰及生活用品外，还积极与手表、珠宝等领域的高端品牌融合发展，如京都著名漆器品牌与江诗丹顿合作开发了手表系列①。

3. 重视品牌打造，积极创建知名品牌

企业品牌、产品品牌是提升企业/产品影响和竞争力的关键要素。目前，多数北京工美企业并没有制定品牌发展战略，拥有市级以上品牌影响力的企业数目不足企业总数的5%。因此，工艺美术企业应积极整合资源开发创新产品，重视商标注册和产品品牌打造，积极申请“中国名牌”“中华老字号”等称号，推动企业和产品品牌向国家级、世界级迈进。企业品牌打造首先要精准

① 案例引自《北京工艺美术行业发展战略研究——基于人力资本培育与品牌价值提升》，北京方迪经济发展研究院，2013年4月。

定位企业自身或产品的资源优势，找准细分市场，创建差异化的品牌以赢得市场的认可。

4. 创办电商平台，拓宽企业营销渠道

随着中国电子商务的发展，很多传统企业纷纷把产品搬到网络上去销售，并取得了良好的收益。工艺美术行业企业也可以通过建立数据库整合创意大师、工艺技师等信息资源，便于消费者了解产品的价格、图片、作者等各种信息。同时，电子商务平台的建立将提高企业的市场竞争能力，实现信息流、物流与资金流“三流合一”的企业信息化发展目标。例如，为营造低成本的商业经营环境，配套完善服务，莆田工艺美术城创立了电子商务平台网站，通过该网站，来自浙江的客商迅速地查询到了其急需的木雕艺术产品，顺利地买到了称心的工艺品。电子商务平台还可以进行网上贸易，大大拓展了莆田工艺品产业的国际、国内市场①。

北京市工艺美术行业在国家、市委、市政府的大力支持下，迎来了发展的大好机遇，应站在推动首都文化大发展、大繁荣的战略高度，从政府层面、企业层面以及社会各主体方面通力合作，解决行业发展现存的突出问题，实现工艺美术行业又好又快发展。

（郭万超，北京市社会科学院首都文化发展研究中心主任、北京文化创意产业研究中心主任、副研究员，中国社会科学院经济研究所博士后；赵玉宏，北京市社会科学院首都文化发展研究中心、北京大学联合博士后）

① 根据网站相关内容整理，http：//news. hxyjw. com/pxdt/13652/。

B.19
2012 年北京市演出市场统计与分析

初步汇总数据显示，2012 年，北京市各类营业性演出场次共计 21716 场；观众人数共计 1100 万人次；演出收入共计 15.27 亿元。

一 演出场次情况统计

2012 年，北京市 113 家营业性演出场所共演出 21716 场，比 2011 年同期（21075 场）增长 3.1%。

（一）按演出团体分类情况

国内艺术团体（含外省市）在京演出 20732 场，占总演出场次的 99.4%，比 2011 年同期（19253 场）增长 7.68%。外国艺术团体在京演出 932 场，占全年总场次的 4.3%，比 2011 年同期（1474 场）下降 36%。港、台艺术团体及个人在京演出 82 场，占全年总场次的 0.4%，比 2011 年同期（348 场）下降 76%。

（二）按艺术门类分类情况

音乐类（含交响、美声、民族、通俗、音乐剧、歌剧）等演出 2016 场，占总场次的 9.3%，比 2011 年同期（1557 场）增长 29%；歌舞类（含民族舞、芭蕾舞、外国舞、现代舞等）演出 461 场，占总场次的 2%，比 2011 年同期（1144 场）下降 59%；话剧类演出 4404 场，占总场次的 20%，比 2011 年（3093 场）增长 42%；京剧类演出 1281 场，占总场次的 5.8%，与 2011 年同期（1278 场）基本相同；杂技类演出 2955 场，占总场次的 13.6%，与 2011 年同期（3059 场）基本相同；儿童剧类演出 3095 场，占总场次的 14.2%，比 2011 年同期（2190 场）增长 41%；地方戏及曲艺类演出 3808 场，占总场次的 17.5%，与 2011 年（3827 场）基本相同；综艺类与其他类及各种小剧场演出 3696 场，占全年总场次的 17%，比 2011 年同期（4927 场）下降 24%。

二　观众人数情况统计

2012 年，全市 113 家营业性演出场所观众总人数达 1100 万人次，比 2011 年同期（1026 万人次）增长 7.2%。其中：音乐类观众 221.8 万人次；舞蹈类观众 52.3 万人次；京剧类观众 40.6 万人次；话剧类观众 205.9 万人次；地方戏类观众 17.3 万人次；杂技类观众 136.7 万人次；曲艺类观众 46.2 万人次；儿童剧类观众 165 万人次；综艺类观众 36.9 万人次；其他类型演出及各种小剧场演出观众 177.9 万人次。

三　演出收入情况统计

2012 年，全市 113 家营业性演出场所共计演出总收入达 15.27 亿元，比 2011 年同期（14.05 亿元）增长 8.68%，按剧场类型划分情况如下：

（一）综合性多功能演出场所 16 个，分别为国家大剧院歌剧院、国家大剧院音乐厅、国家大剧院戏剧厅及小剧场、水立方游泳馆、北大演讲堂、北大演讲堂小厅、海淀剧院、国安剧场、解放军歌剧院、中国剧院、民族宫大剧院、北展剧场、世纪剧院、天桥剧场、保利剧院等，演出收入 4.48 亿元，占全年演出总收入的 29%，比 2011 年同期减少 9200 万元。

（二）大型场馆 8 个，分别为首都体育馆、工人体育馆、工人体育场、五棵松体育馆、人民大会堂、国家体育场（鸟巢）、国家体育馆、北京奥林匹克中心体育馆等，演出收入 6.14 亿元，占全年演出收入的 40%，比 2011 年略有减少。

（三）以戏剧、音乐、儿童剧为主的专业演出剧场 19 个，分别为梅兰芳大剧院、中国儿童艺术剧院、中国儿童小剧院、长安大戏院、中国木偶剧院大剧场、中国木偶剧院酷宝宝剧场、中国木偶剧院小铃铛剧场、海淀区工人文化宫动漫剧场、中国评剧大剧院、中华皮影文化城剧场、人艺实验小剧场、首都剧场、国图音乐厅、京剧院实验剧场、北京音乐厅、中山公园音乐堂、中国国家话剧院剧场、中央音乐学院音乐厅、北京国话先锋剧场等，演出收入 1.36 亿元，占全年总收入的 8.9%，比 2011 年同期增长 6542 万元。

（四）以旅游观众为主，节目相对固定的旅游演出场所共 16 家，分别为北京天桥杂技剧场、湖广会馆、天桥乐茶园、梨园剧场、梨园大戏楼、天地剧场、朝阳剧场、市工人俱乐部、崇文区工人文化宫、老舍茶馆、北京之夜剧场、北京天龙源温泉剧场、北京金融文化俱乐部、刘老根大舞台剧场、北京剧院、欢乐谷剧场等，演出收入 2 亿元，占全年总收入的 13%，比 2011 年增加 7391 万元。

（五）其他剧场及各类小剧场 54 个，分别为广德楼戏楼、东苑戏楼、北京戏曲艺术职业学院排演场、繁星戏剧村剧场、地质礼堂剧场、张一元天桥茶馆剧场、北青盈之宝剧场、雷剧场、木马剧场、金萍萍二人转剧场、广名阁茶楼、东城区文化馆剧场、46 号剧场、麻雀瓦舍剧场、嘻哈包袱铺安贞剧场、嘻哈包袱铺西直门剧场、皇家粮仓剧场、东创蜂巢剧场、蓬蒿人剧场、朝阳文化馆行动剧场、TNT 剧场、后 SARS 剧场、东四工人文化宫剧场、东城区文化馆剧场、崇文区文化宫剧场、中央音乐学院音乐厅剧场、朝阳非非小剧场、西城区文化馆小剧场、雷动天下剧场、崇文区文化馆剧场、正乙祠剧场、小梨园剧场、mao live house 剧场、大隐剧院、壹空间剧场、宣武区文化馆剧场、黄梅戏会馆、正华影剧院、戏逍堂柏拉剧场、东方斯卡拉剧场、枫蓝购物中心剧场、顺义影剧院、平谷影剧院、密云影剧院、大兴影剧院、延庆影剧院、门头沟影剧院、怀柔影剧院、万事达中心 M 空间剧场、解放军军乐厅、优剧场、传奇小剧场、什刹海剧场、糖果餐饮剧场等，演出收入 1.26 亿元，占全年演出收入的 8.25%。

四　演出票价情况统计

2012 年，各类演出总平均票价与 2011 年相比下降了 16.9%。按不同剧场类型统计如下：

（一）以人民大会堂、首都体育馆、工人体育馆、工人体育场、五棵松体育馆、国家体育场等为代表的大型演出场馆的平均票价 692 元，与 2011 年同类演出票价基本持平，平均上座率 80%。

（二）以国家大剧院、保利剧院、北展剧场等为代表的多功能综合剧场的演出平均票价 260 元，比 2011 年的 291 元下降了 10%，平均上座率 82.5%。

按不同艺术类型统计如下：

（一）交响乐、室内乐、民族音乐类演出平均票价 258 元，平均上座率 76%。

（二）各类演唱会演出平均票价 570 元，平均上座率 76%。其中，港台类演唱会平均票价 706 元，平均上座率 82%。

（三）音乐剧类演出平均票价 242 元，平均上座率 86%。

（四）歌舞类演出平均票价 226 元，平均上座率 80%。

（五）京剧类演出平均票价 93 元，平均上座率 62%。

（六）话剧类演出平均票价 84 元，平均上座率 80%。

（七）地方戏类演出平均票价 115 元，平均上座率 80%。

（八）曲艺类演出平均票价 54 元，平均上座率 80%。

（九）儿童剧类演出平均票价 88 元，平均上座率 81%。

五　旅游剧场演出情况统计

2012 年，全市 16 家以旅游演出为主的剧场共演出 5379 场，占全年总场次的 25%；观众人数 262.6 万人次；总收入 2 亿元，比 2011 年增加 7391 万元。

六　演出场次 200 场以上的剧场统计

2012 年，演出场次在 200 场以上的剧场共计 42 个，它们是：国家大剧院音乐厅、国家大剧院戏剧厅、国家大剧院小剧场、保利剧院、梅兰芳大剧院、长安大戏院、中国木偶剧院、中国木偶小剧场、人艺试验小剧场、首都剧场、北京音乐厅、中山公园音乐堂、欢乐谷剧场、北京湖广会馆、天桥乐茶园、梨园剧场、朝阳剧场、崇文区工人文化宫、老舍茶馆、天地剧场、北京梨园大戏楼、市工人俱乐部、广德楼戏园剧场、刘老根大舞台剧场、繁星戏剧村剧场、木马剧场、金萍萍二人转剧场、广茗阁茶楼剧场、嘻哈包袱铺安贞剧场、海淀区工人文化宫动漫剧场、东创蜂巢剧场、中华皮影文化城剧场、中国儿童剧院、北京国话先锋剧场、东图会议中心剧场、蓬蒿人剧场、解放军歌剧院、张一元天桥茶馆剧场、东方斯卡拉剧场、海淀剧院、什刹海剧场等。

七　2012年演出市场简要分析

（一）国有专业艺术院团的市场活力和占有率都有较大提升

2012年，北京人民艺术剧院、中国国家话剧院、北京交响乐团及北京京剧院等国有院团的演出在演出市场占据了相当大的比例。还有，中国评剧院仅春节演出季半个月内就上演大戏60场，为历年之最。国家大剧院推出新春演出季、夏季演出季，保利剧院推出2012戏剧演出季，人艺的话剧《甲子园》等，重点国有专业艺术院团通过推出经典剧目、优秀曲目集中展演等活动，极大地提高了北京演出市场整体艺术水平，国有院团的市场活力日渐凸显。

综观2012年北京市国有专业院团市场占有率的提高原因，一是由于政府加大了扶持力度；二是院团自身也在适应市场需求，寻求出路，融入这个快速发展的时代。这是2012年北京演出市场的特点之一。

（二）“院线制”带动演出行业的多元发展

北京市演出剧场经营模式多为演出经纪公司或演出团体租用剧场进行演出活动，或出租剧场与自己承办演出项目相结合的方式。随着演出市场的发展，保利剧院管理有限公司率先在全国采取“院线制”演出经营模式，并取得较好的效果。该公司用9年时间在全国打造了28家剧场院线，实现了剧场从单一经营到行业经营的转变，2012年组织全国各院线剧场演出约3500场。2011年，北京市小剧场院线也已经兴起，如北京戏剧品牌“戏逍堂”，正式获得风险投资注资，开始了他们的院线运营之路。其正在经营的戏剧院线一改“戏逍堂”剧场以前的经营方式，把话剧产品输出到全国各地，收到很好的效果。

可以说，剧场“院线制度”的形成，探索出了剧场多种经营的模式，它能使剧场立足北京、辐射全国输出演出项目，并降低演出成本，使广大观众获得低票价的实惠。

（三）十八大前夕，“红色经典”占据北京演出市场

在中国共产党十八大召开前夕，北京各个剧场演出剧目就已透出浓浓的“红色”。如《洪湖赤卫队》，这部传承近半个多世纪的中国民族歌剧在“十一”国庆当天以全新面貌登上国家大剧院舞台。与此同时，由文化部主办的“讴歌伟大时代，艺术奉献人民——2012 年全国优秀剧目展演”和由北京市委宣传部及北京市文化局联合主办的“颂扬北京精神讴歌伟大时代——2012 年北京市优秀剧目展演”也在此间举行。中国国家话剧院的话剧《欲望花园》、湖北省演艺集团的话剧《信仰》、北京京评戏曲剧团的评剧《什刹海》等一批集思想性与艺术性于一体的优秀作品一并亮相，为党的十八大召开献礼。

（四）为让更多的百姓走入剧场，政府加大对低票价演出的支持

2012 年，演出市场出现了一个可喜的变化，各剧场为吸引更多的普通百姓走入剧场，在政府有关部门的引导和政策的支持下，纷纷推出了低票价政策。如 2013 年初，首都剧院联盟推行了联盟成员低票价的举措。春节期间，包括中央、市属和民营的 30 家首都剧院联盟成员单位，集体打出低价牌，把 100 元以下的低票价座位数增加到总体座位数的 20% 左右。据统计，长假期间，北京 43 家主要剧场共完成演出 298 场，观众近 30 万人次，平均上座率达 69.2%，比 2011 年同期上升 5 个百分点。国家大剧院、中山公园音乐堂等重点剧场都推出了 50 ~ 100 元的低价票。长安大戏院，像《秦香莲》《红鬃烈马》这样的经典剧目票价甚至 20 元起步。初步统计，音乐剧类演出比 2011 年同类演出票价下降 49%，歌舞类演出比 2011 年同类演出票价下降 18%，京剧类演出比 2011 年同类票价下降 36%。

众所周知，北京市演出市场票价过高一直是很难解决的弊端，2013 年政府投入 530 万元推出的低票价政策，使北京市的文化消费市场有了新变化，既满足了百姓文化生活的期盼，也带动了演出市场的活跃。

（五）“驻场”演出开启奥运场馆赛后运营新榜样

合理地开发利用奥运场馆进行“驻场”演出是一个好的策划，它能带动北京演出市场的繁荣。如北京鸟巢风采文化有限责任公司承办的大型演出视听盛宴《鸟巢·吸引》，于2012年1月8日正式启动，首季演出取得成功，引起了广泛的社会关注，共接待国内外观众近10万人次，上座率超过90%。《鸟巢·吸引》的驻场演出，开启了奥运场馆赛后运营的中国榜样，成功推广了鸟巢探索奥运场馆赛后运营的“中国模式”，展示了鸟巢领航中国文体产业发展的信心与决心。

（六）促进演出市场繁荣发展的几点建议

2012年，北京的演出市场虽然在文化产业大繁荣、大发展的前景下，取得了发展，但也有些问题须待解决。如有些演出的票价高还是主要问题，高端演出老百姓消费不起，为此有几点建议：

第一，各级政府是否可根据北京演出市场的特点与实际情况，进一步研究、分析对鼓励低票价政策实施的具体细节，使各项补贴可以更务实地造福于市民百姓，让更多的百姓走进剧场观看演出，让百姓与经营者都受益。

第二，随着文化产业的发展扩大，必将带动北京演出市场的发展。在充分利用好现有的演出场馆的同时，各级政府有关部门还须在基础建设方面给予指导和政策支持以满足市场需求。同时，各经营单位也应进一步挖掘北京市现有的演出场馆、影剧院等演出场地资源，使演出运营更加多样化。

第三，给民营院团及演出公司更大舞台。这几年来，国有文化企业在经过转企改制后有了较大的发展，但依然在市场敏感度、对观众的服务细节上有待改进。而民营企业因为长期扎根市场，能够快速反应调整。所以，建议政府更多地给予民营企业发展机会和发展空间，真正使他们参与到文化大发展、大繁荣中。

总之，演出市场要发展，除了要有良好政策及市场环境外，还要各演出单位积极应对市场变化，满足观众需求，加强信息沟通，促进项目推广，为北京文化演出市场繁荣做努力。

2012 年，北京市营业性演出市场的状况及各类专业数据统计资料，来自北京市演出行业协会对全市 113 家（其中，包括各类小剧场及各郊区县影剧院共 54 家）主要从事营业性演出场所的统计，以及相关票务公司、演出机构、咨询公司提供的部分演出市场有关信息。

（北京演出行业协会）

专题研究篇

Special Subject Studies

B.20
北京科技支撑文化创意产业的问题与对策研究

科技、文化融合而生的文化创意产业，日益成为引领未来发展的核心支柱产业，美国、英国、韩国等发达国家大力发展文化创意产业，已经取得了明显的领先优势。世界发展的种种迹象表明，知识经济时代是一个高技术与高文化结合的时代，尤其是信息技术的发展从根本上改变了文化产品生产、传播和消费的方式。由此可见，科技创新不仅能促进传统文化产业的自我更新，更能不断构建和拓展文化产业新的发展空间，优化文化产业的结构层次，使文化产业实现跨越式发展。

科技与文化都是全球化的高端形态，科技、文化融合是一种国家战略。文化与科技融合已成为全球趋势，发展十分迅猛。其中，文化创意产业是科技与文化融合的集中体现，正日益成为引领未来发展的核心支柱产业。从全球普遍数字来看，创意产业对国内生产总值的贡献大多在2%～9%，创意经济已经成为大多数国家最重要的组成部分。有关数据显示，文化创意产业在全球GDP中所占比重为7%左右，并以每年10%的速度递增；一些发达国家文化创意产业在 GDP 中所占比重高达 12%。尤其突出的是，以新媒体为核心的传媒业，以数字制作技术为核心的动漫产业和网络游戏，以及各种软件、网络及计算机服务业等与科技结合紧密的创意产业的增长更为迅速。各种趋势显示，以娱乐、传媒、软件、网络服务等为代表的文化创意产业正成为全球发展最快的产业，科技、文化融合正在成为创意产业发展的新里程碑。

一　北京科技支撑文化产业现状

科技与文化结合意味着两方面的含义：一方面，科技是手段，融合程度体现在科学技术的先进程度和创新能力，社会对核心技术的使用能力、应用程度和广度。不但包括技术的领先水平，还包括技术对不同文化内容的适用性，文化传播功能的可靠性与安全性，以及知识产权和收益保护程度等法律规则和经济利益保护问题；另一方面，文化是内容，融合产生的影响蕴含在对文化内容的挖掘、表现和传播能力，以及所提供的文化内容经传播后所产生的影响中。不但包括文化内容的价值，还包括对文化内在价值的挖掘，以及挖掘后带给消费者的感受和体验，这种感受和体验与传统产品的最大不同在于其文化内涵深度的持久性，这需要消费环境和创新环境。

（一）新产业发展迅速

科技和文化都是城市发展的高端领域，两者的融合也各自是发展的必然趋势。自北京市提出建设中国特色世界城市以来，以信息技术为核心的科技手段和以文化创意产业为增长点的经济增长方式就将两者紧密联系在了一起。

据统计，2011 年，北京市软件、网络及计算机服务收入占文化创意产业总收入的 52.37%。在数字化、网络化和多媒体技术时代，通过网络游戏、网络视听、手机文化、网络出版、数字节目、三维动画等形式而展现的创意产业，正在成为全球经济新增长点中的核心力量。2011 年，北京市的第三产业已达到地区总产值的 76.1%，文化创意产业收入占第三产业收入的 16.10%，其中，新闻出版，广播、电视、电影，软件、网络及计算机服务，广告会展等与科技结合密切的四大领域，占文化创意产业收入的77.75%；同时，动漫、网络游戏产值约占全国的1/4。其文化产业发展客观上已经出现了增量（新兴产业）发展超过存量（传统产业）、科技引领产业增量发展的态势，这自然要归功于科技与文化的融合。

但是，从资产收益率和劳动生产率两项企业竞争力指标来看，文化创意产业比第三产业的资产收益率高出8倍左右，文化创意产业正以占用少量的资产获取较大收益的特征，为北京市创造财富，但科技型创意产业的资产收益率与文化创意产业整体水平相比，并未表现出明显优势；同时，无论是整个文化创意产业，还是科技型创意产业劳动生产率，都不到第三产业的1/2。这说明，北京市的文化创意产业整体还处在低端状态，竞争力优势不明显。科技对于文化产业尽管已经表现出明显的推动作用，但尚未形成企业的核心竞争力。

（二）科技成果在文化产业中的应用强劲

作为科技中心，科技成果转化与应用体现了科技与相关产业的融合程度。2012年1~8月，北京市新兴产业输出技术合同成交额1323.4亿元，同比增长18.1%，占全市的78.0%。其中，电子信息领域技术合同成交额542.8亿元，同比增长99.2%，占全市的32.0%，继续保持主导地位；航空航天、先进制造和新材料领域技术呈现快速增长的趋势，成交额分别为60.7亿元、76.3亿元和42.5亿元，分别增长5.0倍、1.0倍和2.2倍。其中，2012年1~6月，物联网、云计算和4G等新一代信息技术领域，输出技术合同成交额79.8亿元，同比增长3%。软件、网络服务、动漫、规划设计四大优势行业作为北京文化创意产业技术输出的主要力量，技术合同成交额达342.4亿元，占文化创意产业技术输出的九成。如北京若森数字科技有限公司开发的“智能化高真实3D动漫影视开发系统”，将对实现影视动漫制作由2D到3D的跨越式发展起到重要作用。技术对于创意产业的竞争力作用正在显现，尤其表现在无线互联网、电子商务、数字出版、物联网、云计算、3D制作、数字娱乐、新媒体发行平台等领域，并使这些领域成为投资热点。

（三）典型行业优势明显

随着互联网技术的普及，通过互联网而建立的游戏市场正在成为集软件服务、游戏娱乐、动漫内容和新媒体媒介于一体的综合产业。传统动漫与科技和相关产业融合产生了大动漫产业，包括电视动画产业、电影、电视、演出、新媒体、出版、主题公园及其衍生产品，并广泛应用于社会生活各个方面，包括教育、科普、广告、建筑、核电、安全生产、灾害防控、展览展示、国防航天、医药卫生、海洋石油、艺术设计等领域。

新闻出版业与科技融合整体势头强劲，印刷技术不断更新，新型出版业态不断涌现，版权管理逐渐形成体系。2010 年 5 月揭牌的中国北京出版创意产业园区建设已粗具规模。

广播、电视、电影数字化、一体化程度较高。北京在成为全国拥有高清数字电视用户最多的城市之后，又成了全国拥有高清交互数字电视用户最多的城市。数字影院改造项目数量众多、设备先进，拥有国内最先进的数码电影制作基地。

公共服务中，数字博物馆、数字图书馆等建设进展明显。从 2005 年开始，每两年由北京市科学技术协会、北京市文物局、北京市经济和信息化委员会联合主办一次数字博物馆研讨会。近年来，“数字故宫”“数字首博”等博物馆数字化项目，不仅有力地保护和挖掘了中华文化的精华，而且在更大范围、用更新颖的手法展现了中华文明的源远流长。博物馆、科技馆的网络服务也已从简单的信息报道，向网上网下结合、服务功能多元化、信息普惠的方向发展。娱乐中网络游戏较为普及，但休闲旅游等结合较少。

在迅速发展的融合行业中，北京市主要以软件服务、网络、数字出版、演出和新媒体为主，这些行业已表现出明显优势。中关村科技园雍和园在高新技术产业基础上，主要发展了数字内容、版权交易和艺术品交易等重点行业，目前已聚集起歌华、诺基亚、西门子、北京移动、当当网、光线传媒等行业领军企业，形成了以文化金融、文化演艺、影视出版、数字新媒体等版权相关产业及数字内容产业为主导，创意设计、创意旅游等相融合的产业发展格局。清华科技园现已进驻国内外企业和各类机构 400 余家，其中 150 家文化创意产业企业，科技园国际新媒体基地发展以数字信号转播、IPTV、手机电视、列车多媒体系统、非线性编辑、移动数据存储、动漫、影视后期制作等数字内容为主导产业。作为中关村科技园的德胜科技园，随着该园区的技术不断被出版等行业采用，从而也聚集了一批著名数字出版企业，如中国北京出版创意产业园区、北京出版集团、北京和声创景影视技术有限公司等，成为以数字出版、影视和设计为主的园中园。另外，一批知名企业也在后奥运阶段迅速崛起。著名的水晶石影视传媒科技有限公司围绕首都文化活动开展的现代演出庆典活动，形成了运用多媒体的演出等产业，利用电子计算机图形图像处理技术，为客户提供数字图像的创意设计、制作和软硬件集成服务，满足其在宣传展示、沟通、娱乐及专业应用等方面的需求，主要应用在展览展示、大型活动及虚拟仿真领域等。

（四）融合深度和新业态发展明显不足

目前的科技型文化创意产业中，主要是存在于产业链的某个环节，融合的方式主要是简单的叠加，尚未形成要素融合，两类企业所需要的资金、人才、环境等仍处于分离格局。科技型企业主要以技术研发为主，仅利用文化内容作为广告宣传；文化型企业主要以数字技术为媒介，增强了产品的传播能力和推广力度。两者的运营方式和所需要的资金、人才、环境等要素，仍然沿袭各自的传统方式。目前，融合后的成熟产品仍然分布在两个领域里。其中，在文化领域主要是演出、影视制作、文化展示和宣传等用现代灯光、音响和多媒体技术，虽然通过数字影院和高清电视等增强了销售能力，但基本未改变文化行业原有的规则和产品性质。在科技领域里，主要是通过多媒体技术的普及增强了文化内容的传播广度和使用方式与频度，产品形式、运营模式和销售方式都已突破传统方式，但仍然遵从科技运营模式，大部分科技文化型企业缺乏将文化要素和科技要素进行渗透融合的内生模式。

新产业的发展规模取决于融合的创新力度。科技文化融合，不仅仅是将两个领域关联起来，而是通过两者的结合不断创意和创新产生新的创造力，从而形成竞争力。尽管北京市科技型创意产业增长迅速，但仍然以存量增加为主，两者融合产生的新业态增量贡献不甚明显。靠自主创新而产生的新业态少，目前的主要业态形式基本在复制发达国家的成熟模式，而且跟随的脚步仍有一代到两代之差。如互联网的各种交流工具、网络购物、民意发表等，全部照搬了国外多年以前的网络功能，我国在使用过程中目前仍有很多缺陷。

二　北京科技支撑文化产业存在的问题

（一）文化创意与科技进步不相匹配

文化、科技融合主要在于科技对文化的技术支撑和文化对融合所提供的内容，只有两者相互成为一体，才能产生真正的核心创造力。而且技术优势只能在融合形式上提供支持，体现的是短期和外在融合；文化内容创新才是内在融合，可以产生持久影响力。如“哈里·波特”和“超女”，前者通过精彩的内容打动了无数观众，产生了广泛和持续的影响力，而后者仅凭借多媒体工具激起了一时热潮。技术容易从发达国家学习，目前我国在融合的主要技术领域，如电子信息、网络、多媒体等技术都与世界水平接近，北京市在国内也处于领先地位。但是，创意内容不可复制。在产品和人才都“速成”的时代，由于缺乏敬业精神、创意内容贫乏、内容精品缺失，创意领域里的文化内容远远不能满足飞速发展的技术融合的要求。再加上，创意内容主要是由中小企业来完成，在动漫、影视、新媒体等都缺乏创造力强的文化内容，对文化深度挖掘能力有限，使得大多数融合产品成为展示高科技功能的宣传品，缺乏适应新技术表现形式和特色文化的新产品，核心创造乏力。

（二）资源与创新机制不匹配

一方面，在北京体制内的文化资源和科技资源远远大于体制外，大量的资源集中在部属、市属事业单位和高校内部，这些体制内机构市场反应迟缓、竞争能力不强、技术应用落后。例如，中央重点新闻网站在进军短信服务、网络游戏、彩信直播、博客等功能方面，普遍比商业网站晚一年以上，且在内容、产品、经营等方面趋于同质化，导致百网一面，缺乏特色。另一方面，北京市目前文化产业的航母企业基本上都是国有企业，由原来的事业单位改组而来，其本身实力雄厚，但是创新活跃度相对不足，往往不能在创新创意方面走在最前沿。以中关村这个以创新著名的企业群体为例，国有控股仅占12%，其余为私营、集体、港澳台和外资控股或所有，显然真正的创新集中在资源并不丰富的非国有企业中。国有企业资金来源相对单一，不适应新产业高风险和“马太效应”特点，经营结构简单，盈利模式过分依赖传统的广告，收入规模与国内商业网站差距很大。与此相反，深圳市则充分利用市场体系和市场要素发育比较成熟的优势，创造较为宽松的政策和创业氛围，直接面向国际、国内两个市场，诞生了一批优秀的非国有文化科技企业，如腾讯、华强等。如何有效地引导文化和科技资源进入市场，是目前北京市能否有效利用首都优势的重要前提。

（三）知识产权保护滞后

文化、科技融合产品具有可复制性极强、盗版机会成本很低的特征；同时，其收益又集中体现在知识中。英国将产权保护作为一项非常严厉的法律制度规范科技型的创意产业，美国则将创意产业称为版权产业，并按照产权保护需求程度将创意产业划分为四个级别，通过知识产权保护将极容易盗版复制的文化、科技融合产品收益规范化，维持了良好的市场秩序。在美国，用户购买一般游戏软件的花费因严格的知识产权保护而很高，苹果的游戏软件价格低廉，薄利多销，又没有盗版，销售额足以支撑开发商的投入。我国产权保护滞后，不少公司由于产品被盗版而破产；很多公司顾及版权纠纷缩小销售范围；一些公司甚至为了创意不被盗窃而选择封存产品。这种逆向淘汰，严重阻碍了科技文化融合而产生的新创意。

（四）融合主体不明确

文化、科技融合是一个涉及市场和公共部门的多领域范畴，需要全社会的共同努力。但是，一方面，融合的主体是企业，企业创新能力是融合的基本前提；政府的主要职责是为融合创新创造氛围和环境。目前，城市政府在推动融合方面态度积极、热情高涨，制定标准，颁布扶持政策，甚至投资基础设施和各种项目，企业在条件尚不成熟、创新环境尚不完善的情况下，创新积极性不高，实际运作使政府和企业的融合主体地位颠倒。另一方面，文化、科技融合在不同阶段，两者的主体功能亦有主次。初期阶段以科技带动为主，高级阶段以文化需求推动为主。目前，我国处于融合的初期阶段，尽管科技的带动作用已经显现，但由于按照现有行业划分标准，将融合企业人为地划分为科技型企业或文化型企业，并分属不同部门管理，资金和各项优惠政策来源不同，仍然在各自的归属范围内按照各自的管理模式运行，融合的主导角色不明确，以科技进步和运营模式为融合的具体路径的融合模式尚未形成。

（五）企业缺乏国际竞争力

由于融合深度不够，科技型企业难以在文化市场上进行创意、生产、制作、后期加工、宣传、销售等各环节的商业运营；文化型企业管理人员大多为艺术家，缺乏对新技术产品的运营经验，商业化应用开发严重不足。目前，北京市大型科技和文化企业主要做平台，而内容则交给中小企业来完成，难以产生规模效益，科技型文化产品没有竞争力；同时，中小企业对市场的专业化运作能力有限，缺乏对国际市场的开拓经验，商业运营团队缺乏，市场的规范运作能力较弱。

同时，创新企业群体尚未形成。不但缺乏旗舰型企业，在主要领域里也缺乏以旗舰企业为核心的企业群体和企业组群体系，企业合作和共同对外的竞争格局没有形成，在国际市场上要么没有任何发言权，要么仅有个别企业与国外众多企业和评委进行单枪匹马式的争夺，整体竞争力尤其缺乏。

（六）部门分割和分业管理体制不利于融合

文化、科技融合是一个全新领域，产品形式、运营模式和价值体现都与传统行业有天壤之别。按照现有的行业划分，文化和科技分属于两个不同的行业，由于部门分割，科技和文化资源及其开发和使用、人才培养和使用机制，以及资金使用和管理等都分属于不同的管理部门，难以对两种要素的资源、人才和基金实现统一规划、使用和管理。同时，根据目前分业管理的绩效考核标准，融合内容划归在其中任何一个部门都存在不对口的地方。划归在文化行业里，企业将失去科技创新模式支撑和各项高科技扶持政策；划归在科技行业里，知识资产和文化价值没有统一认定标准，没有实物价值可以体现。由于分业管理，各种扶持政策都针对两个不同行业，如科技政策往往评估企业的高科技含量和专利数量，而文化政策却注重的是文化遗产价值，尤其是专项扶持针对两者中的任意一方则另一方都会不符合条件，严重影响了政策效果。

（七）融合创新环境有待于改善

文化和科技是两个融合性强、风险大、不确定性成分较多的领域；同时，融合对创新的更高要求使得其对创新环境和创意氛围的依赖性，比科技和文化本身更强。目前，北京市的科技型创意产业仅有三处明显的聚集，其余主要分布在各自的聚集区，普遍缺乏公共平台，包括交流平台、服务平台、信息平台，以及法律保护平台，数字新媒体销售发布平台、版权服务、虚拟展览与交易商品真伪鉴别、投融资服务、文化信息共享等方面严重缺失或滞后。首先，由于科技企业和人员与文化企业和人员之间缺乏沟通与理解，文化企业不充分了解当前的新技术功能与特点；科技企业不能理解文化内涵，很难进行协同创新。其次，科技、文化融合意味着对另一领域陌生的学习和熟悉过程，他们有可能是很好的艺术家或高科技领域的顶尖人才，但缺少另一领域的相关知识和技能，由于缺乏针对科技文化融合的信息咨询和服务机构，科技或文化企业都很难从创意源头开始到最终产品等各个产业链环节进行密切合作。最后，科技和文化的复合型人才极度短缺，针对融合需求的教育培训体制尚未建立，尤其是缺乏潜心创意的工作环境、人际交往环境和利益分配机制，不利于创意人员敬业精神的形成。

三　促进北京科技支撑文化创意产业发展的对策

（一）与数字城市建设共同推进，强化网络协同服务

科技、文化融合的具体行动主要是利用数字化技术，通过数字化制作加工、网络、数据库等拓展文化创意产业的深度和广度，从创作、生产、销售到消费等任何一个环节都与数字技术息息相关。其建立的基础是能为科技发挥作

用、能使文化得到广泛认同和传播的数字化环境。因此，科技与文化尽管只是两个领域、两个产业，甚至只是两个端点，却是国际城市的具体体现。文化创意产业之所以首先在著名的国际大都市得到飞快发展，其中一个重要原因是这些城市在20世纪就将数字城市作为重要战略之一，建立了良好的数字基础设施和法律环境，使两者具有继承性，并共同推进。但北京市在21世纪初提出数字城市建设后，很多设施功能未得到充分利用，限制了文化创意产业的进一步推进。因此，完善数字城市基础设施和信息化功能，是为科技文化搭建基础环境和融合平台的关键步骤。

知识经济时代是一个高技术与高文化结合的时代，尤其是信息技术的发展从根本上改变了文化产品生产、传播和消费的方式。基于互联网的网络是通过建立多部门、多机构、多系统、多站点相互联系的最有效通道，目前，科技、文化融合的最主要领域也是通过网络实现的。同时，上述情况显示，科技、文化融合的根源在于协同管理和服务。因此，在数字城市建设基础上，强化网络协同服务是实现融合的关键步骤。

（二）强化顶层设计，理顺主体关系

文化、科技融合是在现有传统行业外产生的新领域，需要通过顶层设计，突破现有体制障碍，理顺并建立新的主体关系。

1. 建立创新考核体系

建立以功能管理为主要目标的融合创新机构和绩效考核机制。实现各级政府、中介机构、企业在融合创新理念和具体实施路径等方面行动的一致性，形成一个融合创新体系；在创新系统中，进一步明确政府在创新中的协调、服务与引导职能，社会组织和中介机构在创新中的组织、服务与搭建平台功能，企业在创新过程中增强自主创新能力和多出精品的敬业精神；辅助性行业（如金融、版权交易）等采取多元化的方式积极参与创新。

2. 通过示范工程促进成熟技术和创新模式的推广应用

针对不同融合新技术和创新模式，建设有代表性的示范工程，通过对各典型示范工程建设过程中出现的问题和经验进行深入分析，为推广新技术和新模式提供参考。如在影视和多媒体领域，在互联网影视、立体电视、数字出版、

高清电影、数字媒体、现代设计、公共文化服务等领域开展创新示范工程建设，并探索创意风险投资等多元化投融资模式和商业运营模式的可行性，为全市类似企业提供经验积累；在数字制作领域，建立以“云端结合”为主要内容的示范基地，探索“视频云计算”在数字内容制作与分发、出版发行交易与监管、跨媒体复合出版、智能阅读终端研发与制造等领域的应用经验。

（三）加强资源整合，推动合作共赢

1. 机制融合促进资源整合

鉴于资源主要集中在体制内的现状，建议通过体制内外资源共享；并通过市场竞争机制促进体制内机构的创新，实现体制内外的资源共享。比如，积极推动电信网、广电网、互联网“三网合一”，使资源在体制内外充分流动，增强体制内的创新动力；通过 NGB、高清电视、新媒体（CMMB、网络电视、IPTV 等）、3D 电视、信息化视听等新技术采用，推动“三网合一”；探索体制内外共同创新的新模式。

2. 平台建设促进资源整合

政府引导积极搭建展示、交流、合作、共融共赢的平台，不断拓宽各行业、各环节、各部门、各企业的合作领域；通过税收、奖励、资金扶持等措施，支持多种行业应用的统一平台建设，用扶持平台建设代替企业扶持；打造影视制作、新媒体、数字出版、版权交易等公共技术服务平台，为重点领域融合创造创新氛围和提供通用技术服务，实现技术资源共享；为企业搭建投融资平台、人才交流和储备平台，增强要素资源共享；建立跨界、跨部门合作工作平台，开展跨界资源交流与共享，推动多领域合作。

3. 组建企业梯队，培育创新组合

研究各行业不同领域企业在合作创新中的角色，通过四种企业组合，建立创新梯队。

一是通过公平竞争机制，打造航母型企业，并通过政府引导和公共服务，鼓励这些企业在平台商业运作模式方面进行创新，为更多企业参与创新提供平台支撑。

二是培育一批旗舰企业，为这些企业在关键技术方面的创新和应用提供服务，并鼓励这些企业为其他企业进行文化、科技融合起到示范和引领作用。

三是为优质企业创造创新氛围和条件，使这些企业具有稳定的资源和人才队伍，专心制作精品，增强后续竞争力。

四是通过市场竞争机制，规范一批配套企业，使这些企业为优质企业、旗舰企业和航母企业提供专业技术支撑和外围配套服务，并保证这些企业在市场竞争中的公平性，关注这些微小企业的利益诉求，保护企业权益和竞争力。

（四）以中关村基地为核心，打造新产业集群

1. 建立改革创新资源服务平台

以中关村国家文化科技示范基地为中心，以高端人才、园区建设、创新企业、科研机构为主要抓手，以融合品牌、中介服务、公共服务平台和创新环境建设为支撑，探索构建国家文化自主创新示范区，建设集行政审批、投融资服务、原创作品采购与推广等服务和功能于一体的一站式首都文化改革创新资源服务平台。

2. 建立产业空间层级体系

以海淀园为核心聚集区，以雍和园、石景山园和德胜园为主要聚集地，以北京市认定的30个创意产业聚集区为基础，以其余已有创意产业聚集区为目标，进行空间重组；以中心商务区的综合创意、城市边缘区的专业化创新和郊区制作融合基地为层次，合理布局新产业空间格局，形成新产业空间层级聚集体系。

3. 打造新产业集群

以信息技术与数字内容产业为核心，重点发展互联网服务、动漫游戏、视觉虚拟技术、移动多媒体等新兴产业集群。全力提升数字内容与数字装备产业的核心地位，重点扶持互联网服务、动漫游戏、视觉虚拟技术、移动多媒体等新兴业态发展；大力发展旅游休闲、新闻出版、广播影视、设计服务等优势产业；积极培育演艺、艺术品交易等潜力产业。通过高端创新人才服务体系、文化科技创新服务体系、投融资服务体系、数字版权交易服务体系、中介服务体

系、宣传展示服务体系和评价监测体系，为新产业提供公共服务。增强航母型企业、旗舰型企业、优质企业和配套企业之间通过聚集区进行合作，形成空间上有层次、产业上有组织的新型产业集群。

本报告为北京市社会科学界联合会2012年重大决策咨询课题《推动首都文化科技融合发展研究》部分成果。

（姚永玲，中国人民大学经济学院副教授）

B.21 文化产业政策对北京城市发展的影响分析

文化，无疑是当今城市发展中最为热门的话题之一。发达国家对文化经济和创意城市相关政策的探讨，主要立足于解决城市原有产业转移、移民引发的多文化冲突问题；而对于发展中国家而言，政策则更多地关注如何保存自身文化特色、利用文化资源促进社会经济发展等问题。无论哪种情况，都要求城市以文化的思维来看待自身资源，用创新的方式为城市困境寻求出路。本文以北京市为例，在分析现有文化产业政策对城市发展影响的基础上，探讨北京市未来文化发展的应对途径。

一　北京市城市文化产业政策的转变

在新中国成立后的60多年间，北京市城市文化产业政策经历了两次重要的转型，其一是20世纪90年代，从文化事业转向文化事业与文化产业并重发展；其二是2005年开始，从文化产业发展转向强调文化创意产业对北京市的重要作用。

（一）从文化事业到综合性的文化发展

北京市强调城市文化的综合作用始于20世纪90年代初。在此之前，文化领域的建设一直强调公益性，强调通过文化设施的建设满足居民基本的文化需求。随着北京市城市发展与改革开放的深入，原有的以工业为主导的城市发展模式面临挑战，产业结构调整势在必行，加之文化的综合作用日益显现，特别是在经济方面，因此出现了市场经济推动下的文化生产和文化消费的综合发展。1996年，北京市委、市政府制定了《关于加快北京市文化发展的若干意见》，在这份全国率先出现的城市文化发展战略中，文化产业的发展第一次提上政府议程。此后，大力发展文化产业，使之成为北京市支柱产业的政策导向多次见于政府工作报告。2004年上半年，结合奥运准备，在市委宣传部的主持下，北京市第一次制定了《北京文化产业发展规划（2004～2008 年）》，经北京市委、市政府通过下发执行。

（二）从文化产业到文化创意产业

进入 21 世纪以来，立足于创新发展的创意产业在全球范围内方兴未艾。同时，国内由于经济快速发展导致资源短缺、环境恶化的状况日益突出。因此，低耗能、高附加值的创意产业受到以北京、上海为主的大城市政府的重视。2005 年，在北京市委九届十一次会议上“文化创意产业”被明确提出，2006 年初的《十一五规划纲要》中，文化创意产业被列为北京未来的工作重点，同年，《北京市促进文化创意产业发展的若干政策》等一系列政策发布，相关产业的统计口径、管理机制和空间类别等诸多领域均有了显著的转变和拓展。

二　文化创意产业政策对城市发展的主要影响

相对于 20 世纪 90 年代初文化产业的自发发展势态，政府对于文化创意产业的扶持对北京市的城市整体发展产生了一定的影响。

（一）统计口径调整以确立新的城市支柱产业

从北京市自身状况出发，2006 年《北京市文化创意产业分类标准》发布，将北京市文化创意产业分为文化艺术，新闻出版，广播、电视、电影，软件、网络及计算机服务，广告会展，艺术品交易，设计服务，旅游、休闲娱乐和其他辅助服务 9 个大类。相对于 2004 年国家统计局公布的《文化及相关产业分类》中的 9 个大类而言，设计服务以及软件、网络及计算机服务这两个行业并入文化创意产业的统计口径。这两大类具有高附加值的创意行业发展优势突出，成为北京市文化创意产业中的重点行业。其中以软件、网络及计算机服务的发展最为迅速，产业增加值从 2004 年的 229.2 亿元增加到 2012 年的 1190.3 亿元，2012 年该行业的增加值占到整个北京文化创意产业增加值的 53.98%。依据新的产业分类标准，北京市文化创意产业占到城市 GDP 的 10% 以上，呈现出支柱产业的势态，并且其增长速度超过 GDP 的增速（见表 21－1）。

表 21－1　北京文化创意产业发展概况

年份	增加值(亿元)	比上年增长(%)	占当年 GDP 比例(%)
2004	613.6		10.1
2005	700.4	14	10.2
2006	812.0	16	10.3
2007	992.6	22	10.6
2008	1346.4	36	12.1
2009	1489.9	11	12.3
2010	1697.7	14	12.0
2011	1989.9	17	12.2
2012	2205.2	11	12.4

资料来源：《北京市统计年鉴》。

（二）政策实施对文化创意产业发展的推动作用

分类标准确立之后，针对文化创意产业的相关扶持政策相继制定颁布。在专项资金方面，市政府层面设立了源于市财政拨款的每年 5 亿元的文化创意产业发展专项资金①和 5 亿元的聚集区基础建设资金②；在基金方面，创业投资引导基金③以及专项担保基金④对文化创意企业提供了一定的融资支持；在税收政策方面，北京市政府陆续出台了针对产业分类标准前八类的营业税和个人所得税相关政策⑤，并且在中关村各个园区中，原本只针对高新技术企业的所得税减免政策也适用于园区内的其他文化创意企业。市级政策通常有相应的区级政策配套呼应，这一系列政策为北京市文化创意企业的发展产生了一定的影响并提供了一定程度的支撑。北京市文化创意产业规模从 2004 年的 613.6 亿元增长到 2012 年的 2205.2 亿元，从业人员从 2005 年的 84 万增长到 2012 年

① 2006 年开始，采取贷款贴息、项目补贴、政府重点采购、后期赎买和后期奖励等方式。

② 2007～2009 年，主要针对聚集区的环境整治、基础设施和公共服务平台建设等公共设施工程。

③ 2007 年开始，初始规模 3 亿元，2009～2011 年每年从文化创意产业发展专项资金中安排 1 亿元，由北京市文化创意产业促进中心作为引导基金出资方，吸纳其余投资机构参与。

④ 参见《北京市文化创意产业担保资金管理办法》。

⑤ 参见《北京市地方税务局文化创意产业税收优惠政策汇编》。

的152.9万人①。文化创意企业数量亦出现快速增长，以朝阳区为例，到2012年末，在朝阳区工商注册的文化创意企业达到41574家，比2011年净增8112家；近几年，朝阳区文化创意产业保持年均不低于20%的增速②。

（三）文化创意产业聚集区迅速增加

建设文化创意产业的方向提出之后，北京市在城市空间管理上出现了一种新类别：文化创意产业聚集区。在此之前，文化部在2004年11月认证了首批国家级文化产业示范基地42家，其中位于北京市的有6家，至目前为止总数为17家。此类认证以文化企业为载体，与城市空间的关联度并不高。2006年底，北京市第一批10个市级文化创意产业聚集区挂牌，一些自发而成的具有影响力的文化艺术地区（如798艺术区和宋庄）、古玩交易地区（潘家园）和中关村若干园区（中关村雍和园、中关村软件园以及位于中关村西区的创意产业先导基地）成为首批政府认证的聚集区，相应的扶持政策使得这些划定的园区在聚集文化创意企业方面具有一定优势。

市级聚集区的设定考虑到各区县与产业类别的覆盖度，截至2012年底，30家市级聚集区覆盖了北京市全部区县和八大重点行业。各方对文化创意产业的重视导致聚集区数量迅速增加，据不完全统计，各区县设立的以及其他自发形成的聚集区共计60余个。全市范围内各类文化创意产业聚集区总用地近500平方公里，位于中心城区的聚集区面积近50平方公里，约占中心城区面积的4.5%。扣除规划中的绿地水系，中心城区的文创聚集区还有23平方公里的用地规模。

文化创意产业聚集区对于文化创意企业的空间分布起到了一定的引导作用。就零点公司2011年对朝阳区的调研来看，有9488个企业位于划定的22个聚集区内（8个市级聚集区和14个区级聚集区），占所有34557个文创企业的27.5%，占确认存在的16419个企业的57.8%③。

---

① 《北京市统计年鉴》。

② 朝阳区政府网站：《4万家文创企业助推文化朝阳》，http://www.bjchy.gov.cn/affair/caizhengsz/czyjs/8a24fe833b92d7e7013d90c39ae208d5.html。

③ 零点公司：《北京市朝阳区文化资源普查报告》，2011。

（四）促进城市创新环境的培育

从文化产业到文化创意产业的视野转变，使得“创意”和“创意产业”在北京市城市发展中被寄予了更高的期望，文化创意产业政策的制定对城市创新环境的培育起到了积极的促进作用，这主要体现在：

其一，对城市文化资源的管理虽然仍未突破部门管理模式，但多部门、多方参与的新途径，已使得城市文化政策的制定和实施有了更大的参与度和影响力。

其二，城市对于创新的接纳使得新的文化氛围与文化地区得以产生并延续。例如，798 地区原本要按照中关村模式规划建立电子城，这个国内独一无二的艺术地区在 2004 年面临拆迁的命运，聚集于此的艺术家们通过向北京市人大代表大会提交议案使得这个地区得以保留，目前该地区已经发展成为北京市最具有文化影响力的地区之一。宋庄的发展具有类似的情况，从 20 世纪 90 年代中的数十名艺术家到目前的 5000 名艺术家，宽松的环境、低廉的租金和充足的空间资源，使得该地区成为全球范围内最大的艺术家聚集区之一。

其三，创新意识进一步得到重视。北京市提出促进文化产业和文化创意产业发展有其特定的社会经济背景，相关政策的制定和实施都立足于解决城市面临的问题，实现城市发展思路的转变，通过推动产业升级获得长久可持续的城市发展。伴随这个过程，创新意识已经日益深入人心。

三　北京市未来文化建设的主要影响因素分析

十七届六中全会将文化发展提升到国家战略层面，文化对北京的重要意义再次被强调。文化和科技的双轮驱动发展模式时常见诸北京市政府的工作报告。在北京市“十二五”规划中，建设中国特色的世界城市和国家文化中心被明确提出。社会经济的不断进步，使得城市文化领域的未来建设面临诸多机遇与挑战。

（一）经济规模增长

近年来，北京市的城市经济保持了快速增长。依据普华永道（PwC）

的预计，到2025年，在世界城市中北京市的GDP将上升为第17位，人均GDP为34295万美元。经济的快速增长使得居民的文化消费持续增加。近年来，北京市居民的文化消费与GDP的增长保持相近比例（见表21－2）。按此比例，以普华永道的人均GDP数据为基础，2025年北京市居民人均文化消费将达860美元左右，形成一个由本地居民提供的200亿美元左右的文化消费市场。

表21－2 北京市城镇居民近年来人均文化消费状况

年份	人均GDP（元）	人均消费支出（元）	人均消费支出与人均GDP比值（%）	文化娱乐用品和文化娱乐服务支出（元）	文化娱乐用品和娱乐服务支出占消费性支出的比例（%）
2005	45993	13244	28.8	1261.9	9.5
2006	51722	14825	28.7	1540	10.4
2007	60096	15330	25.5	1507	9.5
2008	64491	16460	25.5	1574	9.6
2009	66940	17893	26.7	1730	9.6
2010	73856	19934	27.0	1873	9.4
2011	81658	21984	26.9	2136	9.7
2012	87091	24046	27.6	2482	10.3

资料来源：《北京统计年鉴》。

从旅游发展的状况来看，除去经济及一些特殊事件的影响，北京正常年份的旅游业发展呈现持续增长的态势（见表21－3）。如果以2012年旅游收入为基准值，考虑年均10%的增长速度，2025年旅游业中将有约40亿美元直接是与文化娱乐相关的市场，而餐饮、购物、景区游览等相关消费市场达到近千亿美元。显然，来自本地居民以及旅游者的文化消费，构成了北京市未来庞大的文化消费市场，这种持续增加的文化消费市场将对北京市的文化建设提出新的要求。

从文化生产的角度来看，新闻出版，广播、电视、电影，软件、网络及计算机服务，广告会展以及设计服务这几类侧重生产的行业，呈现出不同的增长性，传统的文化行业如新闻出版，广播、电视、电影相对平稳，但新兴的偏重创意的行业波动较大（见表21－4），说明其快速增长过程中有很大的不确定性。

表 21－3　北京市旅游业发展状况

年份	来京旅游人数（万人次）	旅游人数较上年增长(%)	境外旅游者（万人次）	境内旅游者（万人次）	旅游外汇收入总额（万美元）	外汇收入较上年增长(%)	国内旅游收入（亿元）	国内旅游收入较上年增长(%)
2001	11292.8		285.8	11007	295000		887.7	
2002	11810.4	5	310.4	11500	311000	5	930.0	5
2003	8885.1	－25	185.1	8700	190000	－39	706.0	－24
2004	12265.5	38	315.5	11950	317000	67	1145.0	62
2005	12862.9	5	362.9	12500	362000	14	1300.0	14
2006	13590.3	6	390.3	13200	402600	11	1482.7	14
2007	14715.5	8	435.5	14280	458000	14	1753.6	18
2008	14560.0	－1	379.0	14181	446000	－3	1907.0	9
2009	16669.5	14	412.5	16257	436000	－2	2144.5	12
2010	18390.1	10	490.1	17900	504400	16	2425.1	13
2011	21404.4	16	520.4	20884	541600	7	2864.3	18
2012	23134.9	8	500.9	22634	514900	－5	3301.3	15

资料来源：《北京统计年鉴》。

表 21－4　生产类的文化创意产业发展状况

单位：亿元，%

年份	新闻出版		广播、电视、电影		软件、网络及计算机服务		广告会展		设计服务	
	增加值	较上年增长	增加值	较上年增长	增加值	较上年增长	增加值	较上年增长	增加值	较上年增长
2006	134.2		73.2		333.0		48.1		81.8	
2007	140.9	5.0	102.1	39.5	429.9	29.1	57.7	20.0	105.3	28.7
2008	153.7	9.1	120.1	17.6	703.1	63.5	112.2	94.5	52.8	－49.9
2009	159.8	4.0	124.5	3.7	710.5	1.0	98.5	－12.2	76.4	44.7
2010	171.8	7.5	138.6	11.3	847.1	19.2	127.4	29.3	84.2	10.2
2011	191.9	11.7	154.0	11.1	1042.2	23.0	159.0	24.8	90.6	7.6
2012	208.3	8.5	177.6	15.3	1190.3	14.2	168.6	6.0	97.4	7.5

资料来源：《北京统计年鉴》。

（二）人口构成变化

尽管目前的相关研究还未就北京市未来的人口总量峰值达成共识，但是人口总量的快速增加是不争的事实。考虑北京市未来可能出现的不同的人口规模，并参考世界城市的一些同类别文化设施供应标准，我们可以简单估算出未来人口规模下的一些文化设施总量。如果采取与世界城市相近的供应标准，对北京市来说意味着巨大的文化设施建设量（见表21－5和表21－6）。

表21－5　不同城市现有的一些文化设施人均占有量

指标	伦敦	纽约	巴黎	东京	北京
平均每个博物馆服务的人数(万人)	4.08	8.13	7.26	15.92	12.5
平均每个剧场服务的人数(万人)	13.66	21.06	13.76	N/A	29.7
每10万人公共图书馆的数量(个)	5	3	3	3	1.5
每10万人电影屏幕数量(块)	7	N/A	3	2	3

资料来源：伦敦、纽约、巴黎、东京数据来自伦敦政府统计报告《London：A Cultural Audit 2009》，http：//static.london.gov.uk/mayor/culture/docs/cultural-audit.pdf，北京数据来自《北京统计年鉴》。

表21－6　北京市不同人口数量及不同人均标准下的文化设施（博物馆、图书馆、剧场等）数量粗略估算

单位：%

人口数量	2200万	2500万	3000万
现有北京标准	100	114	136
现有纽约标准(人均约为北京的1.5倍)	150	171	204
现有伦敦标准(人均约为北京的2倍)	200	228	272

资料来源：北京数据来自《北京统计年鉴》，纽约和伦敦数据来自伦敦政府统计报告《London：A Cultural Audit 2009》，作者依据上述城市数据进行估算。

除了人口数量变化，人口构成变化也将对北京市的文化建设造成影响：其一，受高等教育人口总数不断增加，这使得对高雅文化场所（如博物馆、剧院等）的需求增加；其二，外籍人口逐年增加，导致文化场所的多样性需求增加；其三，老龄化人口的增加，对文化场所可达性的要求增加。

（三）消费模式多元

随着科技的发展，文化产品的电子化发展使得文化消费呈现出多样化的趋势，电子图书、数字博物馆、数字图书馆、数字艺术馆等一系列虚拟文化空间的兴起，使得文化消费有了不同的选择方式。

（四）绿色节能需求

在全球日益严格的节能减排大背景下，尽管文化领域不如能源领域、交通领域那样面临迫切的温室气体排放限制，但绿色节能需求也将以一定的方式体现在文化领域的各个方面。伦敦在2010年颁布的《文化大都市》文化战略中提出，文化领域发展要与降低碳排放相结合。市长与相关文化艺术机构共同发布了关于绿色音乐、绿色电影、绿色戏剧、绿色视觉艺术等实践导则。一些主要的机构，如国家戏剧组织（the National Theater）也开始接受这些导则，并在实践中力求减少能源消耗。

四　北京市未来城市文化产业政策的应对与展望

（一）注重产业政策实施的有效性

针对文化创意产业的发展，政府的政策应着力于提供公共服务、培育良好的产业发展环境，而需避免一些流于形式的举措。文化体制的改革、文化市场主体的培育，对北京市文化创意产业的发展都有重要作用。在北京市，民营企业占到文创企业的48%以上，但是国有资本的比重超过70%①。非公资本大部分是中小企业，这些集群化的中小企业是城市创新的重要力量，但也往往最难得到政府相关政策和资金的扶持。政府相关政策和资金对这些中小企业的倾斜，将有助于这些最具创新精神的企业的发展，也将有助于城市创新精神的培育。此外，对知识产权的严格保护、对人才引进政策的落实等，都是鼓励城市创新不可缺少的方面，这既需要政府力量的支持，也需要经历较长的时间来予以不断的改进（见表21－7）。

（二）注重空间资源的有效利用与合理分布

北京市未来文化领域的建设需要落实到空间上，具体策略一方面是要提升现有空间的使用效率，另一方面是要为一些新的需求进行新的建设。

---

① 陈洁民、尹秀艳：《北京文化创意产业发展现状分析》，《北京城市学院学报》2009年第4期，第9～19页。

表 21－7　从企业角度出发希望政府在发展文化创意产业方面的重点工作

单位：%

	艺术与文化	设计类	媒体类	总体
大力培养文化创意产业人才	75.0	64.3	68.1	68.7
政府需要加大扶持政策的落实力度	54.7	63.1	56.5	58.5
政府需加强知识产权的保护	40.6	52.4	68.1	53.9
提升政府服务水平	42.2	47.6	33.3	41.5
创立发展基金，对创意企业进行扶持	46.9	29.8	24.6	33.2
政府应尽快出台规范行业发展的政策	39.1	40.5	13.0	31.3
为文化创意企业提供更多的政策支持	17.2	40.5	44.9	24.9
政府应促进文化创意行业的宣传与交流	39.1	17.9	17.4	24.0
对企业管理者组织新型经营管理模式的培训	9.4	28.6	24.6	21.7
政府应对文化创意产业进行明确的定义	21.9	19.0	21.7	20.7
尽快对北京市文化产业的信息进行搜集和整理	18.8	25.0	11.6	18.9
政府需要调整专业人才的引进机制	17.2	14.3	13.0	14.7
政府应推进数字技术等高端技术的发展	14.1	17.9	2.9	12.0
政府应降低扶持的门槛限制	17.2	6.0	13.0	11.5
政府需尽快建立行业评估机构	4.7	11.9	7.2	8.3
提供更多的文化创意产业基地或园区	3.1	6.0	8.7	6.0
政府推动文化创意产业重点项目的建设	14.1	1.2	4.3	6.0
给予宽松的环境	0.0	3.6	11.6	5.1
政府应完善文化创意产业基础设施的建设	10.9	0.0	1.4	3.7
合　　计	486.2	489.6	445.9	464.6

资料来源：零点公司对北京 217 家文化创意企业的调研。

文化创意产业的发展有其空间聚集规律，通常需要经过较长时间完善其产业链布局。相对而言，文化创意产业聚集区的划定是一种快捷简易的管理途径，能够较快地在物质空间上体现出成效。正如前文所提，至 2011 年，全市各类划定的聚集区达到了近 500 平方公里，特别是周边区县的一些聚集区，动辄几十平方公里甚至上百平方公里，面积巨大。从国外城市的发展经验来看，即便对于伦敦、纽约这样的世界城市而言，称其为聚集区的地区也不多。伦敦在 2004 年公布的文化战略中提及，全市范围内文化资源高度集中的文化战略地区为 8 个，纽约为人所熟知的地区也仅 SOHO 和百老汇剧场区而已，并且这些地区几乎都是经过较长时期自发形成的，文化资源有效聚集的空间范围通常不大于1平方公里。北京市的文化创意产业与伦敦、纽约等相关产业规模还具有较大差距，面积庞大的文化创意产业聚集区与实际的产业发展并不匹配。北京市文化创意企业的调研也印证了，空间需求并不是文化创意企业最迫切要解决的问题（见图21－1和图21－2）。因此，北京市应充分利用现有空间资源，将鼓励产业发展的政策落实到企业而不是简单地落实到园区，减少借用发展文化创意产业名义进行圈地的现象。

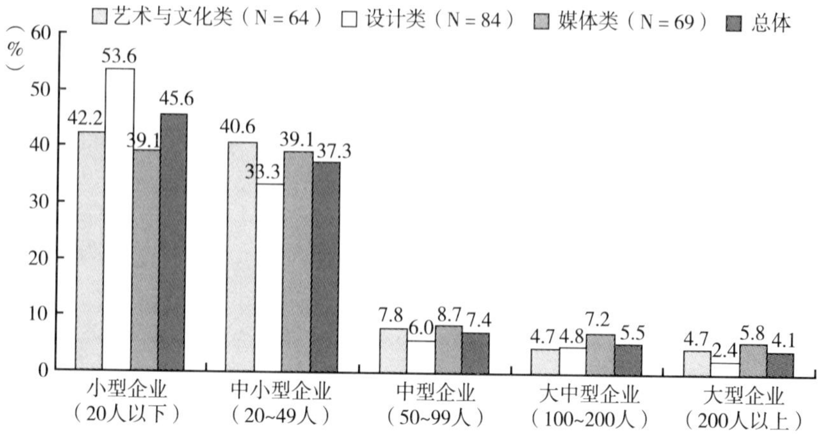

图21－1　对北京市217家文化创意企业进行的企业规模调研结果

资料来源：零点公司。

在进行新的文化建设，特别是一些大型文化项目选址时，除了尊重其产业布局规律外，还应重视文化资源在空间上的均衡性以及与人口分布的结合。巴黎、伦敦等城市政府为促进地区的整体发展，降低中心地区和城市周边在文化资源上的不均衡，有策略地将一些大型文化项目布置在城市的外部组团地区。北京市同样存在着文化资源分布不均衡的状况，因此，在后续发展中，大型文化项目可考虑向南城、周边组团和周边区县倾斜，与设施周边地区的整体发展联系起来，并注重混合发展以产生更为综合的成效。项目选址要注重公共交通特别是轨道交通的支撑，以鼓励公交加步行的绿色出行模式。

（三）注重自下而上的发展途径培育

自上而下和自下而上是城市发展的两种途径，全球范围内繁荣发展的创意

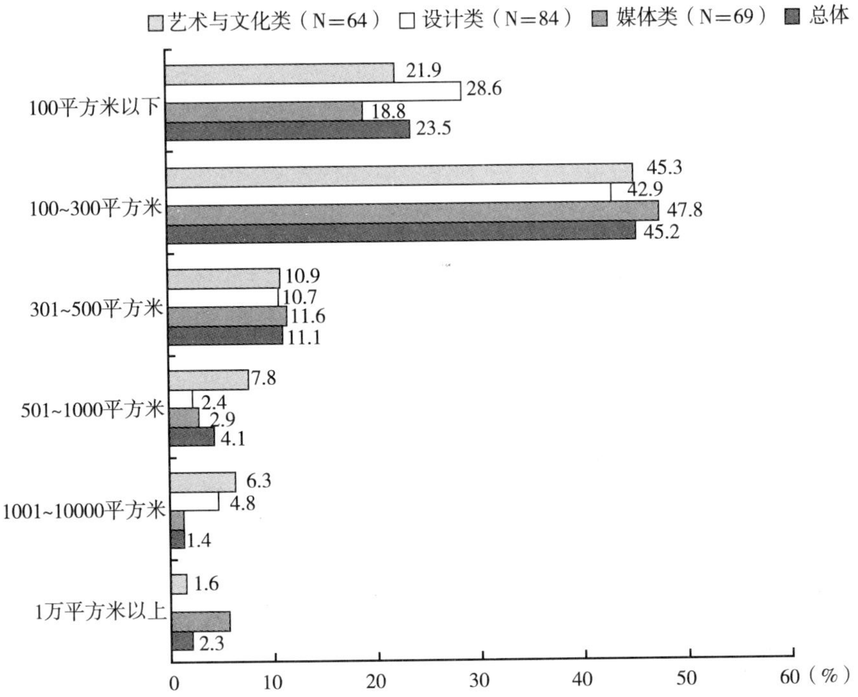

图 21－2　对北京市 217 家文化创意企业进行的经营面积统计

资料来源：零点公司。

产业和创意城市，相当程度上源于后者。英国学者彼特·霍尔（Peter Hall）通过对雅典、佛罗伦萨、伦敦、维也纳、巴黎和柏林历史的研究认为，高度保守、极其稳定的社会并不是创意大量产生的地方。荷兰学者霍斯佩尔斯（Gert-Jan Hospers）也认为，人口、资源的集中，文化的多样性和社会变革时期的非稳定状态能增加城市创意形成的机会。这与美国学者佛罗里达（R. Florida）关于创意经济兴起的 3T 要素（Technology［技术］、Talent［人才］、Tolerance［宽容］）遥相呼应。在这些学者的论述中，对于新事物的鼓励和包容是创意城市不可缺少的要素。实际上，北京 798 艺术区和宋庄的形成正是源于对创新的接纳。

对北京市而言，政府主导是城市文化领域发展的主要途径。通过自上而下的模式，一些大型文化设施硬件已经达到世界级的水平，体现出强烈的精英主义文化色彩。相对来说，自下而上的途径较为薄弱，不同文化背景的市民、不同组织方式的艺术团体难以有效表述自身的文化途径，难以对政府的政策制定、资金分配等产生影响。从世界范围内来看，文化的多元与包容以及文化需求自下而上的表述与回应是创意城市的重要部分，这也是北京市建设文化中心不可回避的内容，因此，城市政策制定要积极鼓励相关机制的建立。

（黄鹤，清华大学建筑学院博士、副教授；唐燕，清华大学建筑学院博士、副教授）

附　录

Appendix

B.22 2012 年北京文化创意产业国际性节庆展会

1. 中国国际时装周

中国国际时装周（2012/2013 秋冬系列）于 2012 年 3 月 24 日 ~4 月 1 日举行。本次时装周以“超越完美”为主题，汇集了来自国内外的 46 家品牌和机构、30 多位中外设计师以及近 400 位设计及模特儿新秀，共举办 41 场专场发布、6 项专业大赛总决赛以及 14 场新闻发布和讲座论坛等共计 60 余项活动。在参与发布的品牌中，有 40 个国内品牌和 6 个国外品牌，包括女装、男装、童装、泳装、皮装、防寒服、休闲装、高级定制以及发型、鞋类等品牌。参加发布的设计师有 22 位中国设计师和 7 位国外设计师，其中，22 位中国设计师中有 5 位“金顶奖”设计师和 7 位十佳设计师。作为时尚的引领者，梅赛德斯－奔驰提供了鼎力支持，不仅设置“梅赛德斯－奔驰中国先锋设计师奖”，为中国具有潜力的年轻设计师提供交流平台并且将他们推向国际舞台，同时也将国际最新的时尚理念及国际顶级品牌的秀场带回中国。

为了扶持优秀青年设计师成长，展现当代大学生的风采和才华，本次时装周首次开辟了“院校发布”板块，借助时装周的社会关注度和影响力，为大学生们搭建一个“发现灵感，孕育希望”的舞台。来自东北电力大学艺术学院、武汉纺织大学服装学院、大连工业大学服装学院、清华大学美术学院、中国美术学院设计艺术学院 5 所知名时装院校的 150 余位 2012 届优秀毕业生举办了“大学生时尚日”，大学生们以院校为单位举办了专场发布会，独具创意的设计作品为时装周增添了一抹亮色。

中国国际时装周自 1997 年创办，经过 15 年的发展与完善，现已成为国内顶级的时装、成衣、饰品、箱包、化妆造型等新产品、新设计、新技术的专业发布平台，成为中外知名品牌和设计师推广形象、展示创意、传播流行的国际化服务平台。

2. 北京大学生电影节

第 19 届北京大学生电影节于 2012 年 3 月 25 日 ~4 月 26 日举行。电影节期间，除了进行国产电影（含合拍片）评奖之外，还举办了入围影片展映与华语电影全国高校巡展、大学生原创影片大赛、首届网络电影评选活动、电视电影评奖、海内外系列影视学术研讨会、日本青春电影周活动、大学生影评大赛、大学生主持人大赛等形式多样的评选、展映、研讨和交流活动。本届电影节把研讨会的学术阵地扩展到美国和马来西亚，研讨会数量达 10 个。

北京大学生电影节以“青春激情、学术品位、文化意识”为口号，以其鲜明的学术色彩与其他电影节相区别，在学术界有着良好声誉。影响力超出了地域的限制，在各地高校当中都具有很强的影响力。大学生电影节构建起电影制作界、学术界、教育界三界融会的独特的电影文化教育模式，同时将这种电影文化教育氛围辐射到社会各方。举办多年以来，累计参与高校百余所，大学生人数达 350 万人次，得到广大大学生和电影人的高度评价，成为全国大学生艺术教育及校园文化的知名品牌和华语地区最有影响力的电影节之一。

北京大学生电影节也是国产影片的重要展示舞台，很多影片先是在大学生电影节上得到好评并获奖，然后引起各方关注，进而获得更大的成功。本届大学生电影节，《Hello！树先生》获最佳影片奖，顾长卫凭《最爱》获最佳导演奖，林爱华凭《武侠》获最佳编剧奖，《星空》获评委会大奖，《失恋 33 天》《钱学森》获组委会大奖，李雪健、梁静分获最佳男女演员奖，钮承泽、陈可辛被评为最受大学生欢迎导演，文章、闫妮分别被评为最受大学生欢迎男女演员，苗驰、夏花分获最佳电视电影男女演员奖，《骆驼客》获最佳电视电影奖，高峰获最佳电视电影导演奖。

3. 中国国际服装服饰博览会

第20届中国国际服装服饰博览会（CHIC2012）于2012年3月26日~3月29日在北京国际展览中心（新馆）举办。中国国际服装服饰博览会创办于1993年，每年一届，20年来，CHIC伴随着中国服装产业的发展而不断壮大，已成长为亚洲地区最具规模与影响力的服装专业展会，已被业界公认为服装品牌推广、市场开拓、创新展现、潮流发布、财富创造、商贸洽谈、资源分享及国际交流的最佳平台。

本届博览会设男装、女装、休闲装、童装、内衣、皮革/皮草/羽绒、时尚资源、精品服饰、设计师廊、海外展区10个专业展区，共有来自中国、美国、法国、意大利、德国、西班牙、韩国、日本、中国香港、希腊、土耳其、以色列等20余个国家和地区的1000余个服装品牌参展，相关活动60余场，迎来超过11万名的国内外专业观众到会参观洽谈。

本届博览会展出面积近11万平方米。其中，中国本土服装品牌达600余家，占据7万余平方米展区。海外展区占据W1和W2两个展馆，展示面积近3万平方米，包含9大展区：代表意大利高端设计师品牌的“米兰WHITE”、意大利SEINT、美国顶级时尚展会组织机构ENK、德国国家展团、法国Prais Forever、日本、中国香港、韩国时装展览会（Preview in CHINA 2012）以及时尚精品区（Style & Signature），吸引了来自希腊、以色列、西班牙、加拿大、比利时、土耳其、印度等21个国家和地区的400余个品牌。

CHIC2012主题定为“穿越”，传达了对于未来中国服装行业和品牌发展的引领和突破。CHIC现场整合品牌发展所需要的产业链相关优势资源，为企业“穿越”提供高质量的“装备”；“中国服装品牌年度大奖”从品牌市场现状、品牌发展潜力、发展前景等方面去考量品牌实力，为企业“穿越”做一个全面“体检”；“中国服装论坛”则邀请国内外专家、学者、企业家展开深入讨论分享关于时尚、品牌、市场的本质思考和价值，定位世界时尚格局中的中国坐标，寻找中国服装的成长方向和世界价值，探源服装品牌“穿越”的内生动力。另外，“服装发布汇”“环保创意展台设计评比”“2012 中国服装买手论坛”“2012 中国服装终端人力资本高峰论坛”等活动，为企业“穿越”补充各方面的能量。

4. 国际时尚文化节

北京欢乐谷于 2012 年 4 月 2 日 ~6 月 24 日举行了为期 3 个月的国际时尚文化节。北京欢乐谷利用自身平台优势，结合欢乐谷品牌核心元素，大力推广动漫、极限、街舞等时尚文化，成为时尚文化展示的分享平台。此次活动横跨清明、“五一”、“六一”、端午、母亲节、父亲节，融合动漫、街舞、嘻哈、选秀、“旅游日”“的士日”等多重元素，演绎长达近 3 个月的风尚盛宴。国际时尚文化节期间，北京欢乐谷围绕“炫动漫、炫嘻哈、炫温情、炫感恩、炫人文、炫惊喜”六大主题推出了一系列精彩丰富的表演、巡游、互动等精彩活动。顶尖 Cosplay 集结、权威动漫大师助阵、经典漫音劲爆重现、首个主题公园内“女仆餐厅”、嘻哈音乐盛典、立体桌游等各种最 IN 的元素汇聚于此。

北京欢乐谷作为文化创意产业基地积极响应国家大力发展动漫产业的政策，以更丰富的动漫文化活动满足游客的精神需求，中国主题公园业内“首家动漫表演基地”打造“漫”迷专属地带，来自国内 10 余个地区的 500 余名动漫真人秀演员演绎了近 50 场动漫精英真人秀，累计近 50 场精英秀让 Cosplay 发烧友近距离过足瘾，卖萌可爱的动漫人物和游客亲密互动。除了能观赏到形象逼真的动漫表演之外，游客还可以亲身体验乐趣十足的动漫世界。

动感街舞和酷炫极限运动，演绎极致动感与时尚，活动期间举行了第五届街舞精英争霸赛和极限精英挑战赛。来自韩国、英国、日本以及国内 16 个省市、超过 300 名顶尖街舞高手带来顶级街舞秀，舞出积极向上的 PK 精神。全国 10 省市近百名极限高手与特邀助阵的来自法国、泰国、美国的国际极限精英同台竞技，现场挑战 BMX 小轮车、小轮车花式、直排轮滑三大极限项目。

国际时尚文化节期间，壮丽的文化景观、异彩纷呈的表演、欢乐刺激的游乐体验，以及各种异国风情美食让游客尽享观、娱、游、食、购全方位畅游，带给游客前所未有的视听享受。

5. 北京国际电影节

第二届北京国际电影节于2012年4月23日~4月28日举行，组织了7大主体活动、6大相关活动、27项具体活动，取得了圆满成功。本届电影节为期6天，共有来自世界各地的640家影视机构、4000多位国内外嘉宾参加，吸引了246家中外媒体。电影节上共精心遴选出54个国家和地区的260部精品佳作，设立了8个展映单元，在全市20家影院展映504场，惠及首都广大电影观众。配套组织了12场项目路演，促成21个项目签约，签约交易金额高达52.73亿元，比上届增加了88.7%。其中，影片类项目签约额达到24.21亿元，电影院线、影视基地及特效基地建设类项目签约额达到19.5亿元，电影项目计划、融资担保与技术类项目签约为9.02亿元。另外，还有100余个项目达成合作意向。

电影节最大限度地调动市民参与、营造浓厚的电影文化氛围，电影节群众参与人数从第一届的10万人次增长到百万人次。“精彩在沃·电影嘉年华”是北京国际电影节创新性地推出的一项电影公共文化活动，在4月22~28日的7天时间里，在奥林匹克公园中心区4万平方米的开阔区域内，举办了6大版块、7个主题日、12部影片放映的综合体验互动活动，囊括了展览展示、综合演出、露天放映、科技体验、主题留影、衍生产品销售等形态，真正地让市民、影迷成为了活动的主角，数十万市民、中外游客踊跃参与，络绎不绝。

第二届北京国际电影节得到了与会中外嘉宾、广大群众和新闻媒体的高度评价、多方赞誉，成为世人瞩目的焦点，充分展现了电影节的品牌号召力、国际影响力和社会感召力。北京国际电影节实现了从第一届高端起步到第二届跨越提升的新发展，正在成为世界电影节体系中重要的组成部分，成为中国最具影响力的电影节之一，成为北京最具标志性的文化品牌之一。

6. 迷笛音乐节

2012年北京迷笛音乐节于4月29日~5月1日在顺义区奥林匹克水上公园盛大举行。“迷笛音乐节”（Midi Festival）是由中国地下摇滚乐队的发源地——北京迷笛音乐学校创办的国内第一个原创音乐节，经过10多年的发展，已成为现代音乐最响亮的品牌之一。

本届北京迷笛音乐节现场设立了Vans－唐、宋、元、清四个舞台，近百支乐队风格各异，金属、朋克、硬核、电子、英伦、美式、独立无所不包，在4 个各具特色的舞台精彩上演，让乐迷们大饱耳福。“中国摇滚第一人”崔健受邀首次参演北京迷笛音乐节。此外，“摇滚火麒麟”何勇、痛仰、木玛&Third Party、郝云、零壹、Subs、夜叉、扭机、王勇独联体等近百支海内外实力乐队倾力助阵，呈现 3 天 5 万人次的空前盛况，验证了“中国第一”音乐节品牌的号召力。

豪华海外军团中将有纽约著名饶舌歌手兼电影演员 Yasiin Bey 领衔助阵、法国著名的 Ska 朋克乐队 La Souris Deglinguee 和将摇滚精神融合进电子乐器的法国乐队 NASSER、瑞典朋克乐队 Goldcrush、澳大利亚著名金属乐队 Arcane Saints、以另类、摇滚、独立的精神著称的挪威乐队 Monstereo、著名墨尔本朋克医生 Backyard Surgeons、来自英国牛津的暗黑的充满力量的 Little Fish，都将为乐迷带来纯正的 Hip-Hop 律动现场。此外，作为以色列大使馆推荐的优秀乐队，Useless ID 将作为中以建交 20 年的文化交流的代表再次参加北京迷笛。

每一年，“迷笛”都致力于通过音乐节的主题和口号启迪、鼓舞中国年轻人的思想和行动。本届迷笛音乐节的主题是“PM2. 5”，旨在宣传环保，呼吁大家都来关注 PM2. 5，因为它的不断增长直接危害着我们共同的生存环境和身体健康，绿色和平志愿者们向现场乐迷发放了《呼吸有态度——PM2. 5 公众健康指南》。

7. 北京国际旅游博览会

2012 北京国际旅游博览会（BITE2012）于 2012 年 6 月 15 ~ 17 日在北京国家会议中心举行。本届旅博会吸引了来自 80 个国家和地区、国内 25 个省（市、自治区）的 929 家参展商和 220 名特约买家参展，展览面积达 3 万平方米。除传统范围旅游机构及企业以外，本次博览会的参展范围进一步扩大，打造了旅游产业全景产业链展示和交易的平台，增加了北京礼物展区和智慧旅游展示内容，涵盖了包括旅游交通工具、旅游景区设施、旅游户外用品、高科技节能型旅游设施等，使展会内容更加丰富和多元。展会共吸引了 4 万名业内观众和买家参观、洽谈，国内外买家和展商达成合作意向金额约 35 亿元，比上年增加了 13%。

本届展会还现场设立了旅游产品特价销售区，包括凯撒旅游、众信旅游、捷达假期、国旅总社等在内的 33 家组团社准备了数额超过千万元的优惠旅游产品向市民特价销售。此外，有近10万名公众到展会现场参观、采购。据统计，参与现场售卖活动的33家组团社收单约2.5万人，共销售旅游产品4100万元，比上年增加了28%。

北京国际旅游博览会已发展成为能够反映旅游行业发展动向和趋势，并为全球业内人士提供业务交流的交易平台。

8. 中国国际版权博览会

由新闻出版总署（国家版权局）、国家工业和信息化部、国家广播电影电视总局、文化部、中国共青团中央委员会、中国作家协会、北京市人民政府共同举办的中国国际版权博览会，旨在为我国知识产权战略与中国文化走出去战略的实施创造有利条件，并为加速实现文化创意及版权产业成果转化提供国际化、专业化的交流、交易平台。第四届中国国际版权博览会于2012年6月22～24日在北京举行。本届版博会全面展示国内外版权交易及保护成果，促进文化创意及版权产业的多元化交流，加大与世界各国文化及版权机构的合作，增强民族文化国际竞争力和影响力。本届版博会设立了世界知识产权组织展区、国家版权局展区、主宾国及国际展区、数字城市版权展区、设计艺术版权区、影视（音乐）版权展区等。来自俄罗斯、美国、乌克兰、韩国等国家，以及国内各省市企业的文化创意和版权产业的成果在本届版博会上亮相。来自世界各国的700多名代表参加了此次版博会。

本次版博会的主宾国是俄罗斯，其位于会展中心的展台给观众带来具有浓郁俄罗斯风情的油画和雕塑艺术品。为庆祝中乌建交20周年，在版权博览会展会上还举办了“乌克兰绘画艺术展”，为参观者提供了一场充满乌克兰文化风情的艺术盛宴。同时，国内各地颇具特色的文化产业成果也吸引了很多参观者的眼球，如北京董陶窑的现场陶器制作、苏州的现场刺绣都给人留下了深刻的印象。为期3天的版博会还包括中国版权产业权威信息发布会、国际影视音乐版权论坛、中国网络文学数字出版论坛、第四届全国大学生版权征文颁奖仪式、推动中国演出市场版权保护及交易高峰论坛、第四届国际版权博览会金慧奖颁奖仪式等多项活动。

作为版权领域唯一的综合性、常态化、高层次的国家级专业展会，版博会不仅是世界了解中国版权相关产业发展成果及趋势的窗口，更为国际间版权保护与交易合作提供了桥梁，在表明我国大力发展版权及文化创意产业的决心和信心的同时，更为世界版权产业注入了新的活力。版博会从 2008 年开始创办，展区面积、观展人数、成交金额均逐年提高。

9. 北京国际艺术博览会

第十五届北京国际艺术博览会于 2012 年 8 月 16 ~ 20 日举办。北京国际艺术博览会秉承“引领社会艺术品投资与收藏，提升艺术品质与价值”的经营理念，是中外艺术机构、艺术品营销商和艺术爱好者展示与品鉴艺术、投资与收藏艺术的有效交流平台。本届艺博会展出了来自国内及法国、美国、俄罗斯、希腊、韩国等 16 个国家和地区的 100 多家参展艺术机构的 5000 余件中西艺术作品，展品佳作纷呈，艺术风格迥异。

为期 5 天的展会，每天观众数千人次，数十家艺术机构与艺术投资商、收藏家等签订销售协议，中外参展商艺术品现场成交总金额逾 6000 万元。其中，来自中国香港天趣艺术中心、中国台湾汉乡画廊、东门美术馆、名典画廊等及内地中国石齐艺术研究会、中国金融美术家协会、四川张大千艺术中心、西安保利画廊、黑龙江张翔得美术馆等知名艺术机构及西班牙丽萃、乌克兰 DARA Gallery、美国迈阿密艺术中心、韩国 Project PP、法国维克多 · 奥利、丹尼斯等外国艺术机构的展品，现场成交量均逾 100 万元。北京达意美文化传媒有限公司现场销售 300 余万元，全部展品售罄。

本届艺博会首次推出了海峡两岸艺术作品推介展，组团来展的 15 家台湾画廊展示了大量本土作品，同根同源的多民族文化在此互融共通，进一步推动了海峡两岸四地的文化艺术交流，吸引了大批参观者。《新抽象——绘画的当代趋向》主题展也是艺博会现场一大亮点，启发了大家对当代艺术的重新思考。同期举办的“艺术金融化时代的审美趋势与投资策略”等高峰论坛，深受业内人士和广大观众的好评。

此外，艺博会上还评审揭晓了十大最具影响力艺术家奖。石齐、张翔得、崔明植（朝鲜）、王开方（北京）与洪易（中国台湾）雕塑艺术组合，分别摘得“最具影响力艺术家”桂冠；包括中国台湾东门美术馆、中国海瓷艺术研究院等在内的 5 家艺术机构被评为最具影响力画廊。“最佳组织奖”则授予中国金融美术家协会。

10. 北京国际图书博览会

第19届北京国际图书博览会于2012年8月29日~9月2日在中国国际展览中心举办，展览期间，共有来自75个国家和地区的2000多家海内外出版单位参展，举行了“北京国际出版论坛”“北京国际版权贸易研讨会”“BIBIF10+10出版人会议”“文学之夜”等上千场专业活动和文化交流活动，展会整体规模比上年增长约10%。图博会的品牌影响力不断扩大，越来越多的海外参展商把图博会作为文化展示和交流的重要平台，本届图博会海外参展势头比往年更为积极，国家展台已达19家，瑞典和土耳其首次设立国家展台。作为主宾国的韩国此次参展面积达到2000平方米，创历届主宾国展览面积之最，书展期间，韩国组织了63家出版社、13位作家前来参展。博览会还首次设立“主宾城市展区”，主宾城市北京与主宾国韩国展开文化对话。在数字出版领域，打造了近1万平方米的数字出版展区，并举办了以数字出版为话题的研讨、讲座、圆桌会议等。作为图博会“重头戏”之一的“2012北京国际出版论坛”，以“数字环境下出版企业的生存与发展”为主题，围绕数字出版展开深度思考和研讨。

本届图博会共达成中外版权贸易协议3298项，比上年增长11.68%。商务印书馆、三联书店、人民文学出版社与德古意特公司、企鹅集团等国际出版巨头将开展合作。三联书店将引进包括《莫扎特传》在内的“企鹅人生”系列经典传记丛书，总计10种。商务印书馆将通过德古意特公司向国际市场输出《中国语言生活状况》等书籍。此外，时代华语图书公司新成立的美国子公司与国内各大出版商签署合作协议，每年向国际市场输出100本中国精品书。

图博会期间，北京市新闻出版局还牵头策划了一系列文化活动，其中包括北京时代华语图书股份有限公司举办的100本中国图书走出去签约仪式、北京磨铁图书有限公司精品图书全球推介会，以及“百年中国　百年传情中国百姓家庭照片展”。特别是8月29日举办的100本中国图书走出去签约仪式，现场组织国内10家品牌出版集团、出版社与CN TIMES INC签订100本版权输出协议，这也是迄今中国出版历史上最大规模的单笔图书输出。

第六届“中华图书特殊贡献奖”也在图博会期间举行颁奖仪式。德国汉学家莫芝宜佳博士、韩国翻译家金胜一、西班牙汉学家达西安娜·菲萨克等6

位外国专家从26名候选人中脱颖而出，获得该奖项。

11. 北京国际设计周

2012北京国际设计周于2012年9月28日~10月6日举办。此次设计周以“设计提升城市品质”为主题，通过开幕式暨颁奖典礼、年度设计奖、主宾城市、北京国际设计品交易会、国际信息设计展、北京设计论坛和设计之旅7个主体活动，展示设计对于促进城市可持续发展，带动社会经济文化进步，推动设计产业发展，促进设计交易与设计消费，提升公众生活幸福指数的重要性。本次设计周在北京市156个场所举办了200多场展览、论坛、讲座和各类设计活动，创意中国文化城市设计中心作为我国首家文化城市跨界合作机构，也在设计周期间同时启动。“设计之旅”一直是设计周最贴近公众、最接地气的活动。本次设计之旅活动项目近200个，在包括751北京时尚设计广场、大栅栏、草场地、世纪坛、石景山几个核心区，以及首都博物馆、尤伦斯当代艺术中心等主要展区在内的全市百余个站点举办。本届设计周参观人数超过500万人次，比上届多出150万人次。①

本届设计周提出“让设计成为最好的生意”的理念，首次推出了设计品交易会，交易会上包括20家国际知名意大利家居生活类设计品牌在内的国内外近70家展商参加联展。交易会为参展国际品牌和企业提供设计产品保税服务、设计版权认证服务和设计版权保护系统。在交易会预展期间举办的设计交易签约仪式上，共签订24项意向合同，签约内容涵盖了设计教育、设计服务、创意园区、电子商务等多方面，阶段性签约总额为18.96亿元，带动相关产业增加值逾300亿元。截至10月6日，2012北京国际设计周设计交易总额达到56亿元。

12. 北京国际文化旅游节

第十四届北京国际旅游文化节于2012年9月28日在颐和园隆重开幕，开幕式上来自海内外20多支代表队、1000余名优秀的演员带来了极具各国特色、民族风情的歌舞、器乐表演、绝活展示。本届旅游节由国家旅游局和北京市人民政府共同主办、北京市旅游发展委员会和海淀区人民政府承办，以

① 北京国际设计周：《当设计成为生意》，《新京报》2012年10月11日。

“美丽北京，发现之旅”为主题，以“展现古都魅力，展示发展成果，展望美好愿景”为原则，向世界展示北京向着国际化、现代化时尚大都市发展的丰硕成果，突出主题，增加参与，以吸引越来越多来自世界各地的游客参加活动、感受活动，发现一个拥有深厚的历史底蕴，更充满了动感、时尚、欢乐、活力的魅力北京。

北京国际旅游文化节经过 14 年的不断发展，规模不断扩大，国际化水平不断提升，巡演内容越来越丰富，特色活动越来越多，吸引了诸多国家、旅游行业企业、商会代表和无数民众的热情参与，已有超过 140 个国家与地区参与了北京国际旅游节及其相关演出活动。北京国际旅游文化节被评为中国最具国际影响力的十大节庆活动之一，旅游品牌效应日益凸显，目前已成为北京的新的“城市名片”。

13. 北京国际音乐节

第十五届北京国际音乐节于 2012 年 10 月 9 日 ~ 11 月 2 日举办。创办于 1998 年的北京国际音乐节，已经成为北京的标志性文化活动，包括交响乐音乐会、歌剧、独奏音乐会、室内乐音乐会、经典爵士乐音乐会、歌舞剧、演唱会等多种世界水平的艺术演出活动，是国际著名的音乐节之一。2012 年，北京国际音乐节迎来十五周年庆典，15 年时间里，古典音乐以亲和优雅的姿态呈现于世、流入人心。

第十五届音乐节以“音乐由你”为主题，意在用音乐重新解构生活，使古典音乐文化存于生活的每一角落。音乐节在节目策划和设计上别具创意，最明显的就是突破了以往音乐节专注于古典音乐的风格，打造了一届内容全面、风格多样、受众广泛的“跨界”音乐盛会。20 余场演出中，既有英国哈雷管弦乐团、伦敦小交响乐团、德国石勒苏益格 – 荷尔斯泰因音乐节合唱团、钢琴家鲁道夫·布赫宾德、小提琴家马克西姆·文格洛夫、女高音歌唱家曹秀美、长笛演奏家詹姆斯·高威等古典音乐领域中的传统名团名家，也有迈克尔·波顿、罗大佑、崔健等深受普通大众喜爱的现代音乐家，展开了跨越时空、风格、流派的全方位音乐对话，古典、跨界、流行等多元形式全面呈现。

同时，音乐节打破固有模式，让传统的古典音乐会摆脱场地的束缚，将近半数音乐会搬到了三里屯 VILLAGE 橙色大厅，包括钢琴家大师布赫宾德的 7

场贝多芬钢琴奏鸣曲音乐会、布里顿的儿童歌剧《诺亚的洪水》、莫斯科斯列坚斯基合唱团音乐会以及由余隆、罗大佑、谭盾、崔健进行的“音乐节朋友们”对话等都相继在这里举行，并通过户外大屏幕进行了实时直播，实现了演奏厅内外的双向互动，使得古典音乐更加深入大众，以更时尚、更贴近生活的方式展开音乐普及。

此外，音乐节还对传统的古典音乐演出进行了大胆创新，以跨界为主题，海纳百川，兼容并蓄，最大限度地吸引了各领域音乐听众的欣赏兴趣。比如“亚洲第一花腔”曹秀美一改往日的端庄与典雅，大胆挑战了豪放不羁的音乐剧唱段，并即兴演绎了时下最流行的“江南 Style”；在王府井教堂，皮亚佐拉热力四射的探戈舞曲取代了以往的古朴与严肃；而作曲家谭盾为音乐节十五周年特别创作的摇滚无调性序曲《青春》，也契合了本届音乐节的追求音乐多样性的精神和主旨。

14. 中国国际建筑装饰及设计艺术博览会

中国国际建筑及设计艺术博览会（即第七届“设博会”）于 2012 年 11 月 7 ~9 日，在北京全国农展馆隆重召开。

中国国际建筑装饰及设计艺术博览会（以下简称“设博会”）是由清华大学发起，中国建筑装饰协会、清华大学美术学院联合主办，清大远教（北京）文化发展有限公司和中国建筑装饰协会设计委员会承办的国家级、国际性的大型设计艺术展，是中国目前建筑装饰设计领域最具影响力的国家级、国家化、专业化的品牌博览会。自 2005 年以来，设博会已经成功举办了六届。在国内，先后得到了中华人民共和国住房和城乡建设部、中国贸促会、中国建筑学会、清华大学美术学院、中国房地产业协会、中国美术家协会、中国室内装饰协会、北京市文化创意产业促进办公室等诸多权威部门的大力主办支持；在国际上，也得到了法国室内设计协会、亚洲建筑师协会、国际设计艺术院校联盟以及意大利、瑞士、新加坡、马来西亚、中国台湾、中国香港等十几个国际行业学会和设计大师的鼎力支持和认可。

本届设博会主题为“共享，不同”，参会人员近千人。会议期间，举行了国际设计大师邀请展、国际优秀设计展、全球创新设计作品联展、设计选材推荐展、建筑装饰设计展、家居配饰设计展等跨越各大创意设计领域专业展览，内容涵盖了建筑设计、室内设计、城市规划、家具设计、家居配饰设计、照明设计、工业设计、景观设计、艺术设计、综合设计、智创设计、院校设计等多个领域。活动形式包括专业展览、设计大赛、年度评选、前沿高峰论坛以及颁奖盛典等。此次博览会层次高、综合实力强，极大地满足了与会设计师的交流与沟通的需求。会议的剪彩嘉宾由中国建筑装饰协会副会长兼秘书长刘晓一、副秘书长艾鹤鸣以及各省市装饰协会领导担当。

15. 中国国际创意设计推广周

2012 中国国际创意设计推广周于 2012 年 11 月 12～16 日在北京和青岛两地共同举行，来自美国、德国、英国、意大利、西班牙、瑞典、阿根廷和法国等 10 多个国家和地区的 20 多位国际顶级设计师参加了此次活动，国际影响力进一步扩大，参会嘉宾的数量和质量进一步提升，展出内容更丰富，并更注重与产业发展需求结合，突出对接洽谈功能。

本次活动由“2012 中国国际创意设计论坛”“‘天鹤奖’中国国际青年设计师大赛”颁奖典礼和获奖作品展、“中国国际创意设计展览会”、iF 设计展、境外设计师与本土生产企业“一对一”对接交流、“中国国际创意设计研讨会”等一系列研讨、洽谈和展览展示活动组成。其中，北京国际展览中心举行的中国国际创意设计展览会是活动的重要组成部分，展览会展出面积 6600 平方米，由 iF 设计奖展区、英国欧洲设计协会展区、2012“天鹤奖”中国国际青年设计师大赛获奖作品展区、2012“设计心能量”特邀原创设计师展区、2012“设计之星”中国设计学院院长提名设计师展区、山东工艺美术学院展区、伊朗手工地毯和工艺品展区、陕西展区、企业和专业设计机构展区等组成。

16. 中国国际网络文化博览会

第十届中国国际网络文化博览会于 2012 年 11 月 23～26 日举办。网博会以“引导网络文化产业发展方向，展示数字技术应用创新趋势”为宗旨，以“发展事业，引导产业，规范行业、服务企业”为定位，立足于网络文化的根本特点，充分体现政府部门在网络文化产业管理上的新思路。本届网博会的主题为“文化力量创意未来”，是历届以来规模性最大，最具专业性、品牌性、互动性，引导性最强、趣味性最广、参展企业最多的一次。内容设置主要分为三大版块、十项内容。三大版块包含现场的展览展示、同期的论坛会议以及精彩活泼的主题活动。十项内容则包括网博会开幕庆典、2012 中国网络文化盛典、国际网络文化主题展、网博会十年历程回顾展、中韩游戏文化节、论坛会议、十周年纪念书籍、动漫创意主题展、全国电子竞技大赛及全国 COS 精英表演大赛。腾讯、盛大、完美世界、搜狐畅游、巨人等国内网游界的明星企业悉数参加了此次盛会。

作为网博会重要组成部分的高峰论坛，此次以“网络变革世界文化创意未来”为主题，围绕网络文化产业的发展历程与未来方向进行主题讨论。来自政府机构、网络文化产业企业、专家学者和主流媒体的代表共聚一堂，探讨“文化创意未来”的发展机遇与挑战，厘清产业繁荣发展的方向。

网博会作为我国政府主管部门牵头主办的综合类网络文化行业盛会，一直致力于为政府与企业、企业与企业、企业与用户、国内与国外、技术与资本之间搭建一个互动、互通的平台。通过多年的不懈努力，目前，网博会已经被逐步打造成为中国网络文化产业最具权威性、代表性、方向性的品牌展会，成为一场内容多样化、品牌国际化、服务人性化、技术专业化的中国网络文化产业“嘉年华”。

17. 北京国际动漫博览会

首届北京国际动漫博览会于 2012 年 12 月 1 ~9 日在北京蟹岛国际会展中心举行。这是北京首届以动漫为主题的大规模国际博览会，旨在打造中国规格最高、规模最大、内容最丰富、动漫迷最喜爱的大型国际动漫主题盛会。

本届动漫博览会包括中国台湾主题日、动画片主题日、动漫企业主题日、国际动漫主题日、漫画主题日等 9 个主题日活动，汇聚了国内外 300 余家动漫相关企业和院校参展，同时还有近 500 家单位和院校参加了组委会组织的各类活动，吸引了近 6 万人前来参观。美国、日本、法国、韩国等动漫强国组织了 30 余家动漫出版社、近 150 家动漫公司、20 余部动漫电影及 50 部短片和 3000 款以上动漫衍生产品参展。博览会期间，举办了包括文化部产业司主办的“国家动漫品牌建设与保护高端论坛”在内的各类论坛、主题讲演、专题报告以及企业新闻发布会等交流活动 30 余项。包括顶级 cosplay 表演、人气漫画家签售、裸眼3D舞台剧、国际桌游竞技、同人互动等面向动漫迷的活动近150场，为企业间的交流互动搭建了平台，为动漫迷享受动漫创造了条件。

此外，博览会期间与国际动漫企业之间签订了十几项合作意向书和协议书，其中美国好莱坞一线动漫制作公司金·汉森公司在中国建立制作基地，同时与国内文化公司签订了合作投资制作大型3D电影和104集动画电视剧“寒山寺”；美国泛美亚娱乐机构与国内演艺运营公司签订了共同投资运作演绎项目等，意向金额总计近10亿元，使得本次博览会成为中外动漫企业洽谈合作的有效平台。

18. 2012北京·中国文物国际博览会

2012北京·中国文物国际博览会于2012年12月8~11日在全国农业展览馆新馆举办。

本次博览会以“历史传承文化，收藏贤聚北京”为主题，来自两岸四地及欧美地区的83家收藏机构、古玩商、国有文物商店展示了藏品。设有国内知名古玩古董珠宝艺术品店及港台商家、全国省市级文物商店、国内外大型知名拍卖公司、海外收藏家、大型国有文化经营企业及琉璃厂文化街老字号六大展区。云集了数万件艺术珍品，其中以大清道光年制“珊瑚红描金宝相花寿字纹瓶”、元代“青花云龙纹牡丹铺首罐”、大清乾隆年间宫廷画家沈源作《灯市行图》等5件重器最为瞩目。

本届展会与往届相比更加注重服务。观者无须购票就可观展，为参展商提供免费的展品保险、图录刊登、接送机等优质服务，为收藏艺术品的企业举办VIP专场。更与中国光大银行、中国工商银行、中国民生银行进行战略合作，为所有参展商提供现场金融服务。展会期间，还面向大众开展免费的珠宝玉石鉴定检测活动，宣传珠宝玉石鉴定知识。

博览会依托北京得天独厚的地理、人文环境，借助国内外的参展商、收藏家、鉴赏家及艺术爱好者的热情参与，致力于让北京成为继纽约、伦敦、中国香港后第四个文物艺术品展示、交流、交易中心城市。

19. 北京国际文化创意产业博览会

中国北京国际文化创意产业博览会（以下简称“文博会”）是大型国际文化创意产业盛会。文博会秉承国际化、专业化、市场化、规范化、精品化的办会办展理念，每年定期在北京市举办，自 2006 年创办以来，迄今已成功举办六届，取得了丰硕成果。第七届文博会于 2012 年 12 月 19 ~ 23 日成功举办，活动包括综合活动、展览展示、分会场、论坛峰会、推介交易和创意活动六大板块。开幕式在国家体育馆举行；主展场设在中国国际展览中心，展览面积 5.5 万平方米，分为 15 个主题展区，展览时间为 2012 年 12 月 20 ~ 23 日；分会场 14 个，论坛峰会 8 场，推介交易 17 场，创意活动 14 场。第七届文博会以“文化融合科技　创新引领转型”为主题，全面展示实施文化创新和科技创新“双轮驱动”战略对培育新兴业态、推动文化产业转型升级的最新成果，众多国际组织、国内外文化产业界和金融投资机构全面参与，盛况空前，文化产业区域和国际合作的平台效应显著。

本届文博会期间，共举办展览展示、推介交易、论坛峰会、创意体验等 100 多场活动，全面展示了全国文化体制改革的最新成果，呈现出中国文化创意产业向规模化、集约化、专业化发展的强劲势头，彰显了中国文化市场的勃勃生机，凸显出文化产业成为国民经济支柱性产业的巨大潜力。共有 100 多万人次参与了展览、推介交易、论坛、创意体验及分会场活动，设在中国国际展览中心的文博会主展场，4 天接待业内为主的各界观众 21 万人次；举办的 1 场主论坛和 9 场分论坛吸引了来自中外政界、学术界、文化界、教育界、企业界、投资界等多个领域的 198 位专业权威人士到会演讲，4500 多位专业人士到会交流；以文化创意产业投融资、文化产品交易、产业合作、集聚区入住、艺术品授权、艺术品拍卖为主要内容的 50 多场项目推介交易签约活动，吸引了海内外 1 万多名客商到会洽谈交易。

本届文博会签署文化创意产业项目协议和原创文化内容产品及艺术品交易总金额 1089.53 亿元，比上届增长 38.5%。其中，文化创意产业投资类项目协议总金额 703.13 亿元；艺术品交易 228.94 亿元；原创文化内容产品成交 157.46 亿元。达成中外文化产业合作项目 32 个，113 亿元，占签约总金额的 10.37%。另外，本届文博会上，还签署了银行授信文化产业项目金额 662 亿元。① 与往届相比，本届文博会签约、成交呈现五大特点：一是中国原创的内

① 《第七届文博会圆满闭幕》，文博会官网，http://www.iccie.cn/，2012 年 12 月 23 日。

容文化产品，包括广播影视节目、网络游戏研发制作、动漫研发制作、出版发行、版权贸易、设计创意等类产品成交大幅增加，比上届增长143%；二是银行、保险、基金及各类投资机构投资文化产业项目大幅增加；三是推进产业发展的平台建设和基于长远深入战略合作的项目增加；四是亿元以上带动产业发展的龙头项目大幅增加；五是跨省市的区域合作项目增加。

（包仁艳，中国创意产业研究中心）

B.23

参考文献

1. Gert-Jan Hospers. Creative Cities: Breeding Places in the Knowledge Economy. Knowledge, echnology& Policy, Fall 2003.
2. Landry, C. *The Creative City: A Toolkit for Urban Innovator*. London: Earthscan, 2000.
3. London Development Agency. London: A Cultural Audit 2009. http://static. london. gov. uk/mayor/culture/docs/cultural-audit. pdf.
4. TEFAF Art Market Report 2013: The global art market, with a focus on China and Brazil, 欧洲艺术基金会委托艺术经济学家 Clare McAndrew 博士撰写。
5. The Mayor's Culture Strategy. London: Cultural Metropolis, 2010. http://www. london. gov. uk/who-runs-london/mayor/publications/culture/cultural-metropolis.
6. The Mayor's Culture Strategy. London: Cultural Capital, Realisingthe potentialof a world-class city, 2004. http://static. london. gov. uk/mayor/strategies/culture/.
7. 敖永春、陈纯柱:《基于 SWOT 对重庆传媒产业的分析》,《重庆邮电大学学报》(社会科学版) 2008 年第 20 (6) 期。
8. 《北京工艺美术行业发展战略研究——基于人力资本培育与品牌价值提升》,北京方迪经济发展研究院,2013 年 4 月。
9. 北京光线传媒股份有限公司 2012 年度报告。
10. 北京海关:《2012 年北京地区进出口稳中有升　年度外贸规模突破 4000 亿美元》,2013 年 1 月 24 日,http://beijing. customs. gov. cn/publish/portal159/tab42934/info415130. htm。
11. 北京软件行业协会:《北京软件与服务》2013 年第 1 期。
12. 北京市统计局、国家统计局北京调查总队:《北京市 2012 年国民经济和社会发展统计公报》，北京市统计信息网，2013 年 2 月 7 日，http：//www.bjstats.gov.cn/xwgb/tjgb/ndgb/201302/t20130207_243837.htm。
13. 北京市统计局：《2009 年北京市文化创意产业发展逐步加快》，《前线》2010 年第 4 期。
14. 北京市统计局：《北京统计年鉴 2013》。
15. 《北京市文化局 2012 年工作总结》，北京文化热线网站，http：//www.bjwh.gov.cn/34/2013_2_4/3_34_77823_0_0_1359962056078.html。
16. 《北京新闻出版业年度收入同比增长 12.3%》，《中国新闻出版报》2013 年 2 月 19 日。
17. 陈洁民、尹秀艳：《北京文化创意产业发展现状分析》，《北京城市学院学报》2009 年第 4 期。
18. 《第二届京交会为电子商务搭建高端平台》，中国新闻网，2013 年 5 月 9 日。
19. 高冰妍、潘岳平：《我国传媒产业集团化发展过程中的问题及对策分析》，《大观周刊》2011 年第 20 期。
20. 高小霁：《试论传统工艺美术产业化发展的问题、对策与走向》，深圳工艺美术网，http：//www.artcraft.com.cn。
21. 《华谊兄弟传媒股份有限公司 2012 年度报告》。
22. 《金融创新助力文化贸易发展——第九届深圳文博会北京文创产业展成果回顾》，北京市国有文化资产监督管理办公室网站，2013 年 5 月 20 日。
23. 林梅：《活力无限的北京文化创意产业》，《数据》2009 年第 10 期。
24. 零点公司：《北京市朝阳区文化资源普查报告》，2011 年。
25. 零点公司：《北京市文化创意产业调研报告》，2006 年。
26. 陆先高：《光明云媒：光明日报发力移动新媒体》，《中国报业》2010 年第 12 期。
27. 《山东省关于家具、工艺美术等 10 个特色产业调整振兴指导意见》（第二批），山东省政府网，http：//www.shandongbusiness.gov.cn/index/content/sid/91599.html。
28. 沈金箴：《当前发展城市创意产业的主要问题与对策——以北京为例》，

《城市发展研究》2008 年第 S1 期。
29. 宋华：《〈水浒人物系列〉的市场化运作分析》，《当代电影》2010 年第 3 期。
30. 王莉：《北京市传统工艺美术行业现状调查报告》，《首都师范大学学报》（社会科学版）2003 年增刊。
31. 《北京 CBD 国际传媒走廊成全国首家年产值过千亿元文创基地》，新华网，2012 年 12 月 21 日。
32. 杨浩鹏：《京交会展示北京文化金融发展成果》，《中国文化报》2013 年 5 月 31 日。
33. 姚瑶：《从北青 Pad 出发探索新媒体转型模式》，《中国记者》2012 年第 2 期。
34. 于海荣、王长勇、霍侃：《经济放缓考验政策容忍度》，《新世纪》2013 年第 17 期。
35. 《中国成全球第二大广告市场　北京经营额已突破 800 亿》，中国经济网，2012 年 5 月 29 日。
36. 中国人民大学：《2012 ~ 2013 年中国宏观经济报告》。
37. 《中国设计交易市场落户北京》，新华网北京频道，2012 年 12 月 29 日。
38. 《2012 统计公报解读：经济结构调整取得积极进展》，中国新闻网，2013 年 2 月 22 日。
39. 周对葵、邬义钧：《产业结构高级化：传媒业的现实选择》，《传媒》2008 年第 4 期。

“皮书”起源于十七、十八世纪的英国，主要指官方或社会组织正式发表的重要文件或报告，多以“白皮书”命名。在中国，“皮书”这一概念被社会广泛接受，并被成功运作、发展成为一种全新的出版形态，则源于中国社会科学院社会科学文献出版社。

皮书是对中国与世界发展状况和热点问题进行年度监测，以专家和学术的视角，针对某一领域或区域现状与发展态势展开分析和预测，具备权威性、前沿性、原创性、实证性、时效性等特点的连续性公开出版物，由一系列权威研究报告组成。皮书系列是社会科学文献出版社编辑出版的蓝皮书、绿皮书、黄皮书等的统称。

皮书系列的作者以中国社会科学院、著名高校、地方社会科学院的研究人员为主，多为国内一流研究机构的权威专家学者，他们的看法和观点代表了学界对中国与世界的现实和未来最高水平的解读与分析。

自 20 世纪 90 年代末推出以经济蓝皮书为开端的皮书系列以来，至今已出版皮书近 800 部，内容涵盖经济、社会、政法、文化传媒、行业、地方发展、国际形势等领域。皮书系列已成为社会科学文献出版社的著名图书品牌和中国社会科学院的知名学术品牌。

皮书系列在数字出版和国际出版方面成就斐然。皮书数据库被评为“2008~2009 年度数字出版知名品牌”；经济蓝皮书、社会蓝皮书等十几种皮书每年还由国外知名学术出版机构出版英文版、俄文版、韩文版和日文版，面向全球发行。

2011 年，皮书系列正式列入“十二五”国家重点出版规划项目；2012 年，部分重点皮书列入中国社会科学院承担的国家哲学社会科学创新工程项目；一年一度的皮书年会升格由中国社会科学院主办。

法律声明